Roland Deines

Jakobus

Biblische Gestalten

Herausgegeben von
Christfried Böttrich und Rüdiger Lux

Band 30

EVANGELISCHE VERLAGSANSTALT
Leipzig

Roland Deines

Jakobus

Im Schatten des Größeren

EVANGELISCHE VERLAGSANSTALT
Leipzig

Bibliographische Information der Deutschen Nationalbibliothek
Die Deutsche Nationalbibliothek verzeichnet diese Publikation in der Deutschen Nationalbibliographie; detaillierte bibliographische Daten sind im Internet über http://dnb.dnb.de abrufbar.

Das Buch wurde auf alterungsbeständigem Papier gedruckt.

Umschlaggestaltung: behnelux gestaltung, Halle/Saale
Satz: Steffi Glauche, Leipzig
Druck und Binden: druckhaus köthen GmbH & Co. KG

ISBN 978-3-374-04027-8
www.eva-leipzig.de

INHALT

B JAKOBUS IM NEUEN TESTAMENT

VORWORT

Seit vielen Jahren sehe ich die Reihe »Biblische Gestalten« in meinem Regal immer mehr Platz einnehmen. So sehr ich mich über jeden neuen Band freute, so sehr wuchs auch das eigene Unbehagen, dass »Jakobus« noch immer nicht ins Gespräch mit seinen biblischen Vorgängern, Wegbegleitern und Zeitgenossen eintreten konnte. Jeder weitere Band brachte zudem neue Anregungen, was man auch noch für die Wirkungsgeschichte (Teil C dieser Reihe) verwenden könne. Und jeder Gang in die Bibliothek oder virtuelle Ausflug in die endlosen Weiten des WorldWideWeb brachte neues Material zum Vorschein. Damit ist das Manuskript gewachsen, und als ich es dann endlich einreichte, wäre dieses Wachstum ihm beinahe zum Verhängnis geworden. Denn nun stellte – rein umfangmäßig natürlich nur – Jakobus plötzlich Paulus und selbst seinen Bruder in den Schatten. Rund ein Drittel des Geschriebenen musste gekürzt werden, und ich kann nur hoffen, dass die dadurch entstandenen Lücken und »Abkürzungen« nicht zu sehr auffallen. Erfreulicherweise hat sich ein amerikanischer Verlag bereit erklärt, das ursprüngliche Manuskript auf Englisch zu veröffentlichen, so dass sich der Schmerz des Autors bezüglich der Kürzungen dann doch verschmerzen ließ. Es ist daher vor allem der von freundlicher Nachfrage – »Was macht denn der Jakobus?« – sich langsam (in aller Ehrlichkeit *sehr* langsam) bis zur blanken Drohung, Jakobus nach 13 Jahren vergeblichen Wartens endgültig (als Buchprojekt, nicht als Person) zu beerdigen, steigernden Beharrlichkeit des Verlages und neutestamentlichen Herausgebers der Reihe zu verdanken, dass das fertige Buch nun vorliegt. Liebe Frau Weidhas, lieber Christfried – vielen Dank für eure Beharrlichkeit in dieser Sache!

Diese langen Jahre mit Jakobus haben mir persönlich sehr viel gebracht. Nicht, dass ich 13 Jahre lang an dem Buch geschrieben habe. Es gab immer mal wieder Zeiten, an denen ich intensiver daran arbeitete, aber viel länger waren die Zeiten – vor allem bedingt durch den Umzug nach Nottingham im Jahr 2006 und als Folge davon die Konzentration zunächst auf englische Publikationen – an denen die gesammelte Jakobusliteratur in ihrem Regal einstaubte. Aber das hinderte Jakobus nicht, immer wieder meinen Weg zu kreuzen und so hat diese Zeit, in der er als stiller Gast in meinen Gedanken weilte, nicht nur mein Bild von ihm, sondern auch das seines Bruders Jesus und der Familie, aus der beide abstammten, nachhaltig beeinflusst und verändert. Vieles davon ist in diesem Buch nur angedeutet, um es zu vertiefen, bedarf es weiteren Nachdenkens und längerer Fußnoten, als hier vorgesehen. Jakobus, so scheint es, werde ich so schnell nicht wieder los.

Umso mehr freue ich mich, dass ich mit diesem Buch eine erste Zusammenfassung vorlegen kann, um auch andere an dieser Entdeckungsreise zu Jakobus teilhaben zu lassen. Für hilfreiche Gespräche und Ermutigung danke ich herzlich Jens Herzer, Karl-Wilhelm Niebuhr, Markus Öhler, Rainer Riesner, Anna Maria Schwemer, Hannah Stettler sowie meinen Nottinghamer Studenten, deren Interesse an diesem Nachdenken über Jakobus mich ermutigt hat weiterzumachen. Frau Dina Blokland danke ich für ihre wertvolle Unterstützung beim Besuch der Jakobuskathedrale in Jerusalem. Meine Frau Renate hat, fast hätte ich geschrieben »natürlich«, erneut in vielerlei Weise Anteil am Gelingen auch dieses Buches, wofür ich ihr nur immer neu von Herzen dankbar sein kann. Dasselbe gilt für unseren Sohn Rouven, der alle Umzüge, die mein Beruf mitbrachte – von Jerusalem nach Herrenberg, und von da nach Nottingham – mit großer Gelassenheit meisterte. Als ich ihm vor kurzem erzählte, dass ich mit dem Buch fertig bin, wenn er das nächste Mal über das Wochenende heimkäme, sagte er nur: »Great, let's have a party!« Danke dafür!

Roland Deines

A EINFÜHRUNG

1. Moralist, Karrierist, Judenchrist

Es war im Frühsommer 2003. In diese Zeit fällt die Abmachung mit dem Verlag, für die Reihe »Gestalten der Bibel« den Band über Jakobus zu übernehmen. In dieser Zeit ist der Jakobusbrief auch Tageslese im ökumenischen Bibelleseplan. Auf dem Heimweg ergibt sich ein Gespräch mit einem Pfarrer, der in der Nachbarschaft wohnt und fragt, woran ich gerade arbeite. Antwort: An einem Buch über die Person des Jakobus. Seine spontane Reaktion: »Da tun Sie mir aber leid. Das ist ja ein furchtbarer Moralist. Und so wenig Freude vom Evangelium.«

In diesem kurzen Gespräch ist die ganze Problematik um Jakobus und dem nach ihm benannten Brief in geraffter Form enthalten: Die Unsicherheit schon der alten Kirche, ob der Jakobusbrief wirklich auf den Bruder Jesu mit Namen Jakobus zurückgeführt werden kann. Das Unbehagen darüber, dass dieser Bruder so wenig von seinem »größeren« Bruder und dessen Geschick in seinem Brief schreibt, was manche Ausleger sogar zu der Annahme führte, es handle sich ursprünglich um einen jüdischen, vorchristlichen Weisheitstext, der erst nachträglich und recht oberflächlich durch die zwei Bezugnahmen auf Jesus »christianisiert« worden war. Bei dieser Gelegenheit sei er dann auch mit Jakobus verbunden worden, der von allen im Neuen Testament namentlich genannten Personen noch am ehesten als Vertreter eines gesetzestreuen Judenchristentums gelten konnte. Da der Brief zudem eine deutliche Abgrenzung vom paulinischen Glaubensverständnis des Gerettetwerdens »ohne Werke« zu enthalten scheint, liegt eine solche Zuschreibung förmlich in der Luft.[1] Jakobus wurde und wird bis heute als Vertreter des jüdischen Gesetzes und der Heilsnotwendigkeit von Werken angesehen, und eben damit bestenfalls als »Moralist«. Dazu kommt, dass man – beeinflusst von Texten aus dem 2. und 3. Jahrhundert – Jakobus als Gegner des Paulus und der von ihm vertretenen »gesetzesfreien« Mission verstanden hat. Dass Jakobus »ein strenge[r] Vertreter des Judenchristentums«[2] war und sich »durch besondere Gesetzestreue auszeichnete,«[3] ist eine weitverbreitete Annahme der neutestamentlichen Forschung, wenngleich die damit verbundenen Wertungen variieren. Häufig schwingt dabei jedoch das Misstrauen mit, dass die Umstände, die Jakobus in eine leitende Stellung in der Urgemeinde brachten, nicht in erster Linie mit seinem Glauben an Jesus, sondern mit seiner verwandtschaftlichen Beziehung zu ihm zusammenhängen.

1.1 Jakobus als Gegner der heidenchristlichen Mission

Für den Neutestamentler und Judaisten Folker Siegert etwa repräsentiert Jakobus eine Leitungsfigur, deren Anspruch ausschließlich auf seiner Abstammung basiert: »In seiner Person erhebt nunmehr eine Art von

1 M. Hengel, Der Jakobusbrief als antipaulinische Polemik, in ders.: Paulus und Jakobus. Kleine Schriften III, WUNT 141, Tübingen 2002, 511–548; F. Avemarie, Die Werke des Gesetzes im Spiegel des Jakobusbriefes, ZThK 98 (2001), 282–309).

2 C. Böttrich, Petrus. Fischer, Fels und Funktionär, BG 2, Leipzig 2001, 162 (so auch 172, 186).

3 E. Reinmuth, Paulus. Gott neu denken, BG 9, Leipzig 2004, 206.

Abb. 1: Paulus, Petrus und Jakobus (von links nach rechts) beim Aposteltreffen. Cartoon aus dem »P@ulus Online Spiel« der EKD. Darin wird Jakobus als »Hardliner« charakterisiert, weil er »sich für die Position des Gesetzes stark« machte: »Was bisher für die Juden gegolten hatte, sollte auch für die Christen weiterhin gelten.«

Kalif seine Ansprüche.«[4] Er sei kein Christ gewesen – was immer das für die 30er und 40er Jahre des ersten Jahrhunderts heißen mag, als Jerusalem das Zentrum der Jesusbewegung war – und das »urchristliche Kerygma« und paulinische »Evangelium« sei für ihn »Wort für Wort überflüssig; ja schlimmer: [...] gefährlich« gewesen. Die Charakterisierung des Jakobus gipfelt in der Behauptung, dass »gerade jener Jakobus,

4 F. Siegert, Vermeintlicher Antijudaismus und Polemik gegen Judenchristen im Neuen Testament, in: The Image of the Judaeo-Christians in Ancient Jewish and Christian Literature, hg. v. P. J. Tomson u. D. Lambers-Petry, WUNT 158, Tübingen 2003, 74–105 (84).

von dessen Christentum so wenig bekannt ist« das »ausführende Werkzeug« der von Paulus in 1Thess 2,14–16 beschriebenen innerjüdischen Verfolgung gegen »die Gemeinden Gottes, die in Judäa in Christus Jesus sind« (V. 14) gewesen ist. Sein einziges Ziel sei es gewesen, die »Besonderheit Israels« zu wahren, die ihm durch das paulinische Evangelium gefährdet schien. Damit formuliert Siegert überdeutlich, was auch in gemäßigteren Jakobusdarstellungen vielfach anklingt, dass nämlich Jakobus sich in erster Linie als *Gegner des Paulus* positionierte und dessen »gesetzesfreie« Mission – die nicht im eigentlichen Sinn »gesetzesfrei« war, sondern von einer durch Christus bestimmten Haltung zum Gesetz Gottes geprägt – unter den Nichtjuden zu torpedieren versuchte. Dahinter steht eine bestimmte Vorstellung von der Geschichte des Urchristentums, deren Ursprung in dem philosophisch geprägten Geschichtsbild des Tübinger Theologen Ferdinand Christian Baur aus dem 19. Jahrhundert liegt. Demnach standen sich im Urchristentum »Paulinismus« und »Judaismus« (was das von Jakobus repräsentierte Judenchristentum meint) als zwei im Grunde unversöhnliche Antipoden gegenüber, und die gesamte Geschichte des frühen Christentums sei von diesem Konflikt her zu verstehen.

Aber nicht nur in der wissenschaftlichen Diskussion wird das Verhältnis von Jakobus zu seinem Bruder bzw. zu Paulus diskutiert. In dem phantasievollen und nicht einfach zu lesenden Roman des Schweizers Nikolaus Glattauer stellt Jakobus seine Version der Jesusgeschichte rückblickend als Ich-Erzähler dar. Darin lässt Glattauer Jakobus unter anderem erzählen, wie er vierzehn Jahre nach der Kreuzigung von Nazareth nach Jerusalem umsiedelte:

Vierzehn Jahre nach deinem Tod, Bruder. Nicht, um dir zu folgen, aber immerhin, um fortan denen beizustehen, die dir folgen wollten.

Sein Gegenspieler in Jerusalem ist – wie auch in der wissenschaftlichen Diskussion – Saulus bzw. Paulus:

Saul stieß uns Alte vor den Kopf. Kleiner noch an Wuchs war der Zilizier, als wir ihn aus seinen Tagen in Jerusalem in Erinnerung hatten, magerer noch geworden am Orontes, ausgezehrt vom lodernden Hass gegen jene, die anders dachten als er selbst. Wolle er denn wirklich, so fragen wir ihn, dass einer, nur weil er schon bisher als Heide gelebt habe, nun im Namen Jesu so fortfahren dürfe, Gesetze missachten, die ihm, dem Bruder selbst, heilig waren: der achte Tag, die Gebote der Reinheit, der Schwur auf die Thora? Sollten denn, so fragten wir besorgt, bald nur noch Ungläubige Einlass in unsere Gemeinden finden?[5]

In diesem Roman ist Jakobus der konservative, im jüdischen Exklusivismus verharrende Gegenspieler des Paulus, der als Romanfigur äußerst negativ geschildert wird. Die einzig Guten sind bei Glattauer die allesamt leidenden Frauen um Jesus. Es sind die Männer, die sie leiden machen.

In journalistisch aufgemachter Form gelangte Jakobus als »Der vergessene Jesus-Bruder« und »Gegenspieler« von Paulus sogar in ein Dezemberheft des »P. M. Welt des Wissens«-Magazins. Dort wurde der geneigte Leser nicht nur über »Das Geheimnis der kosmischen Lebensenergie« informiert, sondern auch darüber, dass die Kirchen Jakobus totschweigen, weil

5 N. Glattauer, Jakobus, Stiefsohn Gottes, Salzburg u. Wien 2002, 59, 124f.

sich nicht die von ihm favorisierte Form des Glaubens an seinen Bruder, sondern die des Paulus durchgesetzt hat.[6] Nur deshalb habe die Kirche das Jahr 70 überlebt, während die von Jakobus propagierte Form zugleich mit dem Tempel in Jerusalem untergegangen wäre. Das sei für die Kirchen peinlich, weshalb Jakobus in »Predigten und Bibelstunden« kaum noch vorkomme. Die Wende des Jakobus vom Ungläubigen zum Anführer des Unterstützerkreises seines Bruders findet bei »P. M.« allerdings eine eher küchenpsychologische Erklärung: Weil er in der Geschwisterreihe nach Jesus kommt, leidet er unter dessen Erfolg:

> Die Geschwister von Prominenten stehen meist im Schatten der Erfolgsmenschen. Einerseits wären sie gern ebenfalls berühmt und leiden darunter, dass sie nur als Anhängsel wahrgenommen werden.

Eine Möglichkeit für Geschwister sei es, sich »als Helfer oder Manager« zu engagieren: »So profitieren sie vom Ruhm des Stars, haben Einfluß auf ihn, bleiben aber im Hintergrund.« In der Übertragung auf Jakobus heißt das dann: »Auch Jakobus beschließt irgendwann, die Lehre des prominenten Jesus zu unterstützen.« Vorausgesetzt ist dabei, dass die Hinwendung nicht auf einer Glaubenserfahrung basierte, sondern die Bewältigung eines Geschwistertraumas ist. Manchmal ist man froh, dass den neutestamentlichen Autoren diese »Einsichten« noch nicht zur Verfügung standen.

---

6 M. Tzschaschel, Jakobus: Der vergessene Jesus-Bruder, P. M. Welt des Wissens, Dezember 2009, 34–39.

1.2 *Kann man Jude und Christ zugleich sein?*

Es scheint, dass sowohl in der wissenschaftlichen Literatur wie auch in der Belletristik allein schon das Etikett »judenchristlich« ausreicht, um Jakobus – gerade weil er der Bruder ist – in seinem Bekenntnis zu Jesus in gewisser Weise als »verdächtig« oder gar gefährlich erscheinen zu lassen. Dabei wird unterstellt, dass die Jakobus zugeschriebene Haltung zum Gesetz das war, was Jesus für seine Anhänger eigentlich wollte (und als Bruder wusste er darüber vielleicht besser Bescheid als Paulus, der Jesus nur vom Hörensagen kannte), weshalb sich die Kirche die Frage gefallen lassen muss, ob sie ihrem Herrn wirklich treu geblieben ist. Schließlich setzte die Zurückdrängung und Diskriminierung judenchristlicher Existenz durch heidenchristliche Autoren bereits in der 1. Hälfte des zweiten christlichen Jahrhunderts ein. Spätestens seit dem 4. Jahrhundert galten jüdische Lebensweise und christliche Existenz als unvereinbar. So schreibt der »Kirchenvater« Augustinus im Jahr 405 in einem Brief an den in Bethlehem lebenden christlichen Gelehrten Hieronymus über die Judenchristen: »Während sie sowohl Juden als auch Christen sein wollten, konnten sie weder Juden noch Christen sein«.[7] Zwar sei den Aposteln Jesu für eine Übergangszeit noch erlaubt gewesen, an den ererbten »väterlichen Traditionen« festzuhalten, aber dies gelte für ihre zeitgenössischen Nachfahren nicht mehr. Schon dieses Zugeständnis

---

7 Zitat bei R. HENNINGS, Der Briefwechsel zwischen Augustinus und Hieronymus und ihr Streit um den Kanon des Alten Testaments und die Auslegung von Gal. 2,11–14, VC.S 21, Leiden 1994, 279, wo die gesamte Diskussion der beiden hervorragend dargestellt ist (218–297).

ging Hieronymus zu weit. Die Zeit des Gesetzes und die Zeit der Gnade sind für ihn durch eine scharfe Trennlinie geschieden.[8] Aus dem neuen Gottesvolk aus Juden *und* Heiden war in wenigen Generationen eine nahezu »judenfreie« Kirche geworden, die sich gleichwohl als Israel, mehr noch als das »wahre« Israel verstand. Wohin gehört hier Jakobus? Gehört er in die Geschichte der christlichen Kirche oder doch eher zu der des jüdischen Volkes? Gehörte er damals vorrangig zu seinem Volk und daneben auch noch in einer vermittelnden Funktion zu den Anhängern seines Bruders, die in ihm den Messias ihres Volkes sahen? Oder war er einer von diesen, deren primäre Identität von dem bestimmt war, was sie im Hinblick auf Person und Geschick von Jesus im Laufe ihres Leben zu glauben lernten, ohne damit die Zugehörigkeit zum jüdischen Volk und seiner Gottesgeschichte aufzugeben? Es geht in der Frage »Jude« oder »Christ« im Hinblick auf Jakobus also nicht um ein Entweder-Oder, sondern um die Zentrierung der Identität. Ist die Beziehung zu Jesus der Fixpunkt, von dem aus alles andere seine Bestimmung erhält, oder ist es die Zugehörigkeit zum jüdischen Volk, in die dann auch Jesus eingeordnet wird?

Diese Fragen sind auch darum so spannend, weil Jakobus zu Lebzeiten seines Bruders *nicht* zu seinen Anhängern gehörte, sondern zu denen, die seinem Auftreten abwartend, wenn nicht sogar ablehnend gegenüber standen. Wie es zur Wende im Leben des Jakobus kam, ist nicht bekannt. Sein Name begegnet (historisch-chronologisch) zum ersten Mal überhaupt in der alten Liste der Auferstehungszeugen, die Pau-

8 Vgl. HENNINGS, Briefwechsel, 281–291.

lus im 1. Korintherbrief aufzählt (1Kor 15,7). Auch in der Apostelgeschichte taucht sein Name in 12,17 nahezu unvermittelt auf, sodass die Information aus dem Galaterbrief (2,9), wonach Jakobus zusammen mit Petrus und Johannes zu den »Säulen« der Gemeinde in Jerusalem gehörte, heranzuziehen ist, um die Stelle verstehen zu können. Und es ist ebenfalls Lukas, der ziemlich exakt in der Mitte der Apostelgeschichte, in Kapitel 15, Jakobus auf dem Jerusalemer Treffen der führenden Apostel die entscheidenden Beschlüsse über das Miteinander von Juden- und Heidenchristen formulieren lässt. Obwohl diese in der Darstellung des Lukas auch die Zustimmung von Petrus und Paulus erhielten, bilden genau diese als Jakobusklauseln bekannten Bestimmungen den Anlass für die bis heute anhaltende theologische Kritik an Jakobus.

1.3 Jakobus als »Jack of all trades?«

Die wenigen neutestamentlichen Stellen enthalten also mehr Fragen als Antworten, und das wird in der Literatur der nachfolgenden Zeit nicht besser, sondern eher noch verwirrender. Denn schon ab dem 2. Jahrhundert verbanden sich allerlei fantastische Erzählungen und Legenden mit Jakobus, die fast alle von erkennbaren Bemühungen geprägt sind, die Lücken der neutestamentlichen Berichte so zu füllen, dass Jakobus als Vertreter der eigenen Theologie in Anspruch genommen werden konnte. Dahinter ist der historische Jakobus fast ganz verschwunden, dessen Konturen in diesem Buch so gut als möglich wieder erkennbar gemacht werden sollen.

Die bemerkenswert breite Rezeptionsgeschichte des Jakobus erstaunt angesichts der insgesamt doch recht knappen Bemerkungen über ihn in den neutestamentlichen Schriften, wozu als historisch tragfähige Überlieferung noch der kurze Bericht des jüdischen Historikers Josephus kommt. Dieser schrieb gegen Ende des 1. Jahrhunderts in seiner »Geschichte des jüdischen Volkes« auch über den Tod des Jakobus in Jerusalem im Jahr 62.

In der *großkirchlichen* Erinnerung ist Jakobus dagegen fast von Anfang an der erste Bischof Jerusalems, dessen Andenken auf dem Jerusalemer Zionsberg und im Kidrontal, wo er begraben sein soll, verehrt wurde. Auch die liturgische Ordnung des Gottesdienstes wird auf ihn zurückgeführt (Jakobusliturgie). Er wird außerdem zum wichtigsten Zeugen für die Traditionen über die bleibende Jungfräulichkeit Marias, was sicher nicht ohne Bedacht geschah. Denn wenn gerade er, der Bruder, es ist, der die jungfräuliche Geburt bezeugt, wer könnte diesem Zeugnis widersprechen?

Auch in der *judenchristlichen* Tradition ist er der Bischof von Jerusalem, doch steht er hier als Vertreter der Mission innerhalb des jüdischen Volkes und (in einem Teil der Überlieferung) einer gesetzestreuen Jesusnachfolge, die sich deutlich von dem von Paulus gepredigten Evangelium abzugrenzen versucht. Daneben wird Jakobus zum vollmächtigen Beter und zu einer Art inoffiziellem Hohepriester stilisiert.

In *gnostischen* Kreisen wird Jakobus dagegen zum exklusiven Offenbarungsempfänger. Diese philosophisch interessierten und oft sehr gebildeten Christen versuchten, den Glauben an Jesus so zu verstehen, dass er zum Bringer der wahren »Erkenntnis« wurde, die der Schlüssel zur Erlösung ist. Verbunden ist dies mit philosophisch-spekulativen Vorstellungen der Weltentstehung, die sich bewusst und deutlich vom alttestamentlichen Schöpfungsglauben abgrenzten.

Im Thomasevangelium, einem der ältesten Texte dieser Strömung, ist Jakobus »der Gerechte«, um dessen willen »Himmel und Erde gemacht wurden« (EvThom 12). In anderen Texten empfängt er nach der Auferstehung von seinem Bruder eine »Geheimlehre«, die er in eigenen Schriften niederlegt (s. unten C 2.).

Es sind also sehr unterschiedliche Strömungen, die sich mit zum Teil phantasievollen Berichten in eine Traditionslinie zum Herrenbruder zu bringen versuchen. Historisch lässt sich diesen nachneutestamentlichen Texten für die Biographie des Jakobus kaum etwas entnehmen. Sie belegen jedoch eindrucksvoll, wie die drei genannten großen Strömungen vom 2. bis zum 4. Jahrhundert versuchten, ihre jeweiligen Traditionen an Jakobus anzuknüpfen. Dies zeigt die Bedeutung, die ihm neben Petrus, Paulus und Johannes zugeschrieben wurde, und darin spiegelt sich wohl auch die Wichtigkeit der Jerusalemer Kirche in der ersten Phase der Kirchengeschichte wider. Hier stand der »Thron« des Jakobus (vgl. das Motiv auf dem Bucheinband) und wurde Pilgern noch mindestens bis ins fünfte Jahrhundert auf dem Zionsberg und später in der Grabeskirche gezeigt. Es war in erster Linie der Herrenbruder Jakobus, mehr als alle anderen Apostel, der in der alten Kirche das Wissen darüber wach hielt, dass Jesus dem jüdischen Volk entstammte und dass er kam, um den »Thron Davids« über die Söhne Jakobs (Lk 1,32f.) und die »zerfallene Hütte Davids« wiederaufzurichten (Apg 15,16).

1.4 *Der Brief des Jakobus – vergessen, an den Rand gedrängt und wieder neu entdeckt*

Mit dem allmählichen Verstummen der judenchristlichen Stimme innerhalb der Großkirche in der Spätantike und im Mittelalter hat nicht nur Jakobus seine Bedeutung eingebüßt. Auch der dem Herrenbruder zugeschriebene Brief wurde in der Zeit der Alten Kirche und des Mittelalters nur selten in Kommentaren ausgelegt, was auch daran lag, dass seine Echtheit schon sehr früh in Zweifel gezogen wurde, wie u. a. der Kirchenhistoriker Eusebius von Caesarea im 4. Jahrhundert berichtet.[9]

Hieronymus, der in Bethlehem lebende Übersetzer der lateinischen Bibel (Vulgata), der vor allem für die westliche Tradition wichtige Impulse setzte, übernimmt diese Einschätzung von Eusebius in seinem wirkungsgeschichtlich kaum zu überschätzenden Werk »De Viris Illustribus« (Über berühmte Männer), das die erste christliche Literaturgeschichte überhaupt darstellt. Angefangen mit Petrus werden darin 135 Autoren (mit wenigen Ausnahmen alles Christen) in kurzen oder längeren lexikonartigen Kapiteln vorgestellt. Ziel ist es, die einzelnen Schriften in die Biographie und kirchlichen Umstände ihrer jeweiligen Autoren einzuordnen. An zweiter Stelle dieses Autorenlexikons steht Jakobus, dessen Eintrag nahezu dreimal so lang ist wie der des den ersten Platz einnehmenden Petrus. Das zeigt die herausragende Bedeutung der *Person* des Jakobus, der in einer Literatur-

---

9 Eusebius, Kirchengeschichte II 23,24 f. Im Folgenden orientieren sich alle deutschen Zitate an der Ausgabe Eusebius von Caesarea, Kirchengeschichte, hg. u. eingeleitet von H. Kraft, München ²1981.

geschichte den zweiten Platz erhält, obwohl er als *Autor* eher unbedeutend ist. Über den Brief selbst schreibt Hieronymus dann auch nur einen Satz, der zudem von Eusebius' Urteil abhängig ist (das trifft auch im Hinblick auf die meisten anderen Autoren zu):

Jakobus, der ›Bruder des Herrn‹ genannt wird, mit dem Beinamen ›der Gerechte‹, nach Meinung einiger Sohn des Joseph von einer anderen Ehefrau, meiner Ansicht nach aber Sohn der Maria, Schwester der Mutter des Herrn, die Johannes in seinem Buch erwähnt, gleich nach der Passion des Herrn von den Aposteln zum Bischof von Jerusalem geweiht, hat lediglich einen Brief geschrieben, der zu den sieben katholischen gehört, und der, wie behauptet wird, von jemand anderem unter seinem Namen veröffentlicht worden ist, auch wenn er im Laufe der Zeit allmählich Autorität erlangt hat.[10]

Der Brief blieb in der Folgezeit ohne tiefergehende Wirkung, aber insgesamt ist die kirchliche Beschäftigung mit ihm weitreichender als vielfach angenommen, nur dass vieles davon eben nicht oder nur in wenigen kurzen Zitaten erhalten geblieben ist. Die vielleicht am stärksten mit dem Brief verbundene Fragestellung ist die angenommene Auseinandersetzung zwischen Paulus und Jakobus im Hinblick auf das Verhältnis von Glaube und Werken. Der nordafrikanische Bischof Aurelius Augustinus war einer der er-

10 HIERONYMUS, Berühmte Männer II 1 f. Im Folgenden stammen alle deutschen Zitate aus der vorzüglichen zweisprachigen Ausgabe HIERONYMUS, *De viris illustribus* – Berühmte Männer. Mit umfassender Werkstudie hg., übers. u. kommentiert von C. Barthold, Mühlheim [2]2013, 161.

sten, der ausführlich auf diesen scheinbaren Widerspruch einging und zugleich eine Lösung vortrug, die bis heute zustimmend diskutiert wird.[11] Anliegen des Jakobus sei es gewesen, ein Missverständnis der paulinischen Rechtfertigungslehre aus dem Römerbrief zu erklären. Dazu unterscheidet Augustinus zwischen »Werken, die dem Glauben vorausgehen« und »Werken, die dem Glauben nachfolgen«, wobei Paulus von den ersteren und Jakobus von den letzteren spricht. Fast zur selben Zeit und ziemlich sicher unabhängig davon vertritt Johannes Chrysostomus als Vertreter der griechischsprechenden Tradition eine ganz ähnliche Lösung. Was also die »Werke« bei Jakobus sind, sind die »Früchte des Glaubens« bei Paulus. Dieser Ausgleich zwischen den beiden Aussagen prägt die theologische Diskussion – trotz Luthers Einspruch auch im Protestantismus – bis ins 18. Jahrhundert und in nicht ganz wenigen Kreisen bis heute.

Luther hatte noch in seiner Römerbriefvorlesung von 1515/16 selbst diese Auffassung vertreten. Seine Position änderte sich jedoch nach 1519 als Reaktion auf die Leipziger Disputation mit Johannes Eck, der erstmals Jak 2,17 (»der Glaube ohne Werke ist tot«) als Schriftbeweis gegen Luthers Rechtfertigungsverständnis vorbrachte. Das ist auch der Grund, warum sein Schicksal durch das berühmte Wort Martin Luthers von der »strohernen Epistel« noch einmal – kanonisch gesehen – auf der Kippe stand. Die erste Ausgabe des von Luther übersetzten Neuen Testaments, das 1522 erschienene »Septembertestament«, enthält verschiedene Vorreden, die nachhaltig die protestantische Abneigung gegen den Jakobusbrief genährt ha-

11 Vgl. dazu P. Bergauer, Der Jakobusbrief bei Augustinus, Wien 1962.

ben. In der einleitenden »Vorrede auf das Neue Testament« wird er überhaupt nicht erwähnt. Darauf folgt die kurze Abhandlung »Welches die rechten und edelsten Bücher des Neuen Testaments sind«. In ihr begründet Luther, warum das Johannesevangelium, der Römerbrief des Paulus und der erste Brief des Petrus »der rechte Kern und Mark unter allen Büchern« sind, weshalb »einem jeglichen Christen zu raten wäre, daß er dieselbigen am ersten und allermeisten lese und sich durch tägliches Lesen so gemein machte wie das tägliche Brot.« Denn dies sind die Bücher, »die dir Christus zeigen und alles lehren, was dir zu wissen not und selig ist«. Und in diesem Zusammenhang fällt dann der berühmte Satz: »Darum ist Sankt Jakobs Epistel eine recht stroherne Epistel gegen sie, denn sie doch keine evangelische Art an sich hat.«[12]

In der eigentlichen »Vorrede auf die Episteln S. Jacobi und Judae« wird das Urteil der strohernen Epistel nicht wiederholt, aber nicht etwa weil Luther seine Meinung geändert hatte. Im Gegenteil. Für ihn kann dieser Brief »keines Apostels Schrift« sein, und zwar aus mehreren Gründen: Er widerspricht Paulus in Bezug auf die Rechtfertigungslehre und er unterlässt es, obwohl er einen so langen Brief schreibt, »des Leidens, der Auferstehung, des Geistes Christi« zu gedenken. Außerdem zitiere er »die Sprüche S. Petri«, d.h. aus dem 1. Petrusbrief (Luther verweist auf 1Petr 4,8 = Jak 5,20 und Petr 5,6 = Jak 4,10), woraus er folgert, dass der Jakobusbrief nach dem 1. Petrusbrief geschrieben sein müsse.[13] Der Fehler dieses unbekannten Autors

12 Alle Vorreden sind bequem zugänglich in MARTIN LUTHER, Vorreden zur Bibel, hg. v. H. Bornkamm, Göttingen ^{4}2005. Die hier zitierte Vorrede ist auf S. 173f.

13 Vorreden, 216f. Luther scheint in seiner Ablehnung der Apos-

(»irgend ein guter frommer Mann«) ist weiter, dass er einzig das Gesetz zu bemühen weiß, um die Christen zum rechten Verhalten anzutreiben. Letzteres Bemühen rechnet Luther ihm durchaus positiv an, auch wenn er es seinem Dafürhalten nach in unevangelischer Weise tat:

Summa, er hat wollen denen wehren, die auf den Glauben ohn Werk sich verließen, und ist der Sach mit Geist, Verstand und Worten zu schwach gewesen und zerreißet die Schrift und widerstehet damit Paulo und aller Schrift, will mit Gesetztreiben ausrichten, was die Apostel mit Reizen zur Lieb ausrichten. Darum will ich ihn nicht haben in meiner Bibel in der Zahl der rechten Hauptbücher, will aber damit niemand wehren, daß er ihn setz und hebe, wie ihn gelüstet, denn es viel guter Sprüch sonst drinnen sind. *Ein* Mann ist kein Mann in weltlichen Sachen; wie sollt denn dieser Einzelne nur allein wider Paulum und alle andere Schrift gelten?[14]

Der Jakobusbrief behielt dennoch seinen Platz auch im protestantischen Kanon des Neuen Testaments, doch rückte er in der Reihenfolge der Bücher zusammen mit dem Hebräer- und Judasbrief, denen dasselbe Schicksal widerfuhr, nach hinten. Sehr zum

tolizität davon auszugehen, dass seine Leser als Autor hinter Jak 1,1 den Zebedaiden Jakobus annahmen. Darum verweist er darauf, dass dieser bereits unter Herodes Agrippa »zu Jerusalem vor S. Peter getötet war« und darum als Verfasser unmöglich in Frage kommt. Auf den Herrenbruder geht Luther in seinen Vorreden nicht ein. Die Verwechslung von Zwölfer-Apostel und Herrenbruder kam schon in der alten Kirche vor und führte immer wieder zu Fehlurteilen in Bezug auf die Abfassung des Briefes, vgl. BERGAUER, Augustinus, 30.

14 Vorreden, 218.

Leidwesen der theologischen Examenskandidatinnen und -kandidaten übrigens, die immer wieder mit der Schwierigkeit konfrontiert sind, dass diese Briefe in den Ausgaben des griechischen Neuen Testaments an anderer Stelle zu finden sind als in der Lutherbibel.[15] Würde man der Tradition der alten Kirche und den kritischen Ausgaben des Neuen Testaments bis zum Beginn des 20. Jahrhunderts folgen, dann würde der Jakobusbrief (als Beginn der sieben sogenannten katholischen Briefe, Jak, 1/2Petr, 1–3Joh, Jud) sogar direkt auf die Apostelgeschichte folgen, und erst danach kämen die Paulusbriefe.[16] Aus einer kanontheologischen Perspektive macht dies in der Tat sehr viel mehr Sinn: Die Apostelgeschichte erzählt in ihrem ersten Teil (Kap. 1–12) die Geschichte der Jerusalemer Urgemeinde, in der Petrus, Johannes und Jakobus eine große Rolle spielten, ehe im zweiten Teil dann Paulus auf den Plan tritt. In der Reihenfolge der biblischen Bücher steckt darum mehr Theologie als auf den ersten Blick erkennbar.

Die weit verbreitete Abneigung gegen den Jakobusbrief belegt einerseits die eindrucksvolle Wirkungsgeschichte der Charakterisierung als »stroherne Epistel« innerhalb des Protestantismus. Sie belegt aber auch die protestantische Neigung, solchen oft (allzu) kurzen Schlagworten mehr Bedeutung zuzumessen als den zugegebenermaßen oft mühselig-langen Bekennt-

---

15 In der Zürcher Bibel, die auf die Reformation durch Zwingli in der Schweiz zurückgeht, stehen diese drei Schreiben an ihrem »richtigen« Ort, desgleichen in allen katholischen Bibelübersetzungen.

16 Eine kurze Einführung in dieses Thema bietet M. Reiser, Warum folgt in einer griechischen Ausgabe des Neuen Testaments auf die Apostelgeschichte der Römerbrief und nicht der Jakobusbrief?, ThBeitr 47 (2016), 33–36.

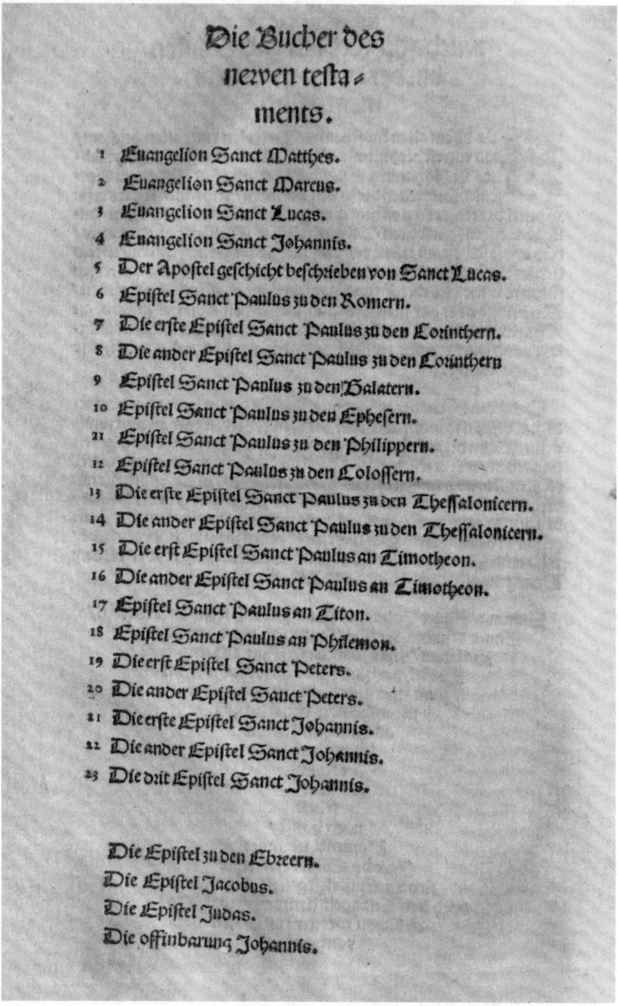

Die Bucher des
newen teſta-
ments.

1 Euangelion Sanct Matthes.
2 Euangelion Sanct Marcus.
3 Euangelion Sanct Lucas.
4 Euangelion Sanct Johannis.
5 Der Apoſtel geſchicht beſchrieben von Sanct Lucas.
6 Epiſtel Sanct Paulus zu den Romern.
7 Die erſte Epiſtel Sanct Paulus zu den Corinthern.
8 Die ander Epiſtel Sanct Paulus zu den Corinthern
9 Epiſtel Sanct Paulus zu den Galatern.
10 Epiſtel Sanct Paulus zu den Epheſern.
21 Epiſtel Sanct Paulus zu den Philippern.
12 Epiſtel Sanct Paulus zu den Coloſſern.
13 Die erſte Epiſtel Sanct Paulus zu den Theſſalonicern.
14 Die ander Epiſtel Sanct Paulus zu den Theſſalonicern.
15 Die erſt Epiſtel Sanct Paulus an Timotheon.
16 Die ander Epiſtel Sanct Paulus an Timotheon.
17 Epiſtel Sanct Paulus an Titon.
18 Epiſtel Sanct Paulus an Philemon.
19 Die erſt Epiſtel Sanct Peters.
20 Die ander Epiſtel Sanct Peters.
21 Die erſte Epiſtel Sanct Johannis.
22 Die ander Epiſtel Sanct Johannis.
23 Die drit Epiſtel Sanct Johannis.

Die Epiſtel zu den Ebreern.
Die Epiſtel Jacobus.
Die Epiſtel Judas.
Die offinbarung Johannis.

Abb. 2: Inhaltsverzeichnis des sog. »Septembertestaments«, des von Luther auf der Wartburg übersetzten Neuen Testaments (Wittenberg 1522).

nisschriften, in denen das ausgewogene, an Augustin orientierte Urteil des Melanchthon als bekenntnisbildend angenommen worden ist. Auch Luther selbst hat die Vorrede, in der die negative Charakterisierung des Jakobusbriefes vorkommt, in den Bibelausgaben, die ab 1534 als Gesamtbibeln erschienen, nicht mehr abdrucken lassen. Das kann allerdings nicht als Zurücknahme seiner Ablehnung verstanden werden, wie vor allem seine Tischreden belegen. Da will er schon »ein mal mit dem Jekel [= Jakobus] den offen hitzen.«[17] Die Tischreden sind jedoch, bei allem Unterhaltsamen, das sie enthalten, den lutherischen Bekenntnisschriften nicht »gleich gehalten«, um Luthers eigenes Urteil über die Apokryphen abzuwandeln.

In den Bekenntnisschriften ist der Jakobusbrief zwar nicht prominent vertreten, aber auch nicht ganz unwichtig. Insgesamt 8-Mal wird auf ihn verwiesen,[18] wobei Melanchthons »Apologia Confessionis Augustanae« von 1531, in der er das Augsburger Bekenntnis von 1530 gegen Angriffe verteidigt, an erster Stelle steht. Im Artikel IV »Von der Rechtfertigung« erklärt er, dass zwischen Jakobus und Paulus aufgrund von Jak 2,24 kein Widerspruch besteht, weil Jakobus »von Werken redet, welche dem Glauben folgen« und dabei den Glauben bereits voraussetzt, dieser also gerade nicht durch Werke zuallererst zustande kommt. Zudem interpretiert Melanchthon Jak 1,18 in Bezug auf die »geistliche Wiedergeburt«, die durch das Evange-

17 WA TR 5, 382 (Nr. 5854).

18 Alle Angaben hier und im Folgenden nach: Die Bekenntnisschriften der evangelisch-lutherischen Kirche, hg. im Gedenkjahr der Augsburgischen Konfession 1530, Göttingen [10]1986. Die Jakobusstellen sind über das Register (S. 1144) leicht zu finden und werden darum nicht eigens aufgeführt.

lium geschieht, woraus folgt, dass es um die Werke der Wiedergeborenen geht. Aber nicht nur Melanchthon, sondern auch Luther selbst kann sich positiv auf Jakobus beziehen, wenn er im Großen Katechismus (1529) bei der Auslegung des Vaterunsers zur Begründung des Betens im Glauben (im Unterschied zu einem Beten, das auf die Würdigkeit aufgrund der eigenen Werke setzt) auf »Sankt Jakobus« verweist und Jak 1,6f. zitiert.

Eine deutliche Abwendung von einem konfessionell vorgeprägten Jakobusbild lässt sich dagegen in der neueren Jakobusforschung erkennen, so dass von einer echten Trendwende im Hinblick auf Würdigung und Wertschätzung des Briefes gesprochen werden kann.[19] Diese kommt dem Herrenbruder allerdings nur bedingt zugute, da ihm mehrheitlich die Verfasserschaft des Briefes abgesprochen wird. Gleichwohl wird auch Jakobus – unabhängig vom Brief in seinem Namen – insgesamt freundlicher beurteilt. Dazu beigetragen hat das neu erwachte Interesse an der Geschichte und Literatur des Judenchristentums in Vergangenheit und Gegenwart, wobei Jakobus von manchen als eine mögliche Brücke zwischen den mehrheitlich heidenchristlichen Kirchen der Gegenwart und den kleinen judenchristlichen Gemeinden gesehen wird. Denn diese stehen auch heute wieder, ähnlich wie ihre Vorgängerinnen in der Anfangszeit, vor der Frage, ob und in welcher Weise sie ihre jüdische Identität leben können und sollen, nachdem sie

---

19 A. J. Batten, What Are They Saying About the Letter of James?, New York 2009; F. Hahn u. P. Müller, Der Jakobusbrief, ThR 63 (1998), 1–73; K.-W. Niebuhr, »A New Perspective on James«? Neuere Forschungen zum Jakobusbrief, ThLZ 129 (2004), 1019–1044.

durch die Taufe Mitglied der messianischen Jesus-Gemeinschaft innerhalb ihres eigenen Volkes geworden sind. Damit verbunden ist die Frage, wie eine solche jüdische Identität praktiziert und gelebt werden kann, ohne dass sie auf der einen Seite die Beziehung zum nicht-an-Jesus-gläubigen Judentum gefährdet und auf der anderen die Einheit und Gemeinschaft der an Jesus Christus Glaubenden praktisch aufhebt. Zugespitzt formuliert: Sollen Angehörige des jüdischen Volkes, die an Jesus als den Messias Israels glauben und Mitglied einer christlichen Gemeinde sind – sollen bzw. dürfen sie dann noch jüdisch leben, um so ihre jüdische Identität zu bewahren und gegebenenfalls an ihre Nachkommen weiterzugeben? Die Geschichte der alten Kirche zeigt hier eine klare Entwicklung, die von gleichberechtigtem Nebeneinander juden- und heidenchristlicher Existenz über die Toleranz jüdischer Sonderbräuche bis zur radikalen Ablehnung führte, die bis heute ökumenisch nicht wirklich überwunden ist. Auf einem Deutschen Evangelischen Kirchentag wäre Jakobus als Sprecher jedenfalls nicht willkommen. Mit dem Herrenbruder Jakobus, dem der jüdische Historiker Josephus »als Bruder des sogenannten Christus« immerhin einen Platz in seiner Geschichte des jüdischen Volkes von den Anfängen bis ans Ende des 1. Jahrhunderts einräumte, verbindet sich darum, ob man will oder nicht, bis heute die Frage: Welchen Platz haben »Judenchristen« zwischen dem Volk Israel, das sie als gleichberechtigte Glieder dieses Volkes nicht anerkennen will, und der Völkerkirche, die ihr mühsam erworbenes Vertrauen vor Israel nicht um dieser Minorität willen aufs Spiel setzen will?

2. Jakobus als Repräsentant des Judenchristentums

Im Hinblick auf die dominierende Charakterisierung des Jakobus als Vertreter des Judenchristentums ist es wichtig sich klarzumachen, dass die Bezeichnungen »judenchristlich« bzw. »Judenchristentum« durchaus schillernd sind und sehr unterschiedlich verwendet wurden und werden. Darum eine kurze Orientierung über das damit Bezeichnete, denn ohne das Adjektiv »judenchristlich« ist eine Darstellung des Jakobus kaum möglich. Ohne nähere Kennzeichnung bezeichnet es die Mitglieder der christlichen Gemeinde, die von ihrer Volkszugehörigkeit her zum jüdischen Volk gehören.[20] Dem entspricht der neutestamentliche Sprachgebrauch, der im Hinblick auf die Evangeliumsverkündigung zwischen jüdischen und »griechischen« (als Sammelbezeichnung für alle nichtjüdischen Völker) Adressaten unterscheidet. Auch in der vereinbarten Aufteilung der Missionsarbeit unter Juden und Nichtjuden zwischen Petrus und Paulus ist diese Unterscheidung anerkannt (Gal 2,9). Damit wird festgehalten, dass es aus heils- und erwählungsgeschichtlichen Gründen einen bleibenden Unterschied zwischen Jesusgläubigen aus Israel und denen aus den Völkern gibt. Ein Nichtjude steht als Mensch vor Gott entweder als einer, der an Jesus Christus glaubt, und damit als einer, der zu Gott »Abba« sagen darf –

20 Zur Diskussion um die Wortbildung »Judenchristen(tum)«, die erst in der frühen Neuzeit entstand, s. H. Lemke, Judenchristentum. Zwischen Ausgrenzung und Integration. Zur Geschichte eines exegetischen Begriffes, Hamburger Theologische Studien 25, Münster 2001; H. Rucks, Messianische Juden. Geschichte und Theologie der Bewegung in Israel, Neukirchen-Vluyn 2014.

oder er steht dort als einer, der nicht an Jesus Christus glaubt und darum Gott nicht als Vater, sondern als Richter (weil Schöpfer) vor sich hat. Nationale oder ethnische Zugehörigkeit ist in diesem Fall ohne heilsgeschichtlichen Belang. Angehörige des Volkes Israel stehen dagegen als Angehörige des einen Volkes vor Gott, das er sich als sein Eigentum aus allen anderen Völkern erwählt hat und das darum *als Volk* in einem Kindschaftsverhältnis zu Gott steht.[21] Wer zu diesem Volk gehört, steht aus biblischer Perspektive von Anfang an in einem Verhältnis zu Gott, das wesenhaft und untrennbar zum Judesein dazu gehört. Darauf nimmt die Bezeichnung »Judenchrist« Bezug: Sie anerkennt das Erwählungshandeln Gottes, der sich ein Volk als seinen Zeugen in dieser Welt erwählte, und die damit gegebene Besonderheit dieses Volkes vor allen anderen. Die meisten Personen aus der Frühzeit der Kirche, die wir aus dem Neuen Testament mit Namen kennen, sind daher in diesem Sinne Judenchristen. Geht man von diesem allgemeinen Sprachgebrauch aus, dann lässt sich allerdings kein Unterschied zwischen dem Judenchristen Paulus und dem Judenchristen Jakobus ausdrücken, da beide unzweifelhaft zum jüdischen Volk gehörten.

Der moderne und in der neutestamentlichen Wissenschaft übliche Sprachgebrauch verwendet »judenchristlich« darum vorwiegend, um darüber hinaus ein *identitätsbestimmendes Verhältnis zum jüdischen Gesetz* zu bezeichnen, wie es Teilen der von Jakobus repräsentierten Gemeinde in Jerusalem schon von Lukas in der Apostelgeschichte zugeschrieben wird (21,20, vgl. 15,1.5). Judenchristen sind dann diejenigen, die die

21 Zu Gott als Israels Vater s. Ex 4,22f; Dtn 32,6; Jes 63,16; Jer 3,4.19; 31,9; Hos 11,1; Mal 1,6.

Tora des Mose oder Teile davon für die Mitglieder des jüdischen Volkes als verbindlich und in diesem Sinne für heilsnotwendig oder doch zumindest identitätserhaltend erachten. Eine solche Definition lässt ebenfalls beträchtlichen Raum für Deutungen, denn die Zehn Gebote oder andere Teile der Tora des Mose, wie etwa das Liebesgebot aus Lev 19,18 oder das Bekenntnis zu dem einen Gott (Deut 6,5, zusammengefasst von Jesus im Doppelgebot der Liebe Mk 12,28–34) gehören von Anfang an zum Kernbestand der christlichen Überlieferung und Ethik. Es geht also genau genommen nur um den schwer abgrenzbaren Bereich jener Teile der Tora, die man gerne als Zeremonialgebot oder Ritualgesetz bezeichnet. Das sind Gebote, die die rituelle Reinheit, Beschneidung, Speisevorschriften, sowie alles, was mit dem Festkalender und Tempelkult zusammenhängt, betreffen. Als Judenchristen im engeren Sinne werden darum diejenigen Christen jüdischer Herkunft bezeichnet, die auf die Einhaltung der rituellen und – soweit dies nach der Zerstörung des Tempels in Jerusalem noch möglich war – auch kultischen Gebote bestanden, wobei zu unterscheiden ist zwischen solchen, die diese Forderung nur an Angehörige des eigenen Volks richteten, und solchen, die dasselbe auch von Christen nichtjüdischer Herkunft forderten. Weiter ist zu unterscheiden, ob zumindest theoretisch die ganze Tora als bleibend verbindlich gilt oder ob es um eine bestimmte Auswahl geht. Falsch wäre es jedoch, diese verschiedenen judenchristlichen Positionen pauschal einer angeblich »gesetzesfreien« Heidenmission, für die Paulus steht, gegenüberzustellen. Denn ein solches »gesetzesfreies« Christentum gab es zu keinem Zeitpunkt. Die eigentlich ethischen Gebote, angefangen beim Dekalog, aber nicht darauf beschränkt, gingen nahezu bruchlos in die christliche Tradition über und auch Paulus bezieht sich wiederholt positiv auf Gebote der Tora.

2.1 Ferdinand Christian Baur als Begründer des »historisch-kritischen« Bildes von Jakobus und des Judenchristentums

Wirkungsgeschichtlich am bedeutsamsten für diese Fragen wurde in der modernen Forschung der ebenso scharfsinnige wie kritische Tübinger Gelehrte Ferdinand Christian Baur (1792–1860). Durch ihn erhielt der Herrenbruder neben Petrus als zweitem Hauptvertreter des Judenchristentums und Gegner der paulinischen Mission erstmals ein scharf umrissenes Profil. Zusammen mit Petrus vertrat er nach Baur ein Christentum, das seine Legitimität aus der persönlichen Bekanntschaft und Nähe zum irdischen Jesus ableitete und dessen missionarisches Bemühen sich »auf die Bekehrung der Juden beschränkte, bey welchen auch nach dem Uebertritt zum Christenthum eine völlige Lossagung von der Verbindlichkeit des mosaischen Gesetzes nicht zur Pflicht gemacht werden konnte.«[22] Der grundsätzliche Gegensatz zwischen »gesetzesfreier« paulinischer Heidenmission und petrinisch-jakobinischem Judenchristentum ist für ihn, wie für viele nach ihm, der alles entscheidende Schlüssel, um die Geschichte des Urchristentums und seiner Literatur zu verstehen.

Eine entscheidende Rolle in Baurs Bild des Judenchristentums spielte ein frühchristlicher *Roman*, der die (fiktiven) missionarischen Predigten des Petrus

---

22 F. C. Baur, Die Christuspartei in der korinthischen Gemeinde, in: ders., Ausgewählte Werke in Einzelausgaben, Bd. 1, hg. v. K. Scholder, Stuttgart 1963, 1–146 (49).

und seinen teilweise skurrile Züge annehmenden Wettstreit mit dem zum Erzketzer umgedichteten Simon Magus (vgl. Apg 8,9–24) zum Thema hat. In diesen theologischen, intellektuellen, psychologischen und magischen Mehrkampf der beiden Hauptpersonen ist eine Erzählung verwoben, in der ein junger Römer namens Klemens als Ich-Erzähler seine verschollenen Familienmitglieder nacheinander wiederfindet und zum Glauben an Jesus führt, ehe er von Petrus zu seinem Nachfolger als Bischof von Rom eingesetzt wird. Dieses Romanwerk, das in der wissenschaftlichen Literatur als *Pseudoklementinen* bezeichnet wird (Pseudo- weil der Text fälschlicherweise behauptet, von Klemens geschrieben zu sein), ist in zwei stark voneinander abweichenden Fassungen (pseudoklementinische Homilien bzw. pseudoklementinische Rekognitionen [= Wiedererkennungen]) überliefert, die beide aus der Zeit um 300 stammen und durchaus langatmig und (zumindest für heutige Leserinnen und Leser) ausgesprochen langweilig sind. Man nimmt an, dass der unbekannte Verfasser des Romans ihm bereits vorliegende Texte in sein Werk übernahm. Aber auch danach fanden wohl noch mehrfach Ergänzungen und Umarbeitungen statt. Zahlreich sind die Versuche, diese älteren Teile zu identifizieren, doch weichen die Lösungsvorschläge – wie meist in solchen Fällen – stark voneinander ab. Das ist insofern bedauerlich, als einige dieser Quellen ausführlich über Jakobus berichten, der in beiden Fassungen eine – immerhin wichtige – Nebenrolle spielt, während Petrus die Hauptrolle als Missionar und Prediger zukommt.[23] Jürgen Wehnert, der sich ausführ-

23 Die eine der beiden Fassungen liegt seit kurzem erstmals vollständig in deutscher Übersetzung vor: J. WEHNERT, Pseudokle-

lich mit diesen Texten beschäftigt, charakterisiert die »bizarre Theologie« des ursprünglichen Klemensromans wie folgt:

> Ihr um 250 n. Chr. schreibender Autor erscheint als eigenwilliger rationalistischer Denker, der [...] in synkretistischer Manier ebionitische, gnostische, katholische und popularphilosophische Traditionen zu einem christlichen Gedankengebäude verbunden hat, mit dem er eine ebenso erschöpfende wie verbindliche Antwort auf die existentiellen Fragen seiner Zeitgenossen geben wollte.[24]

Diese Charakterisierung verdeutlicht die Problematik, aus einem solchen Text historische Schlüsse über das Judenchristentum vor 70 bzw. den Herrenbruder Jakobus zu ziehen, aber genau das tat Baur und die Nachwirkungen davon sind bis heute in der Jakobusrezeption zu spüren. Darum ist es hilfreich, wenigstens die wichtigsten Jakobus betreffenden Teile hier kurz vorzustellen, denn durch diese Linse wurden auch die neutestamentlichen Texte, die es dann im Hauptteil zu besprechen gilt, weithin wahrgenommen.

2.2 *Jakobus in den Pseudoklementinen*

Aus dem Werk des in der zweiten Hälfte des 4. Jahrhunderts aktiven Bischofs Epiphanius von Salamis ist bekannt, dass unter Judenchristen eine Schrift existierte, die den Titel »Die Aufstiege des Jakobus« (*Ana-*

---

mentinische Homilien. Einführung und Übersetzung, Göttingen 2010. Die verschiedenen Quellentheorien und die entsprechende Literatur dazu sind in dieser verdienstvollen Ausgabe (der noch ein Kommentar folgen soll) bequem zugänglich.

24 Wehnert, Pseudoklementinische Homilien, 36.

bathmoi Iakobou) trug, in der sich der Herrenbruder gegen den Tempel und die dortigen Opfer wendet.[25] Teile davon, so wird von einer Reihe von Forschern angenommen, sind in den Rekognitionen, einer der beiden Fassungen der Pseudoklementinen, erhalten geblieben. Die angenommene Quellenschrift wird dabei in die 2. Hälfte des 2. Jahrhunderts datiert. Deren erster Teil präsentiert einen heilsgeschichtlichen Überblick des jüdischen Volkes von Abraham bis Jesus (ähnlich der Stephanusrede in Apg 7), während der zweite Teil eine Geschichte der Gemeinde in Jerusalem enthält, die, von Jesus gegründet, durch den Dienst »unseres (Bischofs) Jakobus« wuchs und gedieh (Rek. 1.43.3; 66.1 f.).

In diesem Teil findet sich u. a. ein Bericht über eine öffentliche Disputation auf den Stufen zum Tempel zwischen den bei Jakobus versammelten Aposteln und dem Jerusalemer Hohepriester Kaiphas über die Frage, ob Jesus »der ewige Messias« sei.[26] Am ersten

25 Panarion 30.16,7. Den Titel »Panarion«, was so viel wie »Arzneikasten« bedeutet, hat der Bischof seinem um 377 vollendeten Werk gegeben, weil er hoffte, darin der Kirche die Gegengifte gegen das Gift der falschen Lehrer und Lehren bereitzustellen. Eine vollständige deutsche Übersetzung dieses Werks existiert nicht, Auszüge enthält der Band: Epiphanius von Salamis, Ausgewählte Schriften, übers. von Josef Hörmann, BKV 38, Kempten 1919, 185–263. Für eine vollständige englische Übersetzung s. F. Williams, The *Panarion* of Epiphanius of Salamis, 2 Bde., NHMS 63 und 79, Leiden ^{2}2009 u. ^{2}2012.

26 Für eine deutsche Übersetzung (die allerdings nur die Rekonstruktion der angenommenen Quellenschrift bietet) s. G. Strecker, Das Judenchristentum in den Pseudoklementinen, TU 70, Berlin 21981, 223–250. Zu der Jakobusquelle grundlegend sind R. E. van Voorst, The Ascents of James. History and Theology of a Jewish-Christian Community, SBL.DS 112, Atlanta, GA 1989; F. Stanley Jones, An Ancient Jewish Christian

Tag haben die Apostel, angefangen mit Matthäus, die Gelegenheit, Einwände zu entkräften, die von den Priestern, Sadduzäern, Samaritanern, Pharisäern und Johannesjüngern gegen die christlichen Lehren vorgebracht wurden. Petrus beschließt diesen ersten Tag mit einem Angriff auf den Tempel und den Opferkult. Abends berichten die Apostel dem Jakobus, was vorgefallen ist, woraufhin er sich bereit erklärt, am nächsten Tag mit ihnen zu gehen. Am darauf folgenden Morgen stehen sich die zwei Parteien auf den Tempelstufen gegenüber: Der Hohepriester, umgeben von Priestern und dem Volk auf der einen, und Bischof Jakobus umgeben von den Aposteln und der »ganzen Kirche« auf der anderen Seite. Schließlich bekommt Jakobus die Gelegenheit, aus der Schrift zu beweisen, dass Jesus der Messias ist. Dies tut er dann in aller Gründlichkeit, öffentlich und volle sieben Tage lang. Als sich daraufhin das Volk samt dem Hohenpriester zur Taufe drängt, taucht »ein feindlicher Mensch« (womit nur Paulus gemeint sein kann) auf und unternimmt eine Art Amoklauf im Tempel, bei dem Jakobus schwer verletzt wird. Er kann jedoch gerettet werden und entkommt zusammen mit anderen Anhängern Jesu nach Jericho.

Dieser letzte Teil hat eindeutig eine antipaulinische Spitze, aber dabei darf nicht übersehen werden, dass dieses Geschehen in der Zeit *vor* der Bekehrung des Paulus vorgestellt ist, sodass über den *Christen und Apostel* Paulus hier gar nichts gesagt wird. Auch sind Jakobus und seine Mitstreiter in diesem Text gerade nicht als Vertreter eines toratreuen Christentums geschildert: die Opfer im Tempel werden ausdrücklich

---

Source on the History of Christianity: Pseudo-Clementine Recognitions 1.27–71, SBL.TT 37 Atlanta, GA 1995.

abgelehnt und die Heidenmission positiv angekündigt (Rek. 1.64.1f.). Es geht Jakobus in seiner Schriftauslegung darum, die Übereinstimmung der Propheten mit der Tora zu demonstrieren, aber vom Kontext her ist eindeutig, dass es dabei nicht um gesetzliche Praxis, sondern um das heilsgeschichtliche Erfüllungsgeschehen geht. Er zeigt auf, dass der Messias zuerst in Niedrigkeit kommen musste und erst danach in Herrlichkeit für die, »die an ihn glauben und alles beachten, was er ihnen gebot« (1.69.4). Das einzige inhaltliche Element, das damit im Zusammenhang genannt ist, bezieht sich auf die Taufe. Ein gesetzesstrenger oder auch nur Tora-konformer Jakobus lässt sich mit diesem Quellentext kaum gewinnen.

Die zweite Textgruppe, die in den Pseudoklementinen Bezug auf Jakobus nimmt, findet sich lediglich in der anderen Rezension, den Homilien. Dieser sind im 3. Jahrhundert drei Einzeltexte vorangestellt worden, wodurch das ganze Werk sich den Anschein gibt, ein Bericht des Klemens an Jakobus zu sein.[27] In diesen Briefen von und an Jakobus wird der Eindruck er-

---

27 Diese drei Texte heißen in der Fachsprache *Epistula Petri*, das ist ein Brief des Petrus an Jakobus; *Contestatio*, was so viel wie »feierliche Beschwörung« bedeutet, eine Verpflichtung, die Jakobus allen auferlegt, die den Bericht des Klemens lesen dürfen; *Epistula Clementis*, das ist »der Brief des Klemens«, womit das Begleitschreiben bezeichnet wird, das Klemens seinem umfangreichen »Bericht« an Jakobus mitgibt. Zu den Einleitungsfragen s. WEHNERT, Pseudoklementinische Homilien, 33f., die Texte selbst ebd. 43–54. Nur zur Erinnerung sei hier noch einmal erwähnt, dass diese Briefe und Dokumente allesamt literarische Fiktionen sind und selbstverständlich *nicht* von Petrus, Jakobus oder Klemens stammen und auch keinerlei Anspruch auf historische Kenntnisse für das Jerusalem des 1. Jahrhunderts erheben können (es ist nicht einmal klar, ob sie das überhaupt wollen).

weckt, als wäre Jakobus daran gelegen, die Gläubigen auf das ganze Gesetz zu verpflichten. Die ihm übersandten Predigten des Petrus dürfen nur erprobten Gläubigen, die lehren wollen und beschnitten sind, zum Lesen gegeben werden, und auch das erst nach einer 6-jährigen Probezeit (Cont 1,2; vgl. Hom. XI 35,4). Diese wiederum müssen sich verpflichten, die ihnen anvertrauten Bücher sorgfältig zu hüten, nicht an andere weiterzugeben oder durch Abschrift zu verbreiten, außer ein Bischof habe es ausdrücklich erlaubt (Cont 2,2–4,3). Nur so könne der Inhalt vor Verfälschungen geschützt werden. Diese Schutzmaßnahmen stellen angesichts des eher dürftigen theologischen Inhalts eine gewaltige Überhöhung der Predigten dar. Wie wenig diese Einleitungsschreiben jedoch tatsächlich mit dem Inhalt übereinstimmen, zeigt sich daran, dass etwa die Beschneidung in den Predigten gar keine Rolle spielt, und diesem scheinbar so eindeutigen Bekenntnis zur ganzen Tora keine entsprechenden Vorschriften folgen, ganz im Gegenteil. Die Tora-Unterweisung folgt in weiten Teilen bekannten ethischen Grundsätzen, die sich am Dekalog und einzelnen Weisungen Jesu, insbesondere der Goldenen Regel (Mt 7,12), orientieren. Dazu kommt eine erweiterte Form des Aposteldekrets, d.h. bestimmte jüdische Speise- und Reinheitsvorschriften (insbesondere im Zusammenhang mit Sexualität und Menstruation) gelten als verpflichtend. Das jesuanische Schwurverbot (vgl. Mt 5,34; Jak 5,12) wird in der *Contestatio* des Jakobus (1,2) als selbstverständlich vorausgesetzt. Darüber hinaus werden die Werke der Barmherzigkeit nach Mt 25,35f. angemahnt, wobei die Menschenliebe als das höchste Gut gilt, die – und nicht etwa die Tora – lehrt, »alles Gute zu tun« (EpClem 8,3–9,5f. u. Hom. III 69,1).

Zusammenfassend lässt sich sagen, dass jede der beiden Rezensionen der Pseudoklementinen eine Sondergut-Tradition zu Jakobus besitzt, die ihn als Leiter der Jerusalemer Gemeinde in den Vordergrund stellt. Abgesehen von diesen »Einsprengseln« ist seine Funktion jedoch blass und eine Theologie des Judenchristentums oder auch nur einer Gruppe desselben lässt sich aufgrund dieser Texte nicht gewinnen. Auch ein auf die ganze Tora verpflichtender Lebensstil lässt sich nicht daraus ableiten. Es ist im Grunde eine recht willkürliche und vor allem sehr knappe Auswahl an ethischen und rituellen Geboten, die hier als verpflichtend angesehen wird.

Diese wenigen Hinweise genügen um zu verstehen, dass das sogenannte »Judenchristentum« zu keinem Zeitpunkt eine einheitliche Größe darstellte, was auch das Neue Testament selbst erkennen lässt: Die Maximalforderung, nach der es nötig ist, dass man die nichtjüdischen Neubekehrten lehre, »sich beschneiden zu lassen und das ganze Gesetz Moses zu halten«, wird nach Apg 15,5 von »gläubig gewordenen Pharisäern« in Jerusalem erhoben. Deren Forderung wird im Konsens mit Jakobus auf dem Treffen der Apostel in Jerusalem jedoch *abgelehnt*. Aber weil in diesem Zusammenhang auch der Vorschlag des Jakobus über die Enthaltung von bestimmten Speisen erwähnt ist (Apg 15,20.29; 21,25), wird der Herrenbruder von vielen einem anderen, weniger striktem judenchristlichen Flügel zugerechnet, der zumindest einen partiellen Toragehorsam auch von Heidenchristen und einen vollständigen von allen Angehörigen des jüdischen Volks erwartete.

2.3 Der Ehrentitel »der Gerechte« und die damit verbundenen Vorstellungen

Der Jakobus erst in nachneutestamentlichen Quellen beigelegte Titel »der Gerechte« wird dann so verstanden, dass damit sein besonders auffälliger Gesetzesgehorsam gewürdigt wird.[28] Damit trägt man allerdings eine – noch dazu einseitig interpretierte – Beschreibung des Jakobus in die neutestamentlichen Texte ein, die sich *so* gerade *nicht* im Neuen Testament findet. Es ist darum hilfreich zu sehen, wie der Titel des »Gerechten« in Bezug auf Jakobus zu verstehen ist.

2.3.1 Der Gerechte

Die Bezeichnung taucht erstmals im 2. Jahrhundert im Thomasevangelium (Logion 12) bzw. in einem bei Hieronymus bezeugten Zitat aus dem judenchristlichen Hebräerevangelium auf.[29] Er kann darum nicht ohne weiteres dazu gebraucht werden, den »historischen« Jakobus oder auch Jakobus in der Apostelgeschichte zu beschreiben. Es soll damit nicht bestritten werden, dass Jakobus schon sehr früh, möglicherweise sogar noch zu seinen Lebzeiten, als der Gerechte bezeichnet wurde. Zurückhaltung ist jedoch angebracht, wenn dieser Titel mit einer besonderen Bindung an das Gesetz des Mose begründet wird. Denn dafür bieten die Quellen keinen Anhalt. Am meisten lässt sich hier den Aussagen des Hegesipp entnehmen:

---

28 SIEGERT, Antijudaismus, 85. So auch E. STAUFFER, Petrus und Jakobus in Jerusalem, in: Begegnung der Christen, FS O. Karrer, Stuttgart u. Frankfurt 1959, 361–372 (368).

29 HIERONYMUS, Berühmte Männer II 13 (Barthold S. 163).

Die Kirche wurde übernommen von den Aposteln und Jakobus, dem Bruder des Herrn, der von den Zeiten des Herrn an bis auf unsere Tage allgemein der Gerechte genannt wurde; denn es gab noch viele, die den Namen Jakobus führten.[30]

Hier ist der Beiname zunächst einmal einfach damit erklärt, dass es mehrere Personen mit demselben Namen gab (allein im Neuen Testament sind es mindestens fünf). Weiter behauptet Hegesipp, dass der Beiname schon zu dessen Lebzeiten mit Jakobus verbunden war. Die Fortsetzung des Zitats kann so verstanden werden, dass er die Gründe dafür angibt:

Schon von Mutterleib an war er heilig. Wein und geistige Getränke nahm er nicht zu sich, auch aß er kein Fleisch. Eine Schere berührte nie sein Haupt, noch salbte er sich mit Öl oder nahm er ein Bad.

Diese Liste von Eigenschaften ist in mehrfacher Hinsicht interessant und lohnt darum ein genaues Hinsehen. Doch darf dabei nicht aus den Augen gelassen werden, dass es keine Möglichkeit gibt, die historische Zuverlässigkeit der hier gemachten Aussagen zu verifizieren. Sie sind sonst nirgends bezeugt, und von Hegesipp selbst und seinen Informationsquellen ist zu wenig bekannt, um irgendwelche sicheren Schlüsse zu ziehen. Es geht also in erster Linie darum, welches Bild sich Hegesipp oder seine Quelle von Jakobus

30 Eusebius, Kirchengeschichte, II 23,4. Eine noch weiter ausgeschmückte, aber erkennbar von Hegesipp (bzw. Eusebius) abhängige Darstellung der asketischen Frömmigkeit und Gebetspraxis des Jakobus findet sich bei Epiphanius, Panarion 29.3,8–4,4 und 68.13–14.

machte, und erst dann kann überlegt werden, inwieweit dies historisch zumindest möglich ist.

Über Hegesipp selbst, eine der wichtigsten Quellen für Jakobus, wissen wir nur sehr wenig. Er wird von Eusebius als »einer der ersten Nachfolger der Apostel« bezeichnet (Kirchengeschichte II 23,3), aber einzelne Hinweise in den insgesamt nur zehn von ihm erhaltenen Fragmenten weisen darauf hin, dass er erst später, etwa in der Zeit zwischen 174 und 189 n. Chr., schriftstellerisch tätig gewesen war.[31] Alle erhaltenen Fragmente stammen aus seinem ursprünglich fünf Bücher umfassenden Werk *Hypomnemata,* und der Titel kann in etwa als »Erinnerungen« oder »Aufzeichnungen« wiedergegeben werden. Es wird angenommen, dass diese »Erinnerungen« an Jakobus sowie weitere Lokaltraditionen über die Jerusalemer Bischöfe und die Familie Jesu auf Quellen zurückgehen, die Hegesipp gelesen und für notierenswert befunden hat. Die Quellen (ob eine oder mehrere, lässt sich nicht mehr bestimmen) werden in die erste Hälfte des 2. Jahrhunderts datiert, und enthielten damit die Traditionen der Jerusalemer Gemeinde vor 135 (dem Ende jüdischer Präsenz in der Heiligen Stadt infolge des Bar Kochba-Krieges). Eusebius nahm sogar an, dass Hegesipp selbst ein Gläubiger aus den Hebräern, d. h. ein Judenchrist gewesen ist, da er hebräische und aramäische Texte zitierte und offenbar mit der ungeschriebenen (mündlichen) jüdischen Lehre vertraut gewesen war.[32]

---

31 Eusebius, Kirchengeschichte IV 22,3. Von den zehn Fragmenten sind acht in Eusebs Kirchengeschichte zu finden. Alle bekannten Fragmente sind nun leicht zugänglich in F. Schleritt, Hegesipp, Kleine Bibliothek der antiken jüdischen und christlichen Literatur, Göttingen 2016.

32 Eusebius, Kirchengeschichte IV 22,8.

2.3.2 *Jakobus als Nasiräer*

Hegesipps Darstellung der besonderen Frömmigkeitspraxis von Jakobus orientiert sich an der Geburtsgeschichte von Simson aus dem Buch der Richter (Kap. 13). Dort erscheint der Engel des Herrn einer Frau und verkündet ihr, dass sie schwanger und einen Sohn gebären werde. Dieser solle ein »Geweihter (Nasiräer) Gottes sein von Mutterleibe an« (Ri 13,5), denn durch ihn werde Gott Israel von den Philistern retten. Der Mutter wird dreimal aufgetragen, dass sie (gemeint ist offenbar während der Schwangerschaft) Wein oder andere alkoholische Getränke nicht trinken und jede unreine Speise meiden solle (Ri 13,4.7.14). Darüber hinaus wird den Eltern aufgetragen, die Haare des Kindes nicht zu schneiden, denn darin liege seine besondere Kraft (Ri 13,5; 16,17).

Das Buch Numeri enthält weitere Auskunft über die besonderen Verpflichtungen eines »Gottgeweihten« oder Nasiräers.[33] Diese betreffen allerdings nur Personen, die *für eine bestimmte Zeit* als »Gottgeweihte« leben wollen (Num 6,1–21). Zu den Verpflichtungen gehören auch hier der Verzicht auf Wein und das Wachsenlassen der Haare, dazu das Meiden von Totenunreinheit selbst beim Tod naher Verwandter. Die Gesetzesvorschriften der Tora kennen allerdings keine Form *eines lebenslangen Nasiräats*, wie es bei Simson der Fall ist. Es empfiehlt sich also, von zwei unterschiedlichen Formen des Nasiräats auszugehen: das genau geregelte, das nur eine bestimmte Zeit andauerte und auf einem Gelübde basierte, und das lebenslange, das eher eine Art freiwillige (oder Einzelnen

33 Alle diesbezüglichen Texte sind gesammelt und analysiert bei S. D. Chepey, Nazirites in Late Second Temple Judaism, AGJU 60, Leiden 2005.

von Gott aufgetragene) Selbstverpflichtung war und darum in seiner Ausgestaltung individuelle Züge annehmen konnte. Nicht eigentlich als Nasiräer können die Mitglieder der Sippe der Rechabiten bezeichnet werden, die im Jeremiabuch Erwähnung finden (Jer 35) und die bei Hegesipp in seiner Darstellung des Todes des Jakobus noch einmal auftauchen (s. unten C 4.2.1.2).

Im Neuen Testament ist Johannes der Täufer als ein lebenslanger Nasiräer geschildert (Lk 1,5). Wie bei den Rechabiten ist der Verzicht auf Alkohol als entscheidendes Kennzeichen genannt; seine besondere Speise, bestehend aus Heuschrecken und wildem Honig (Mk 1,6; Mt 3,5), nimmt ebenfalls Motive der Rechabiten auf, die keinen Ackerbau betrieben. Die Haare des Johannes werden dagegen nie erwähnt, stattdessen jedoch seine an den Propheten Elia erinnernde Kleidung (2Kön 1,8). Das zeigt, dass es keinen streng festgelegten Kodex für diese Form der Gottgeweihten gab, aber doch eine Reihe von biblisch legitimierten Auffälligkeiten, durch die eine besondere Hingabe an einen Auftrag Gottes demonstriert werden konnte.

Dass man Jakobus mit dem Nasiräat verband, ergibt sich unschwer aus Apg 21,18–24 (s. unten B 4.8). Jakobus wird in diesem Zusammenhang zwar nicht als Nasiräer bezeichnet, aber man konnte dieser Schilderung zumindest eine gewisse Nähe zu dieser besonderen Form des Gottesdienstes entnehmen. Auch Jesus legte vor seiner Verhaftung eine Art Nasiräergelübde ab, als er sagte, dass er nicht mehr vom Gewächs des Weinstockes trinken werde, bis das Reich Gottes kommt (Lk 22,18 parr.). Wenn darum Jakobus in späteren Texten eine Art lebenslanger Nasiräer ist, der sich dauerhaft des Weins enthält, dann kann das als ein Ausdruck seiner Naherwartung bzw. der Intensität seines Wartens gewertet werden.

Die übrigen Details bei Hegesipp haben dagegen keine biblischen Vorbilder: das prinzipielle Meiden von Fleisch ist nirgends erwähnt, weder als Gebot noch als freiwilliger Verzicht; auch gibt es keine biblische Gestalt, von der dies behauptet wird.[34] Das Meiden von Fleischgenuß erklärt sich am einfachsten aus den sogenannten Jakobusklauseln, indem drei der vier dort genannten Verbote mit Fleischgenuss zu tun haben. Die asketischen Übungen des Nichtbadens und die Ablehnung von Öl haben ebenfalls keine biblischen Vorbilder. Letzteres berichtet der jüdische Historiker Josephus zwar von der jüdischen Gruppe der Essener, aber dort fehlen alle anderen Besonderheiten und das Ölverbot steht in keinem erkennbaren Zusammenhang mit einer nasiräischen Praxis.[35] Zudem ist es gerade Jakobus, der zur Krankensalbung mit Öl in seinem Brief auffordert (Jak 5,14) bzw. dem dieselbe zugeschrieben wird, wenn man darin ein Pseudepigraphon sieht. Das Meiden von Bädern ist nicht im Sinne der späteren christlichen Asketen zu verstehen, die jede Form von Körperhygiene ablehnten, sondern wohl eher als ein Meiden der öffentlichen Badeanstalten, die für viele Juden als eines der herausragenden

---

34 Im Fall von Daniel und seinen Freunden, die sich vegetarisch ernährten (Dan 1,12), geht es um die Verunreinigung durch unreine Speisen (1,8); der in Dan 10,2f. erwähnte Fleischverzicht Daniels (zusammen mit dem Verzicht auf Alkohol und dem Gebrauch von Öl), kann vom Kontext her entweder als eine Art Bußritus oder als Vorbereitung für den Offenbarungsempfang verstanden werden.

35 Josephus, Jüdischer Krieg II 123. Zur Unmöglichkeit, die Angaben des Hegesipp mit irgendeiner der bekannten Nasiräats-Traditionen zu verbinden s. Chepey, Nazirites, 174–177.

Kennzeichen der heidnischen Kultur galten und die in Judäa seit der Zeit des Herodes Verbreitung fanden.

2.3.3 *Jakobus als Hohepriester und Fürbitter für sein Volk*

Jakobus wird von Hegesipp aber nicht nur als besonderer Nasiräer, sondern auch als besonderer Hohepriester geschildert, dessen entscheidendes Kennzeichen nicht die Opfer, sondern das Gebet für das Volk ist. Dass in der Tora im Anschluss an die Vorschriften über die Nasiräer übergangslos der aaronitische Segen folgt (Num 6,1–21.22–27), hat möglicherweise dazu geführt, in Jakobus nicht nur einen Nasiräer sondern zugleich eine hohepriesterliche Gestalt zu sehen, die durch seine Fürbitte den »Namen« Gottes auf sein Volk legt.[36] Damit handelt Jakobus im Sinne seines Bruders, der den Verkauf der Opfertiere unterbinden wollte, um den Tempel aus einer Stätte des Opfers in eine des Gebets *für alle Völker* zu verwandeln: »Steht nicht geschrieben: ›Mein Haus soll ein Haus des Gebets genannt werden für alle Völker‹ (Jes 56,7)? Ihr aber habt es zu einer ›Räuberhöhle‹ (Jer 7,11) gemacht.«[37] Entsprechend berichtet Hegesipp über den Dienst des Jakobus im Tempel:

---

36 Eine solche Namenstheologie findet sich besonders gehäuft in der ersten Hälfte der Apostelgeschichte, in der die Geschichte der judenchristlichen Jerusalemer Gemeinde im Zentrum steht, s. Apg 2,21.38; 3,6.16; 4,7.10.12.17.18.30; 5,40.41; 8,12.16; 9,14–16.21.27.28; 10,43.48. Die entscheidende theologische Aussage über das Volk für den Namen Gottes wird in Apg 15,14.17 von Jakobus gemacht. Danach findet sich die Namenstheologie deutlich seltener und fast nur noch in geprägten Wendungen: Apg 16,18; 19,5(13.17); 21,13; 22,16; 26,9.

37 Mk 11,15–17 parr. Zur Auslegung dieser Stelle s. J. Ådna, Jesu Stellung zum Tempel, WUNT II/119, Tübingen, 2000.

Jakobus allein war es gestattet, das Heiligtum zu betreten; denn er trug kein wollenes, sondern ein leinenes Gewand. Allein pflegte er in den Tempel zu gehen, und man fand ihn auf den Knien liegend und für das Volk um Verzeihung flehend. Seine Knie wurden hart wie die eines Kamels, da er ständig auf den Knien lag, um zu Gott zu beten und ihn um Verzeihung für sein Volk zu bitten. Wegen seiner hervorragenden Gerechtigkeit wurde er der Gerechte genannt.[38]

Hegesipp beschreibt hier nicht nur das anhaltende Gebet des Herrenbruders für sein Volk, sondern gibt auch noch eine zweite Erklärung für den Beinamen als »Gerechter«. Es ist ein Ehrentitel aufgrund seiner »Gerechtigkeit«, die ihm aber nicht als Folge seiner strengen Einhaltung der Tora zugeschrieben wurde, sondern aufgrund seines nasiräischen Lebensstil und seiner beständigen Für- und Vergebungsbitte für das Volk. Rätselhaft bleiben die Aussagen über das Betreten des Heiligtums und die leinenen Gewänder. Beides weist auf priesterliche Abstammung hin, die aufgrund dieser Stelle auch gelegentlich in der Literatur behauptet wird.[39] Nimmt man den lukanischen Kindheitsbericht ernst, dann besaß die Jesusfamilie immerhin priesterliche Verwandte, gehörte aber selbst zum Haus David und damit zum Stamm Juda. Das hier für das Leinengewand gebrauchte griechische Wort (*sindōn*) ist allerdings nicht das typische Wort für die Priesterkleidung (das ist *stolē*). Es steht im Neuen Testament für einen einfachen Überwurf, der auf nackter Haut getragen wurde (Mk 14,51f.). Er wird außerdem

38 Hegesipp, bei Eusebius, Kirchengeschichte II 23,6f. Zur Fortsetzung des Zitats s. unten C 4.2.1.1.

39 Zur Diskussion s. W. Pratscher, Der Herrenbruder Jakobus und die Jakobustradition, FRLANT 139, Göttingen 1987, 110f.

für die Grabtücher Jesu gebraucht (Mk 15,46 parr.).[40] Im griechischen Alten Testament, der Septuaginta, kommt das Wort überhaupt nur dreimal und nie für Priesterkleidung vor, dafür zweimal im Kontext der Simsongeschichte (Ri 14,12f.). Da die Simson-Tradition auch sonst im Hintergrund der hegesippschen Nasiräatsbeschreibung steht, könnte das Wort von dort her beeinflusst sein. Die Erzählabsicht ist wohl vor allem, auch bei Jakobus seine Stellung und Rolle durch eine ihn in besonderer Weise kennzeichnende Kleidung hervorzuheben, womit er in eine Reihe gestellt wird mit Josef, Elia, Johannes dem Täufer und Jesus selbst. Angesichts dessen, was wir historisch über die symbolische Bedeutung von Kleidung im 1. Jahrhundert im Judentum wissen, ist es zudem keinesfalls ausgeschlossen, dass Jakobus seine besondere Stellung bzw. Haltung auch durch eine entsprechende Kleidung ausdrückte.[41]

2.3.4 Ergebnis

Hegesipp präsentiert ein idealisiertes, mit Hilfe von verschiedenen biblischen Traditionen geformtes Jakobusbild. In Bezug auf unsere Ausgangsfrage, was diese Charakterisierungen über den Beinamen des Jakobus als eines Gerechten besagen, scheint so viel jedenfalls sicher zu sein, dass Hegesipp diesen Ehrenti-

40 Vgl. Epiphanius, Panarion 68.13,3, der ausdrücklich auf die Mk-Stelle verweist. Nach Epiphanius hat nicht nur Jakobus diese nasiräische Lebensweise angenommen, sondern auch die beiden Zebedaiden Johannes und Jakobus, aber nur dem Herrenbruder sei es erlaubt gewesen, »einmal im Jahre ins Allerheiligste einzugehen«, weil er allein priesterlicher Abstammung gewesen sei.

41 Vgl. dazu R. Deines, Art. Kleidung, TBLNT^2 2 (2000), 1167–1178.

tel nicht auf die vorbildliche Gesetzesfrömmigkeit bezieht, sondern auf die Hingabe und Leidenschaft des Jakobus für die Rettung des ganzen Volkes, die er in priesterlicher Weise auslebte.

Dieser erste Durchgang durch die Traditionen, die sich mit Jakobus als dem »exemplarischen Juden« (Siegert) beschäftigen, ergeben also ein – zumindest für manche – überraschendes Bild. Weder begegnet darin ein Moralist noch ein Eiferer für das Gesetz oder die jüdischen Vorrechte, die er gegenüber Paulus bzw. den heidenchristlichen Gemeinden durchzusetzen versuchte. Im Mittelpunkt steht dagegen Jakobus als Leiter und Bischof der Gemeinde in Jerusalem, der unter seinem Volk eine erfolgreiche missionarische Tätigkeit als Prediger und Lehrer ausübte. Was ihn darüber hinaus auszeichnet, ist die Fürbitte für sein Volk. Wenn es aber nicht die späteren judenchristlichen Überlieferungen sind, die das so weit verbreitete Bild des gesetzesstrengen Herrenbruder vermitteln, dann muss die Grundlage dafür im Neuen Testament selbst gesucht werden. Was aber erfahren wir in den neutestamentlichen Zeugnissen von Jakobus?

B JAKOBUS
IM NEUEN TESTAMENT

1. Aus fünf mach drei: Wie aus den Brüdern Jesu seine Vettern wurden

Der Herrenbruder Jakobus ist nicht die einzige Person im Neuen Testament, die den Namen des dritten Stammvaters Israels trägt. Die insgesamt 42 Vorkommen des Namens lassen sich auf vier oder fünf individuelle Gestalten zurückführen, die in der Überlieferung teilweise miteinander identifiziert wurden. Diese Gleichsetzung verschiedener Jakobusse ist auch der Grund, warum in der katholischen Tradition Jakobus nicht als Bruder, sondern als Vetter Jesu gilt. Es lohnt sich darum, zunächst einmal die verschiedenen Namensträger zu identifizieren, und dann zu sehen, wie dieselben miteinander in Beziehung gesetzt wurden.

1.1 Der Apostel Jakobus, Sohn des Zebedäus (Jakobus maior)

Allein in den Listen der zwölf Jünger Jesu finden sich drei Personen mit dem Namen Jakobus, und der wichtigste davon ist zweifelsfrei Jakobus, der Sohn des Zebedäus, der zusammen mit seinem Bruder Johannes in zahlreichen Erzählungen genannt wird. Von Beruf Fischer, aus Bethsaida am See Genezareth, werden sie wie das andere Brüderpaar Petrus und Andreas von Jesus zu »Menschenfischern« berufen. Zusammen mit Petrus bilden die beiden »Donnersöhne« (Mk 3,17) innerhalb des Zwölferkreises einen engeren

Kreis, der bei einigen Episoden exklusiv bei Jesus bleiben darf.[42]

Die bevorzugte Stellung dieser drei setzt sich auch im ersten Teil der Apostelgeschichte fort, wenngleich Jakobus da im Vergleich zu Johannes und Petrus am wenigsten prominent erscheint. Erst zu Beginn von Kapitel 12 taucht Jakobus wieder auf (allerdings ohne Aposteltitel) und wird dabei durch seinen Bruder Johannes identifiziert (»der Bruder des Johannes«). Erzählt wird in kaum zu überbietender Kürze, dass er während eines Passahfestes vom judäischen König Herodes Agrippa I., einem Enkel des Herodes, mit dem Schwert hingerichtet wurde. Aufgrund der Regierungsdaten dieses Königs muss dies irgendwann zwischen 41 und 44 n. Chr. geschehen sein. Dies ist die erste und einzige Nennung des Apostels Jakobus (außerhalb der Jüngerliste Apg 1,13b) in der Apostelgeschichte, und zugleich die letzte seines Bruders Johannes, obwohl dieser in den Anfangskapiteln neben Petrus der wichtigste Apostel ist. Erzählerisch tritt dieser »erste« Jakobus in dem Moment von der Bühne, als der »andere« eingeführt wird (12,16f.). Von nun an sind Paulus und der Herrenbruder die wichtigsten Akteure. In unmittelbarem Zusammenhang erwähnt Lukas zudem, dass die Jünger damals zum ersten Mal als »Christen« bezeichnet wurden (11,26, vgl. 26,28), d.h. aus dem Dual von Juden und Heiden ist ein Dreiklang geworden, bei dem Paulus die Anliegen der Heidenchristen, Jakobus das der Muttergemeinde in

---

42 Vgl. Mt 17,1; Lk 8,51; 9,28 (jeweils in der Reihenfolge Petrus, Johannes, Jakobus). Wo das Brüderpaar allein genannt wird, steht dagegen immer Jakobus vor Johannes, so z.B. in der Berufungsgeschichte der beiden Fischer Mk 1,29 parr. Mt 4,21; Lk 5,1.

Jerusalem vertritt, und Petrus als Apostel für Juden und Nichtjuden (Apg 11,15–18; 15,7–11) die Legitimität beider Anliegen garantiert.

In der kirchlichen Märtyrer- und Heiligenverehrung spielt der Zebedaide Jakobus eine wichtige Rolle, der – um Verwechslungen zu vermeiden – häufig etwa in Bildunterschriften von Aposteldarstellungen als Jakobus maior (der ältere Jakobus) identifiziert wird.[43] Die seit der Kreuzfahrerzeit (12. Jahrhundert) bezeugte Jakobus-Kathedrale im armenischen Viertel der Jerusalemer Altstadt steht nach armenischer Tradition an dem angeblichen Ort seines Wohnhauses.

Abb. 3: Gemälde von E. Esme über dem Eingang zur Jakobuskathedrale in Jerusalem: Links die Beweinung des Hauptes des Zebedaiden, im Zentrum die Verklärung Jesu, und rechts der Herrenbruder auf dem Bischofsthron von Jerusalem, flankiert von Petrus und Johannes (den anderen »Säulen«).

43 O. Wimmer und H. Melzer, Lexikon der Namen und Heiligen, bearb. u. ergänzt von J. Gelmi, 6. Aufl. Innsbruck u. Wien 1988 (Ndr. Hamburg 2002), 407f.

Nach seiner Hinrichtung wurde hier sein Haupt beim Bischofsstuhl (Thron) des Herrenbruders Jakobus bestattet, wo es bis heute als Reliquie verehrt wird. Diese Jakobuskirche wird erstmals im 1165 abgefassten Bericht des Johannes von Würzburg über seine Pilgerreise ins Heilige Land erwähnt. Darin berichtet er von einer großen Kirche

> gebaut zu Ehren des hl. Jakobus des Älteren, wo armenische Mönche wohnen und dort auch ein großes Hospiz zur Aufnahme von Armen ihrer Sprache betreiben. Dort wird mit großer Verehrung das Haupt jenes Apostels aufbewahrt. [...] Sein Leichnam war von seinen Jüngern in Jaffa zu Schiff nach Galicia [Nordwest-Spanien] gebracht worden, während sein Haupt in Palästina verblieb.[44]

Die hier vorausgesetzte Aufteilung der Reliquien des Apostels Jakobus auf Santiago de Compostela und Jerusalem geht auf eine im 7. Jh. entstandene Legende zurück. Derzufolge predigte Jakobus vor seinem Martyrium in Spanien, von wo er vertrieben wurde und nach Jerusalem zurückkehrte, wo er nach einiger Zeit hingerichtet wurde. Der enthauptete Leichnam sei auf ein Schiff gebracht worden, das steuerlos schließlich an der spanischen Küste landete, wo die sterblichen Überreste des Apostels (nach einem etwas sonderba-

44 Zitiert nach M. Küchler, Jerusalem. Ein Handbuch und Studienreiseführer zur Heiligen Stadt, OLB IV.2, Göttingen 2007, 546, wo sich auch eine genaue Beschreibung der Kirche und ihrer Geschichte findet (543–549). Die Kirche in ihrer heutigen Gestalt geht auf das 12. Jh. zurück, die armenischen Überlieferungen über Jakobus sind jedoch älter. Der mit dem Herrenbruder im Zusammenhang stehende Bildschmuck der Kirche ist dargestellt bei David B. Gowler, James Through the Centuries, Chichester 2014, 40–47.

ren Ausflug in die himmlischen Gefilde) schließlich bestattet wurden. In Spanien alsbald vergessen, bedurfte es jedoch eines kleinen Wunders, ehe Bischof Theodemir sie wieder entdeckte. In dem nach dem Wunder benannten Ort Santiago de Compostela[45] seien sie dann am 25. Juli 816 feierlich in der neu errichteten Jakobuskirche bestattet worden. Dadurch entstand dann gegen Ende des 11. Jahrhunderts die noch heute blühende Jakobus-Wallfahrt nach Santiago. Eine andere Variante dieser Legende behauptet dagegen, der Leichnam sei erst zur Zeit des lateinischen Königtums in Jerusalem gestohlen und nach Spanien gebracht worden.[46]

Außer in Santiago de Compostela gibt es an vielen Orten, insbesondere solchen, die mit dem Pilgerweg verbunden sind, Jakobuskirchen. Sie alle sind ausschließlich dem Zebedaiden geweiht. Auf Apostelaltären, Apostelfenstern und der sakralen Malerei ist es dieser Jakobus maior, der seit dem 12. Jahrhundert zumeist in der Gestalt des Pilgers abgebildet ist. Seine Kennzeichen sind die Jakobsmuschel am Hut oder auf der Brust, Pilgerstab, Reisestab und Wasserflasche.

---

45 Santiago = St. Jakobus; Compostela von *campus stellae* »Feld des Sterns/Lichts/Glanzes«: nach der Legende leuchtete die Stelle des Grabes und ermöglichte so die Wiederauffindung.

46 Die Traditionen sind vielfältig und widersprüchlich und in erster Linie Ausdruck politischer und religiöser Machtansprüche ihrer Zeit. Eine detaillierte Analyse und reichhaltige Literatur findet sich bei J. van Herwaarden, Between Saint James and Erasmus, SMRT 97, Leiden 2003, 309–505 (»The Medieval Cult of St James the Great«). Als Einführung hilfreich ist das Heft »Der Jakobsweg« von »Welt und Umwelt der Bibel« (3/2004).

Abb. 4: Typische Darstellung des Jakobus maior als Pilger (1480).

1.2 Der Apostel Jakobus, Sohn des Alphäus (Jakobus minor)

Weit weniger bekannt als der Zebedaide ist der zweite Jünger aus dem Zwölfer-Kreis, der den Namen Jakobus trägt. In allen vier Verzeichnissen der Apostel steht er an 9. Stelle, was einigermaßen auffällig ist, da nur vier der insgesamt 13 Apostelnamen immer an derselben Position in der Reihe stehen: Simon Petrus an erster, Judas Iskariot an letzter, Philippus an fünfter und eben Jakobus, der Sohn des Alphäus an neunter. Sie leiten jeweils eine neue Gruppe ein, in der die nachfolgenden Plätze dann verschieden vergeben werden können.[47] Dieser Jakobus, von dem sonst nichts bekannt ist, erlangte seine Bedeutung für die Frage des Herrenbruders durch eine Reihe von exegetischen Spekulationen. Nur so viel sei vorab verraten (die Auflösung des Puzzles dann am Ende dieses Kapitels). Dieser Jakobus, Sohn des Alphäus, ist es, der vor allem in der katholischen Tradition am Ende als der Herrenbruder gilt, obwohl er weder ein Sohn Josefs noch der Herrenmutter Maria war. Die wichtigste Brücke dafür ist Jakobus Nr. 4 (s. dort). Schließt man sich dieser Deutung an, dann findet man den »Herrenbruder« (nun allerdings als »Herrenvetter«) vielfach abgebildet als Teil der zahlreichen (katholischen) Darstellungen der zwölf Jünger. Typisch ist für ihn eine Darstellung mit einem Buch bzw. mit einem Walkerholz, dem Werkzeug seines Martyriums.

Diesen Jakobus beschreibt auch Jacobus de Voragine (um 1230–1298) in der »Legenda Aurea« als den

47 Mt 10,2–4; Mk 3,16–19; Lk 6,14–16; Apg 1,13b.

Abb. 5: Typische Darstellung des Jakobus minor (mit Walkerkeule als Martyriumswerkzeug) an der Außenfassade der Kathedrale von Lichfield (GB).

Herrenbruder.[48] In diesem weit verbreiteten und viel gelesenen Buch hat de Voragine zwischen 1263 und 1273 die Überlieferungen und Traditionen über die Heiligen aus zahlreichen Quellen zusammengetragen und entsprechend dem Kirchenjahr geordnet. Sein Werk verbreitete sich rasch in zahlreichen Fassungen und Sprachen über ganz Europa und hat das populäre Wissen um die betreffenden Personen nachhaltig geprägt, nicht zuletzt, weil auch viele Maler Details aus der »Legenda Aurea« ihren Heiligenbildern zu Grunde legten.

1.3 Jakobus, der Vater des Apostels Judas (Lk 6,16; Apg 1,13b)

Am einfachsten scheint der Umgang mit diesem Jakobus, der lediglich als Vatername in den beiden Jüngerlisten des Lukas auftaucht. Allerdings ist die Sachlage für die kirchliche Tradition nicht so eindeutig, denn die übliche Übersetzung »Judas, der Sohn des Jakobus« enthält bereits eine Interpretation, die nicht von allen geteilt wird. Im griechischen Text steht lediglich »Judas, der des Jakobus«. Die genaue Verwandtschaftsbeziehung zwischen den beiden bleibt, wie damals weithin üblich, unbestimmt (auch im Fall des zweiten Jakobus steht nur »Jakobus, der des Alphäus«), weil man sie als allgemein bekannt voraussetzte. Da regelmäßig die Söhne über die Väter näher bestimmt wurden, ist diese Annahme auch hier naheliegend. Der Vatername wurde diesem zweiten Judas wohl in erster Linie zur Unterscheidung von Judas Is-

48 Jacobus de Voragine, Legenda Aurea. Aus dem Lateinischen übersetzt von Richard Benz, Heidelberg [10]1984; zu Jakobus s. 339–349.

kariot beigegeben.[49] Bei Markus und Matthäus steht an der entsprechenden Stelle des Jüngerverzeichnisses Thaddäus (hebr. Taddai), wobei noch die weitere Schwierigkeit hinzukommt, dass viele Handschriften hier statt Thaddäus den Namen Lebbedäus lesen, so dass es hier drei verschiedene Namen gibt. Schon Origenes (gest. 254) identifiziert beide Personen miteinander, und darum firmiert dieser Apostel in der kirchlichen Tradition unter dem Doppelnamen Judas Thaddäus.[50]

Statt Judas, *Sohn* des Jakobus zu lesen, besteht jedoch auch die Möglichkeit, hier eine andere Verwandtschaftsbeziehung zu ergänzen, und das machen sich Tertullian und Origenes in der ersten Hälfte des dritten Jahrhunderts zu nutze, indem sie »Bruder« statt »Sohn« einsetzen. Dann haben wir hier einen Apostel mit dem Namen »Judas, der *Bruder* des Jakobus«. Das wäre neben Petrus und Andreas sowie Jakobus und Johannes noch ein drittes Brüderpaar im Zwölferkreis. Zwei Brüder mit denselben Namen finden sich außerdem in der Absenderangabe des Judasbriefes, dem letzten der sieben katholischen Briefe: »Judas, ein Knecht Jesu Christi und Bruder des Jakobus, den in Gott dem Vater geliebten und für Jesus Christus bewahrten Berufenen« (Jud 1). Dass mit dem hier erwähnten Jakobus der Verfasser des Jakobusbriefes gemeint ist, wird allgemein angenommen. Wenn nun allerdings der Herrenbruder und Briefschreiber – wie schon angedeutet – mit dem Apostel Jakobus,

49 Dieser Jünger ist auch an einer Stelle im Johannesevangelium erwähnt (14,22), dort allerdings ohne den Vaternamen. Zur Unterscheidung dient hier der Zusatz »nicht der Iskariot«.

50 Vgl. WIMMER u. MELZER, Lexikon der Namen und Heiligen, 464f.

Sohn des Alphäus, zu identifizieren ist, dann gäbe es – wiederum unter der Annahme, dass es Judas, *Bruder* des Jakobus und nicht Judas, *Sohn* des Jakobus heißen muss — mit dem Apostel Judas einen weiteren Herrenverwandten unter den Aposteln. Diese zunächst einmal recht abenteuerliche Kombinatorik spielt in der kirchlichen Tradition eine große Rolle und wird unten im Abschnitt über die Verwandtschaftsbeziehung von Jakobus zu Jesus noch einmal eine wichtige Rolle spielen.

Abb. 6: Der Apostel Judas zusammen mit Jakobus minor auf einer Briefmarke von Monaco. In der katholischen Tradition sind die beiden Brüder.

1.4 Jakobus der Kleine und seine Mutter Maria (Mk 15,40)

Der nächste Jakobus, den es vorzustellen gilt, begegnet einzig im Kontext einer anderen Personengruppe, die den detektivischen Scharfsinn der Exegeten sogar noch mehr reizte als im Fall der Jakobusse. Es geht um die Gruppe der Frauen unter dem Kreuz, deren Identität mit Ausnahme von Maria Magdalena zu vielerlei Vermutungen Anlass gegeben hat. Diese Gruppe von Frauen erscheint bei Matthäus, Markus und Johannes recht unvermittelt und ohne erzählerische Vorbereitung (anders Lukas, der in Lk 8,1–3 die Frauen um Jesus schon sehr früh einführte). Bei ihrer ersten Erwähnung während der Kreuzigung werden sie zwar näher, aber leider nicht übereinstimmend identifiziert. Markus (und ihm folgend Matthäus und Lukas) berichtet über diese Frauen zudem, dass sie Jesus nachfolgten und ihm schon dienten, während er noch in Galiläa war (15,41), d. h. es handelt sich bei ihnen wahrscheinlich um Galiläerinnen. Aus dieser größeren Gruppe nennt Markus drei Frauen namentlich, nämlich Maria Magdalena, Maria, die Mutter von Jakobus dem Kleinen und dem Joses, und Salome. Bevor wir die Markusstelle genauer ansehen, ist es interessant zu sehen, was die beiden Seitenreferenten Matthäus und Lukas an dieser Stelle bieten:

- *Matthäus* übernimmt die Dreiergruppe der Frauen unter dem Kreuz: auch bei ihm steht Maria Magdalena an erster Stelle, gefolgt von Maria, der Mutter von Jakobus und Josef (eine Namensvariante zu Joses); an dritter Stelle nennt er allerdings die Mutter der Söhne des Zebedäus (27,56), was zu der Annahme führte, dass ihr Name Salome war. An den beiden anderen Stellen, wo Markus die Frauen erwähnt, nämlich bei der Grablegung und dann am Ostermorgen beim Grab, vereinfacht Matthäus: nur Maria Magdalena und »die andere Maria« (27,61; 28,1) werden genannt, die dritte Frau bleibt unerwähnt.

- Bei *Lukas* bleibt die Gruppe der Frauen unter dem Kreuz und als Zeuginnen der Grablegung zunächst namenlos (23,49.55 f.). Dafür hatte er bereits in früheren Kapiteln mehrfach Frauen namentlich erwähnt, die entweder mit Jesus unterwegs waren (8,2 f.) oder ihm durch ihre Gastfreundschaft Unterstützung gewährten (10,38–42). Die Frauen unter dem Kreuz sind als Auferstehungszeuginnen noch einmal in 24,10 erwähnt, und da nennt auch Lukas drei Namen (aus einer erkennbar größeren Gruppe) mit Maria Magdalena an der Spitze, gefolgt von Johanna, ein Name, der nur bei Lukas auftaucht (schon in 8,3), und als dritte »Maria, die des Jakobus«, womit wohl auch hier die Mutter des Jakobus (und Joses) gemeint ist.

Zusammenfassend lässt sich also sagen, dass alle drei Synoptiker von der Mutter eines Jakobus mit Namen Maria unter dem Kreuz und als Auferstehungszeugin wissen. Bei allen anderen Details, die sich bei Markus finden, geben sich die Seitenreferenten dagegen zugeknöpfter: Matthäus erwähnt wenigstens noch den Joses/Josef, den Beinamen »der Kleine« für Jakobus verschweigt er dagegen ebenso wie Lukas. Wer ist nun diese geheimnisvolle zweite Maria? Am ausführlichsten wird sie von Markus als die Mutter von Jakobus dem Kleinen und dem Joses vorgestellt. Dass dieser Jakobus einen Beinamen erhält, verwundert angesichts der verwirrenden Vielzahl von Jakobussen nicht: Er ist als »der Kleine« bekannt, was entweder auf seine Körpergröße oder auf sein jüngeres Alter im Vergleich zu einem gleichnamigen Älteren verweist.

Die zweite Maria wird bei der Kreuzabnahme und Grablegung noch einmal zusammen mit Maria Magdalena erwähnt (Mk 15,47), allerdings wird sie da nur als »(Mutter) des Joses« identifiziert. Unmittelbar darauf in Mk 16,1 jedoch als »(Mutter) des Jakobus«. Wenn aber in 15,47 Maria zunächst als Mutter des Joses, und in 16,1 als Mutter des Jakobus erwähnt wird, dann stellt sich die Frage, ob der Evangelist die beiden Brüder bewusst auf je einen Vers verteilte. Aber wenn ja, warum? Und warum diese Details bei eben dieser Maria und dem Brüderpaar Jakobus und Joses, während Salome (und auch Maria Magdalena) scheinbar ohne nähere Umschreibung als bekannt vorausgesetzt sind? Auffällig ist jedenfalls, dass Markus Familienbeziehungen mit einer Ausnahme (Herodias) nur bei den Aposteln, Jesu Familie und Augenzeugen seiner Hinrichtung erwähnt.[51] Geht der Evangelist Markus davon aus, dass seine Leser wissen, wer damit gemeint ist? Sind es Menschen, die zum Umkreis der Adressaten gehören? Oder will er damit andeuten, dass er diese Personen kennt und darum zuverlässige Informationen über das Berichtete bietet? Für viele

---

51 Verwandtschaftsbeziehungen innerhalb des Zwölferkreises sind erwähnt in 1,19.29f.; 2,14; 3,16–19; in der Familie Jesu: 3,31 f.; 6,3; bei Augenzeugen der Kreuzigung: 15,21.40.47; 16,1; darüber hinaus erwähnt Markus namentlich nur noch (in der Reihenfolge ihres Auftretens): Johannes den Täufer (1,4); Legion (5,9); Jairus (5,21); Herodes Antipas (6,14); Herodias, die Frau seines Bruders Philippus (6,17 und in 6,22: die Tochter der Herodias); Bartimäus, Sohn des Timäus (10,46); Simon den Aussätzigen (14,3); Pilatus (15,1); Barabbas (15,7) und Josef von Arimathäa (15,43).

Ausleger durch die Jahrhunderte bildeten diese Informationen des Markus Grund zu der Annahme, dass diese zweite Maria die Mutter »unseres« Jakobus ist, womit Jakobus über seine Mutter ein indirekter Augenzeuge der Kreuzigung und Auferstehung gewesen wäre (s. unten 1.6.1).

1.5 Jakobus, der Bruder des Herrn (Gal 1,19)

Ohne dem nächsten Kapitel vorgreifen zu wollen, ist in der Liste der Jakobusse doch auch die eigentliche Hauptfigur dieses Buches wenigstens kurz zu erwähnen. Der literarisch älteste Beleg ist Galater 1,19, wo Paulus von seinem ersten Jerusalem-Besuch nach seiner Bekehrung berichtet, der rund drei Jahre nach dieser Umkehr auf dem Weg nach Damaskus stattfand. Im Zusammenhang mit einem vierzehntägigen Aufenthalt bei Petrus merkt er an, dass er »von den anderen Aposteln« keinen sah »außer Jakobus, den Bruder des Herrn«. Das ist die einzige Stelle in den Paulusbriefen, wo Jakobus ausdrücklich als Bruder Jesu bezeichnet wird.

Um vorschnelle Identifikationen zu vermeiden, wäre nun aus methodischer Vorsicht auch noch als Jakobus Nr. 6 auf den in Jakobus 1,1 genannten »Knecht Gottes und des Herrn Jesus Christus« (dass er der Bruder Jesu ist, geht aus dem Brief selbst nicht hervor) und als Nr. 7 auf den in der Absenderangabe des Judasbriefes als Bruder genannten Jakobus hinzuweisen. Denn auch diese Jakobusse sind zunächst einmal als Einzelpersonen zu betrachten, bevor sie mit einem der bekannten Namensträger identifiziert werden können. *Theoretisch wäre es darum denkbar, dass wir es mit immerhin sieben verschiedenen Trägern des Namens Jakobus allein im Neuen Testament zu tun haben.* Da aber die Gleichsetzung von Nr. 5–7 nahezu allgemein anerkannt wird, können die fünf genannten Jakobusse als Ausgangspunkt dienen. Die altkirchliche Tradition reduziert diese fünf durch weitere Identifizierungen auf insgesamt nur zwei bzw. drei historische Gestalten, und diese Gleichsetzungen leben bis heute nicht nur in der katholischen und den orthodoxen Kirchen als lebendige Traditionen fort, sondern haben auch die Darstellungen des Jakobus in der sakralen Kunst geprägt. Besonders im Westen wird er nahezu ausschließlich als Teil des Zwölferkreises dargestellt, aber nur selten als Bruder des Herrn, der unabhängig von den Zwölf zu den tragenden Säulen der Kirche gehörte. Um zu verstehen, wie es dazu kam, dass aus den Brüdern Jesu seine Vettern und Mitglieder des Zwölferkreises wurden, ist ein langer Atem von Nöten. Es ist dies zweifelsohne das grösste genealogische Puzzle der alten Kirche, bei dem allerdings nicht mehr alle Teile vorhanden sind. Und diese Lücken wiederum haben den exegetischen Scharfsinn zu allerlei kühnen Hypothesen getrieben.[52]

1.6 Identifikationsversuche: Der Herrenbruder als Stiefbruder oder Vetter Jesu

Die Frage muss erlaubt sein: Wie kommt es überhaupt zu dem Bemühen, diese fünf verschiedenen Namensträger miteinander zu verbinden? Warum genügte es

52 Kürzere Darstellungen aller Positionen finden sich in den meisten Büchern über Jakobus, vgl. PRATSCHER, Jakobustradition, 199–206; J. PAINTER, Just James. The Brother of Jesus in History and Tradition, Columbia 1997, 213–223; R. BAUCKHAM, Jude and the Relatives of Jesus in the Early Church, Edinburgh 1990, 19–24.

nicht, dass es zwei Jakobus-Gestalten gibt, die besser bekannt sind, nämlich der Zebedaide und der Herrenbruder, und daneben (mindestens) drei andere, von denen wir außer dem Namen und einer Verwandtschaftsbeziehung nichts wissen? Es sind zwei nicht direkt miteinander verbundene Gründe, die dazu geführt haben.

1.6.1 Das Brüderpaar Jakobus und Joses (Mk 15,40) als Brüder Jesu

Der *erste* ist, dass das in Mk 15,40 erwähnte Brüderpaar Jakobus und Joses/Josef mit dem Brüderpaar in der Beschreibung der Jesusfamilie in Mk 6,3 und Mt 13,55 in Verbindung gebracht wurde. In beiden Fällen ist der Name der Mutter Maria. Zufall? Oder handelt es sich um dieselbe Familie? Dagegen lässt sich natürlich sofort der Einwand erheben: In Mk 15,40 ist von zwei Söhnen die Rede, während in Mk 6,3 und Mt 13,55 fünf Söhne (wenn man Jesus mit einschließt) und mindestens zwei Töchter zur Familie gehören.[53] Zudem gibt Mk 15,40 mit nichts zu erkennen, dass die Maria unterm Kreuz auch die Mutter von Jesus sein soll. Dass dieses Argument dennoch vorgebracht und diskutiert wird, liegt u. a. an einem kleinen Detail in der Reihenfolge der Brüder:

Mk 6,3	Maria	Jakobus	Joses	Judas	Simon	Schwestern
Mt 13,55	Maria	Jakobus	Josef	Simon	Judas	Schwestern

53 Manche schließen aus der Wendung in Mt 13,56 »sind nicht *alle* seine Schwestern bei uns«, dass es sich um mindestens drei gehandelt haben muss, da für zwei üblicherweise »beide« steht, s. dazu J. Blinzler, Die Brüder und Schwestern Jesu, SBS 21, Stuttgart 1967, 35–38.

Die ersten beiden Namen stimmen in der Reihenfolge mit den Namen der Söhne der Maria unterm Kreuz überein. Dagegen sind die beiden nächstgenannten Brüder, Judas und Simon, in unterschiedlicher Reihenfolge genannt. Kann das als Hinweis darauf gelesen werden, dass sie als Brüderpaar weniger fest an Maria hingen als die beiden erstgenannten? Für die patristischen Ausleger war es auf alle Fälle beachtenswert, dass hier und in Mk 15,40 ein gleichlautendes Brüderpaar vorkommt. Dass es bei der Angabe von Geschwistern zudem nicht nötig ist, immer jeweils alle zu nennen, zeigt ja auch die Absenderangabe im Judasbrief, wo sich Judas als Bruder des Jakobus vorstellt, ohne dass es offenbar nötig war, auch die anderen Brüder zu erwähnen. Für das weitere Verstehen dieses genealogischen Puzzles ist es nun aber wichtig zu sehen, dass diese Maria, Mutter des Jakobus und Joses, in zwei unterschiedlichen Weisen mit Maria, der Mutter Jesu, in Beziehung gesetzt wurde:

A. Eine Minderheitenposition (belegt spätestens seit dem 4. Jahrhundert) vertritt die Ansicht, dass die beiden Marien identisch sind.[54] Dahinter steht u. a. das Bedürfnis, den Bericht der Frauen unter dem Kreuz, wie er im Johannesevangelium vorliegt (wo die Herrenmutter Maria ausdrücklich erwähnt ist), mit der synoptischen Berichterstattung, bei der Maria nicht vorkommt, zu harmonisieren (s. u. 1.6.4). Wenn man diese Identifikation gelten lässt, ist damit aber noch nicht das genaue Verhältnis der Maria, Mutter Jesu, zu

54 Zur Darstellung dieser Position in der Auslegungsgeschichte s. Blinzler, Brüder und Schwestern Jesu, 73 f.; L. Oberlinner, Historische Überlieferung und christologische Aussage. Zur Frage der »Brüder Jesu« in der Synopse, fzb 19, Stuttgart 1975, 117–120.

den anderen »Söhnen« geklärt: Vertreten wurde im Laufe der Zeit, dass diese a) leibliche Söhne sind, die Josef mit Maria nach der Geburt von Jesus gezeugt hat; b) es sich um Pflegesöhne handelt, die dann wiederum entweder aus einer früheren Ehe Josefs stammten, oder die Kinder einer verwitweten Schwägerin Josefs waren, die dieser bei sich aufgenommen hat. In jedem Fall wuchsen diese Pflegesöhne so eng mit Jesus auf, dass es berechtigt war, sie als seine Brüder und Maria als ihre Mutter anzusehen.

B. Weit verbreitet bis in das 20. Jahrhundert war dagegen die Ansicht, in der Maria von Mk 15,40 eine zwar von der Herrenmutter verschiedene Maria zu sehen, und dieselbe (oder nur ihre Söhne) auch in Mk 6,3

Abb. 7: Das Bild des Präraffaeliten John Everett Millais (1849/50), betitelt »Christus im Haus seiner Eltern«, setzt die unter B. beschriebene Familiensituation voraus: Josef mit einer älteren Frau, zu der die beiden knapp bekleideten Söhne gehören (Jakobus und Joses, der rechte Junge wird jedoch üblicherweise als Johannes der Täufer gedeutet), deutlich abgesetzt, Maria (kniend) mit Jesus, der jünger ist als seine Stiefbrüder und besser gekleidet. Das Bild befindet sich heute in der Londoner Tate Gallery.

zu finden. So steht für den katholischen Neutestamentler Josef Blinzler (1910–1970), der einer der letzten namhaften Verteidiger dieser Position war, ohne Zweifel fest, dass das erste »Herrenbrüderpaar« in Mk 6,3 »die Söhne einer sonst nicht näher bekannten Maria« sind, die aber in so enger Verwandtschaft zu Jesus standen, dass man sie als »Brüder« bezeichnen konnte.[55]

Lässt sich dieses Verwandtschaftsverhältnis noch näher bestimmen? Ja, sagten zumindest manche Exegeten seit dem 4. Jahrhundert. Sie fanden nämlich einen weiteren Hinweis auf die in Mk 6,3 genannten Brüder (diesmal allerdings auf Jakobus und Judas), indem sie wie schon erwähnt die Deutung »Judas, der *Bruder* des Jakobus« (statt »der *Sohn* des«) für den in Lk 6,16; Apg 1,13 genannten Zwölferapostel Jakobus, Sohn des Alphäus, voraussetzten (s. oben 1.2). Dann wären dieser und Judas Brüder, und letzterer wäre entsprechend ebenfalls ein Sohn des Alphäus. Wenn nun ihre Mutter zugleich die in Mk 15,40 genannte Maria war, dann konnte sie nicht die Mutter von Jesus sein (d. h. Position A ist ausgeschlossen), denn diese war ja die Frau des Josef. Mittels einer weiteren

---

55 Blinzler, Brüder und Schwestern Jesu, 73–82. Blinzler bleibt in Bezug auf die Identität der Maria in 6,3 allerdings undeutlich. Denn einerseits will er sie als leibliche Mutter sehen, andererseits aber auch als die davon zu unterscheidende Maria des Brüderpaares Jakobus und Joses. Jesus wäre dann also in einem doppelten Sinn der Sohn einer Maria, nämlich seiner echten Mutter und der Mutter von Jakobus und Joses. Ablehnend dazu Oberlinner, Historische Überlieferung, 84–117.146 f., der sich intensiv mit Blinzler auseinander setzt, zugleich aber festhält, dass Brüder und Schwestern durchaus in einem weiteren verwandtschaftlichen Sinne gemeint sein können.

Gleichsetzung im Zusammenhang mit den Frauen unter dem Kreuz in Joh 19,25 verstand man diese Maria, die Frau des Alphäus, entweder als *Schwester* von Maria, der Frau des Josef (dann hat man allerdings das Problem, dass zwei Schwestern denselben Namen trugen), oder als ihre *Schwägerin* (die dann mit einem Bruder des Josef namens Alphäus verheiratet war). Trotz allem Scharfsinn scheitert diese Lösung des Puzzles aber wohl doch an der überall vorausgesetzten Tatsache, dass Jesus unter denen, die die Evangelien seine »Brüdern« nennen, zunächst keinen Glauben fand.[56] Das gilt auch dann, wenn man gerade die Frauen unter dem Kreuz (und möglicherweise auch die Nennung ihrer Söhne) als einen Hinweis darauf sieht, dass Jesus zumindest in seinem weiteren Verwandtenkreis nicht nur auf Ablehnung gestoßen ist.

1.6.2 Die Herrenmutter Maria als »immerwährende Jungfrau«

Der *zweite* Grund für das Interesse an der Identifzierung der verschiedenen Jakobusgestalten sind die zahlreichen Hinweise schon ab der zweiten Hälfte des 2. Jahrhunderts auf die bleibende Jungfräulichkeit Marias. Denn wenn Maria nur diesen einen Sohn, Jesus, geboren hat und sie trotz Geburt Jungfrau geblieben ist, dann kann Jakobus nicht ihr Sohn sein.[57] Jürgen Becker hat darum Recht, wenn er sagt, dass die Geschwisterfrage von Hause aus *kein exegetisches Problem*

---

56 Vgl. BLINZLER, Brüder und Schwestern Jesu, 119–126, der hier die Argumente zusammenträgt (und zu entkräften versucht), die gegen die traditionelle katholische Ansicht über die Zugehörigkeit der »Brüder« Jesu zum Zwölferkreis sprechen.

57 Eine eindrucksvolle Liste entsprechender Belege bei BLINZLER, Brüder und Schwestern Jesu, 130–134.

darstellt, sondern überhaupt erst entstehen konnte, nachdem die Behauptung aufkam, Maria wäre auch nach der Geburt Jungfrau geblieben. Dass die neutestamentlichen Texte ohne alle Schwierigkeiten so verstanden werden können, dass sowohl die jungfräuliche *Empfängnis* damit bezeugt wird als auch, dass Maria und Josef nach der Geburt von Jesus noch weitere gemeinsame Kinder hatten, ist unbestreitbar. Erst als sich im 3. Jahrhundert die Vorstellung der bleibenden Jungfräulichkeit durchgesetzt hat, ist die Geschwisterfrage aus der Perspektive dieser sich entwickelnden »mariologischen Dogmatik« zum »nachträglich in den Text zurückprojizierten Problem« geworden.[58] Als Folge musste man versuchen, die biblischen Texte so zurechtzubiegen, dass sie zur dogmatischen Überzeugung passten. Aber so nachvollziehbar diese Argumentation zunächst erscheint, verstellt man sich damit doch den Weg zu der Frage, was überhaupt zu solchen »dogmatischen« Überzeugungen Anlass gab angesichts der neutestamentlichen Texte von Paulus bis zu den Evangelien, die ohne jeden erkennbaren Nebensinn von den Geschwistern Jesu handeln.

Dazu kommt, dass noch bis mindestens in die Anfänge des 2. Jahrhunderts leibliche Verwandte Jesu in der Nachfolge des Jakobus die Gemeinde in Jerusalem leiteten, so dass man annehmen kann, dass Details über die Familie von Jesus bekannt waren. Zudem sind die ältesten Texte, welche eine andauernde Jungfräulichkeit Marias vertreten, erkennbar abhängig von den Kindheitsgeschichten des Matthäus- und Lukasevangeliums. D. h. die Autoren der neuen »dogmati-

58 J. Becker, Maria. Mutter Jesu und erwählte Jungfrau, BG 4, Leipzig 2001, 47.

schen« Marientradition ab dem 2. Jahrhundert *wussten*, dass die Evangelisten von Jesu Brüdern und Schwestern geschrieben hatten, und sie wussten ziemlich sicher auch, dass sein Bruder der erste »Bischof« von Jerusalem war. Sie mussten zudem davon ausgehen, dass dieses Wissen über Jesu Geschwister auch ihrem Leserkreis durch die kanonischen Evangelien bekannt war.

Dennoch – und über die Gründe für dieses »dennoch« lohnt es sich durchaus nachzudenken – hielt sie dies nicht davon ab, Jesus als den *einzigen* Sohn der Maria zu verstehen, obwohl es dafür zu ihrer Zeit noch überhaupt keinen »dogmatischen« Zwang gab. Denn der Glaube an die *jungfräuliche Empfängnis* Jesu (mehr wird von Matthäus und Lukas ja nicht behauptet) hat die bleibende Jungfräulichkeit Marias in keiner Weise zur Konsequenz. Es muss also für diese Theologen Gründe gegeben haben, dass sie den Schwierigkeiten, einen gekreuzigten und auferstandenen Gottessohn verkünden zu müssen, was für die damalige Welt an sich schon eine absurde Vorstellung war (vgl. 1Kor 1,23), noch eine weitere historische und biologische Zumutung hinzufügten. Schon einer der ersten bekannten heidnischen Leser der Evangelien, der platonische Philosoph Celsus oder Kelsos, spottet in seiner gegen die Christen gerichteten Abhandlung »Die wahre Lehre« (um 180 n. Chr.) über die Jungfrauengeburt. Jesus habe sie nur erdichtet um zu verschleiern, dass er einem ehebrecherischen Verhältnis seiner Mutter entstammte, die als Folge davon von ihrem Mann verstoßen worden und er darum vaterlos aufgewachsen sei.[59] Dass die weiteren Ausschmü-

59 Origenes, Contra Celsum 1,28.32. Vgl. dazu H. E. Lona, Die ›Wahre Lehre‹ des Kelsos, KfA Erg.bd. 1, Freiburg 2005, 98–102.

ckungen der Christen zu diesem Thema noch mehr Spott auf sich zogen, lässt sich unschwer ausmalen. Dass sie es dennoch taten, kann »dogmatische« Gründe haben, aber manchmal sind dieselben eben doch die Konsequenzen aus dem manchmal schwierig nachzuvollziehenden Handeln Gottes in der Geschichte.

Die Gründe, die letztendlich für die Durchsetzung der Vorstellung von Marias bleibender Jungfräulichkeit ausschlaggebend waren, brauchen hier auch nur so weit behandelt werden, als der Herrenbruder Jakobus dafür zum Zeugen gemacht wurde. Denn je nachdem, welche Entscheidung getroffen wird, ist Jakobus ein jüngerer Bruder von Jesus und der leibliche Sohn von Josef und Maria, oder ein älterer Halbbruder aus einer früheren Ehe Josefs, oder ein Neffe der Maria. Diese Positionen, die man vereinfachend auch als die protestantische, orthodoxe und katholische bezeichnen könnte, wurden alle spätestens im 4. Jahrhundert vorgebracht und verteidigt. Sie werden darum in der wissenschaftlichen Terminologie bis heute nach ihren damaligen Hauptvertretern benannt: Helvidius (schrieb um 380), Epiphanius von Salamis (315–403) und Hieronymus (347–419/20).

1.6.3 Jakobus als leiblicher, jüngerer Bruder Jesu (Helvidius)

Helvidius, der erste der drei und zugleich der am wenigstens bekannte, war ein römischer Laienchrist und theologischer Schriftsteller, der gegen den asketischen, sexual- und familienfeindlichen Geist seiner

Kelsos übersieht allerdings, dass Jesus in den Evangelien nirgends eine Aussage über seine Geburt macht.

Zeit eine Schrift verfasste, die daran erinnerte, dass selbst Maria und Josef nach der Geburt Jesu Kinder und demzufolge sexuellen Umgang miteinander hatten. Es sagt viel über den Geist der Zeit und die damals vorherrschende Lehre aus, dass seine Schrift nicht erhalten geblieben ist und seine Position nur aus der Widerlegung des Hieronymus rekonstruiert werden kann.[60] Dessen Schrift, geschrieben um 385 in Rom, ist durchaus polemisch und von seiner eigenen, abschätzigen Haltung gegen die Ehe geprägt. Aus ihr geht hervor, dass Helvidius Mt 1,18.25 und Lk 2,7 im nächstliegenden Sinn interpretierte und darum keine Schwierigkeiten hatte, Mk 6,3 und die anderen Stellen über die Geschwister Jesu im Sinne von jüngeren, leiblichen Geschwistern zu interpretieren. Das ist die Position, die sich in der Neuzeit nahezu vollständig durchgesetzt hat. Für Protestanten stellt dies keinerlei dogmatisches Problem dar, obwohl Luther und die Mehrzahl der Reformatoren in dieser Frage noch ganz selbstverständlich und ohne reformerische Neigungen an der katholisch-traditionellen Lehre von der bleibenden Jungfräulichkeit Marias festhielten. Nach der Konkordienformel, dem zentralen lutherischen Bekenntnis vom Ende der Reformationszeit (1580), wird über Jesus bekannt, dass »er seine göttliche Majestät auch im Mutterleibe« darin bewiesen hat, »daß er von einer Jungfrauen unverletzt ihrer Jungfrauschaft geboren« wurde.[61] Katholischerseits ist Maria als »unversehrte und immerwährende Jungfrau« zu glau-

60 Hieronymus, Über die beständige Jungfrauschaft Mariens. Gegen Helvidius (*Adversus Helvidium de Mariae Perpetua Virginitate*), in: Ausgewählte Schriften Bd. 1, übers. von Ludwig Schade, BKV 52, Kempten u. München 1914, 253–292.

61 BSLK, 1024.

ben.[62] Für Protestanten also nicht weniger als für katholische Christen (die sich dessen nur mehr bewusst sind) verläuft hier eine der Konfliktlinien zwischen Dogma und historischer Forschung.

1.6.4 Jakobus als Vetter Jesu (Hieronymus)

Von allen drei vorgeschlagenen Lösungen ist die des Hieronymus zwar die wirkungsgeschichtlich erfolgreichste aber zugleich auch kompliziertеste.[63] Er begründet sein Verständnis erstmals ausführlich in der Schrift gegen Helvidius, kommt aber dann in späteren Schriften immer wieder darauf zurück, teilweise mit Modifikationen im Detail, aber in der Hauptsache doch konstant. Auch Augustinus schloß sich dieser »Lösung« nach einigem Zögern an, die darum die im lateinischen Westen vorherrschende Lehre bildete und bis heute von traditionellen Katholiken vertreten wird. Sie basiert auf einer Kombination der verschiedenen Jakobusnamen in Verbindung mit den Angaben über die Frauen unter dem Kreuz, wobei sich im Laufe der Zeit verschiedene Varianten herausgebildet haben.

Die Urform, wie sie Hieronymus gegen Helvidius vertrat, geht von folgenden Identifizierungen aus: das Brüderpaar Jakobus der Kleine und Joses/Josef von

---

62 Zu den diesbezüglichen dogmatischen Texten s. H. DENZINGER and P. HÜNERMANN, Kompendium der Glaubensbekenntnisse und kirchlichen Lehrentscheidungen, Freiburg, [43]2010, Register S. 1611, zur Mutterschaft Mariens und dass sie »immer Jungfrau, auch in der Geburt und nach der Geburt« geblieben ist.

63 In all seinen Wandlungen dargestellt bei BLINZLER, Brüder und Schwestern Jesu, 142–144, der sich einer modifizierten Form derselben anschließt; für eine kritisch-ablehnende Darstellung s. TH. ZAHN, Brüder und Vettern Jesu, FGNK 6, Leipzig 1900, 320–325.

Mk 15,40; Mt 27,56 ist identisch mit dem (ersten) Brüderpaar in Mk 6,3; Mt 13,55.[64] Deren Mutter heißt zwar auch Maria, ist aber *nicht* die Mutter Jesu, d. h. er vertritt die in 1.6.1 unter B. dargestellte Position. Diese Annahme basiert auf einer Kombination mit der Gruppe der Frauen unter dem Kreuz, die das Johannesevangelium erwähnt. Wir haben bereits gesehen, dass die Synoptiker jeweils drei Frauen gesondert aus einer größeren Gruppe hervorheben: 1. Maria Magdalena – sie ist am unproblematischsten und spielt in der Jakobusfrage keine Rolle; dasselbe gilt für die Frau an dritter (Mk/Mt) bzw. zweiter (Lk) Stelle, die jeweils verschieden benannt wird: Salome (Mk), Mutter der Zebedaiden (Mt), Johanna (Lk). Entscheidend ist dagegen die Maria, die als Mutter von Jakobus und Joses vorgestellt wird. Sie wird von Hieronymus mit Hilfe des Johannesevangeliums zur Tante von Jesus, und deren Söhne, obwohl als Jesu »Brüder« bezeichnet, sind in Wahrheit seine Vettern. Um diesen exegetischen Schachzug zu verstehen, ist ein kurzer Blick auf die Frauenliste des vierten Evangeliums nötig:

Johannes geht bekanntlich eigene Wege. So auch bei den Frauen unter dem Kreuz. Hier steht Jesu Mutter an erster Stelle (19,25) und zwischen ihr und dem Sohn entsteht dann sogar noch so etwas wie ein Abschiedsgespräch (19,26f.). Es

64 D. h. in der Perspektive der hier redenden Nazarether wird aus zwei Familien eine, indem die Herrenmutter und Jesus der Familie der Schwester zugezählt wird und die Geschwister aus zwei verschiedenen Familien in eine Reihe gestellt werden. Die soziale Wirklichkeit dahinter kann so vorgestellt werden, dass Maria, nach dem Tod ihres Ehemannes Josef, mit ihrem kleinen (?) Kind im Haushalt ihrer Schwester aufgenommen wurde und deren Ehemann auch für Jesus die Vormundschaft übernahm.

folgt (namenlos) »die Schwester seiner Mutter« und – jetzt wird es spannend und strittig – eine weitere Maria, die als »die des Klopas« identifiziert wird, was mit Frau / Mutter / Tochter ergänzt werden kann. Schließlich am Ende auch hier Maria Magdalena. Strittig ist nicht nur, wer diese Frauen unter dem Kreuz, von denen drei Maria heißen, sind, sondern auch wie viele es sind. Vier, drei, oder sogar nur zwei? Der vorliegende Text lässt alle Möglichkeiten zu, ernsthaft diskutiert wird jedoch nur, ob es drei oder vier Frauen sind:

– Die Annahme von *vier Frauen* geht davon aus, dass Maria, die Mutter Jesu als zusätzliche Person zu der synoptischen Tradition von den drei Frauen erwähnt wird. Bei diesem Verständnis ist die Versuchung natürlich groß, in den zwei weiteren Marien dieselben zu sehen, die auch bei den Synoptikern begegnen: Maria Magdalena ist problemlos identifizierbar, die andere Maria müsste dann die Mutter von Jakobus und Joses sein, nur dass Johannes sie als »die des Klopas« einführt. Dazu kommt die bei Johannes namenlose Schwester der Herrenmutter Maria, die in der Auslegungsgeschichte gerne mit Salome bzw. der Mutter der Zebedaiden identifiziert wurde, was bedeuten würde, dass die Zebedaiden in jedem Fall Vettern Jesu wären.[65]

65 Die Identifikation der Schwester Marias mit Salome ist sowohl mit der Annahme von vier Frauen unter dem Kreuz als auch von drei möglich. Diese wäre bei der 4-Frauen-These nicht notwendigerweise mit der Herrenmutter Maria verwandt. Bei der 3-Frauen-These dagegen wäre sie die Schwester oder Schwägerin von Jesu Mutter und ihre Söhne darum in jedem Fall Vettern von Jesus. Für diese Identifikation macht sich vor allem ZAHN, Brüder und Vettern Jesu, 338–341.363, stark, der von vier Frauen unterm Kreuz ausgeht. Da Zahn zudem annimmt, dass Maria – und damit auch ihre Schwester Salome – priesterlicher Abstammung ist, sieht er in den Zebedaiden »Vettern Jesu«, die wie dieser selbst »mütterlicherseits priesterlicher Abkunft und Blutsverwandte des Täufers« sind (363).

– Die Annahme von nur *drei Frauen* ergibt Maria, die Mutter Jesu, und ihre Schwester, zu der Johannes erklärend beifügt (darum das fehlende »und« in der Aufzählung), das ist die Maria des Klopas, und eben Maria Magdalena. Daraus ergeben sich drei Marien unter dem Kreuz und davon zwei Schwestern mit demselben Namen. Das klingt zunächst nicht besonders überzeugend (obwohl es antike Belege für Namensgleichheit bei Geschwistern gibt), weshalb hier dann Schwester, durchaus dem damaligen Sprachgebrauch entsprechend, in einem weiteren Sinn als weibliche Verwandte, etwa als Stiefschwester oder Schwägerin interpretiert wird. Letzteres ist weit verbreitet, weil eine spätere Tradition existiert (s.u.), wonach Klopas der Bruder von Jesus' Vater Josef gewesen sein soll.

Hieronymus hat die Johannesstelle dahingehend interpretiert, dass hier von drei Marien die Rede ist, d. h. die »Maria des Klopas« ist identisch mit der Schwester der Herrenmutter Maria. Diese zweite Maria ist zugleich die Mutter von Jakobus dem Kleinen und Joses und damit die Tante von Jesus. Anfänglich ging er sogar noch weiter und hat außerdem den Apostel Jakobus, Sohn des Alphäus, mit Jakobus dem Kleinen gleichgesetzt, was er später aber nicht mehr verteidigt hat. Grundlage dafür war seine Annahme (die ebenfalls bis in die Gegenwart vertreten wurde, aber nachweislich falsch ist), dass Alphäus ein zweiter Name oder eine Variante des Namens Klopas sei.[66]

---

66 Aufgrund der Textfunde in der judäischen Wüste (Wadi Muraba'at) ist nun eindeutig gesichert, dass der griechische Name Kl(e)opas im Hebräischen als Klofo(s) wiedergegeben wird, während (H)Alphaios auf den hebräischen Namen Halfai zurückgeht, vgl. dazu BAUCKHAM, Jude 16–17 und T. ILAN, Lexicon of Jewish Names in Late Antiquity I: Palestine 330 BCE –

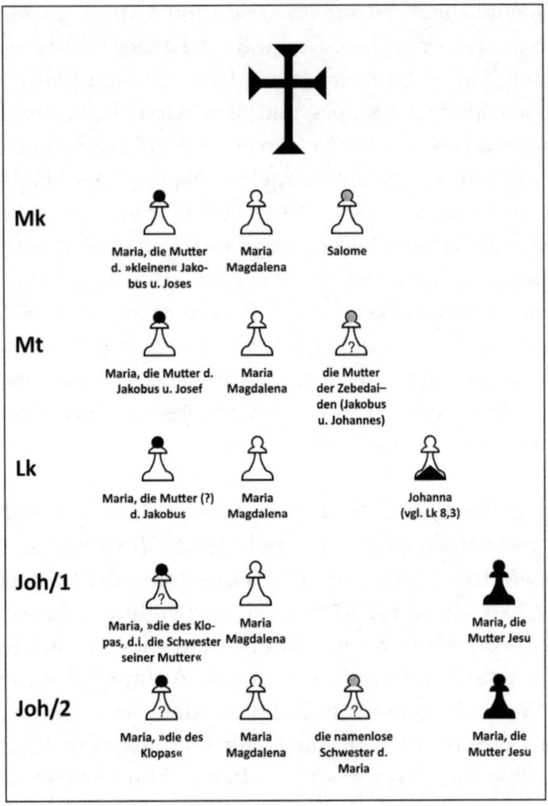

Abb. 8: Die Frauen unter dem Kreuz.

Klopas ist ein eher seltener Name, darum wird häufig angenommen, dass der von Lukas Kleopas genannte Jünger, dem der Auferstandene am Ostermorgen auf dem Weg nach Emmaus Gesellschaft leistete (Lk

200 CE, TSAJ 91, Tübingen 2002, 291 f.381 f., zu Mt 10,3 par. Mk 3,18 s. 171.

24,18), eben dieser Klopas aus Joh 19,25 ist. Auch das scheint zunächst eher weit hergeholt, da Lukas bei der Einführung dieses Kleopas keinerlei Versuch unternimmt, diesen mit Maria, der (Mutter) des Jakobus, die er nur wenige Verse vorher (24,10) als eine der Auferstehungszeuginnen erwähnt hatte, zu verbinden (unter Voraussetzung der Richtigkeit dieser These ist diese immerhin seine Frau). Schaut man sich die Verse jedoch genauer an, dann ist eine auffällige Verzahnung der beteiligten Personen zu sehen: In Lk 24,9 werden als erste Adressaten der Auferstehungsbotschaft der Frauen die elf verbliebenen Jünger »und alle übrigen« erwähnt. In Lk 24,13, dem Beginn der eigentlichen Emmauserzählung, schreibt Lukas, dass »zwei von ihnen« sich an diesem Tag auf den Weg machten, um nach Emmaus zu gehen. Das »von ihnen« kann sich eigentlich nur auf »alle übrigen« beziehen, weil Kleopas keiner der Zwölf war und darum auch nicht zu den übrig gebliebenen Elf gehören kann. Wenn Kleopas dann in Vers 18 als Sprecher das Wort ergreift, ist dem aufmerksamen Leser klar, dass er einer aus der Gruppe der »übrigen« sein muss, der von den Frauen (also möglicherweise auch von seiner eigenen Frau) die verstörende Nachricht über das leere Grab erhalten hat. Lukas lässt Kleopas diesen Vorgang Jesus erzählen: »Einige Frauen *von uns* haben uns erschreckt [...]« Damit ist die enge Zusammengehörigkeit dieser Frauen und Männer deutlich markiert und es hat darum eine gewisse Plausibilität, in Kleopas den Ehemann der anderen Maria und somit den Vater des Jakobus und Joses zu sehen. Und diese Maria wiederum wäre – unter Annahme der 3-Frauen-These unterm Kreuz – die Schwester oder Schwägerin seiner Mutter, so dass Jesus auf dem Weg nach Emmaus dem Mann einer Tante erschienen ist.

Wirkungsgeschichtlich durchgesetzt hat sich die Variante des Hieronymus, die von der Schwägerin ausgeht, d.h. dass Kl(e)opas und Josef Brüder waren. Ausgangspunkt dafür ist erneut eine Information bei Hegesipp:

> Nach dem Martyrium des Jakobus [gemeint ist das des Herrenbruders im Jahr 62] und der bald darauf folgenden Einnahme von Jerusalem [durch die Römer unter Titus im Jahr 70] kamen, wie berichtet wird,[67] die damals noch lebenden Apostel und Jünger des Herrn von allen Orten an einem Ort zugleich mit den leiblichen Verwandten des Herrn zusammen; denn auch von letzteren waren damals noch mehrere am Leben. Alle sollen nun gemeinsam darüber, wer es verdiene, Nachfolger des Jakobus zu werden, beraten und einstimmig Symeon, den Sohn des Klopas, den auch das Evangelium erwähnt, des Thrones (= Bischofsstuhles) der dortigen Gemeinde für würdig erklärt haben. Symeon war, wie man erzählt, ein Vetter des Heilandes; denn nach dem Bericht des Hegesippus war Klopas der Bruder des Joseph.[68]

Hier ist nun ausdrücklich von Symeon als *Vetter* Jesu die Rede und dieser wird in der Forschung bis heute nicht selten mit dem bei Lukas namenlos bleibenden zweiten Emmaus-Jünger identifiziert. Das würde be-

---

67 Eusebius nennt hier seinen Gewährsmann nicht, aber da er an anderer Stelle nahezu alle Information über die Verwandten von Jesus in Jerusalem auf Hegesipp zurückführt, wird er allgemein auch hier als Gewährsmann angenommen.

68 Eusebius, Kirchengeschichte III 11. In IV 22,4 zitiert Eusebius Hegesipp bezüglich Symeon ausdrücklich: »Nachdem Jakobus der Gerechte aus gleichen Gründen wie der Herr den Martertod erlitten hatte, wurde Symeon, der Sohn des Klopas, eines Onkels des Herrn, zum Bischof ernannt.«

deuten, dass auch noch der zweite Leiter der Jerusalemer Gemeinde ein Auferstehungszeuge und direkter Verwandter von Jesus gewesen ist. Für Hieronymus war nun aber wichtig, dass dieser Name auch in der Brüderliste in Mk 6,3 bzw. Mt 13,55 auftaucht. Dieser konnte dann mit dem dritten »Bruder« von Jesus identifiziert werden, woraus er schloss, dass wenn Simon ein »Vetter« ist, der auch als »Bruder« bezeichnet wird, dann kann dasselbe auch für die anderen beiden, Jakobus und Joses/Josef gelten.

1.6.5 Ein Plädoyer für Hieronymus

Es gibt in der Tat viele gute Gründe, diese hier vorgeführte Kombinatorik als historisch wenig plausibel zurückzuweisen und es ist leicht einzusehen, warum in der Gegenwart kaum jemand für diese in den Ring zu steigen bereit ist. Im Gegensatz zu Helvidius' Position wirkt die des Hieronymus gekünstelt und weit

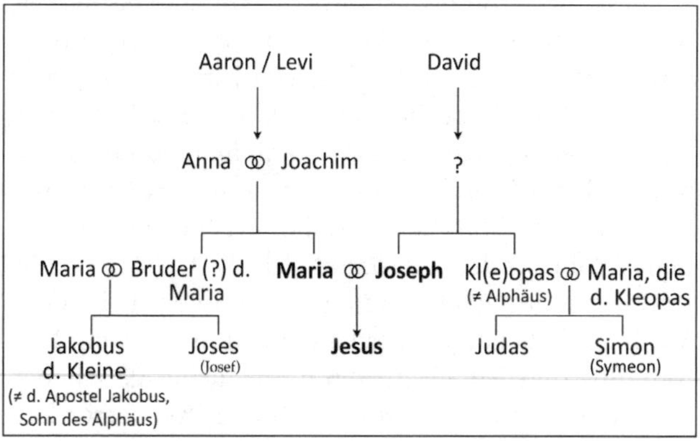

Abb. 9: Die »Brüder« Jesu als Vettern väterlicher- und mütterlicherseits. Die an Hieronymus angelehnte Lösung von J. Blinzler. Sie entgeht der Schwierigkeit, drei der »Brüder« Jesu (Jakobus, Judas, Simon) mit den gleichnamigen Aposteln zu identifizieren.

hergeholt und nichts weist darauf hin, dass die in Mk 6,3 genannten Geschwister von Jesus auf zwei oder sogar drei Familien verteilt zu denken sind. Dass Jakobus und die anderen Geschwister einfach Jesu jüngere Brüder und Schwestern sind, scheint so offensichtlich, dass weiteres Nachdenken sich nicht lohnt. Allerdings war auch für Helvidius klar, dass Jesus selbst nicht auf dieselbe natürliche Weise gezeugt wurde wie seine anderen Geschwister. In der gegenwärtigen Diskussion wird dieser Gedanke als historische Aussage jedoch kaum mehr ernsthaft als Möglichkeit erwogen. Jesus gilt als der natürliche Sohn von Josef und Maria und die Geburtslegenden werden als im Nachhinein geschaffen angesehen, als der Glaube an die Präexistenz von Jesus ein Nachdenken darüber erforderte, wie der Präexistente als wahrer Mensch in diese Welt kommen konnte. Wenn also Jesus ein natürlicher Sohn seiner Eltern war, dann gibt es keinen Grund anzunehmen, dass die anderen Geschwister nicht dasselbe waren.

Diese moderne Einsicht (die, wenn man ehrlich ist, weniger auf einem exegetischen Urteil – obwohl es durchaus gute Gründe gibt, die Jungfrauengeburt nicht allzu hoch zu hängen – als auf einem weltanschaulichen Vorurteil basiert) kann man von Hieronymus selbstverständlich nicht erwarten. Für ihn, wie für Lukas und Matthäus und die christliche Kirche seit dem 2. Jahrhundert, verdankt sich die Geburt von Jesus einem direkten Eingreifen Gottes in das Leben von Maria und als Folge davon auch von Josef. Wenn Hieronymus dies jedoch für ein tatsächliches Geschehen hielt, dann ist es für *ihn* (andere Christen seiner Zeit dachten hier anders) nicht nur möglich, sondern geradezu zwingend, dass Josef seine Frau nach diesem Geschehen nicht mehr als *seine* Frau im eigentlichen Sinn ansehen konnte. Hieronymus bringt diese Überlegung im Zusammenhang seiner Widerlegung von Helvidius' Auslegung von Mt 1,25: »Und er (Josef) erkannte (i. S. v. sexuellem Umgang) sie (Maria) nicht bis sie einen Sohn geboren hatte. Und er nannte seinen Namen Jesus.« Für Helvidius besagt diese Stelle, dass sich Josef seiner Frau nicht näherte, bis die Geburt vorüber war, aber dass der Vers impliziere: Danach »erkannte« er sie in der üblichen Weise.[69] Darauf entgegnet Hieronymus:

> Wer also einem Traumgesichte [nämlich was der Engel Josef über Maria mitteilt, Mt 1,20f.] soviel Glauben schenkt, daß er es nicht wagt, seine Gattin zu berühren, sollte der sich erkühnt haben, dem Tempel Gottes, der Wohnung des Heiligen Geistes, der Mutter seines Herrn sich zu nahen, nachdem er aus dem Munde der Hirten gehört hatte, der Engel des Herrn sei vom Himmel gekommen und habe zu ihnen gesprochen [...]?[70]

Hieronymus verweist hier auf einen wichtigen Gedanken, der im Judentum eine große Rolle spielt, nämlich die Überzeugung, dass das, was Gott geweiht wurde oder von Gott in Anspruch genommen wurde, nicht einfach wieder profaniert, d. h. in normalen Gebrauch überführt werden kann. Alles, was mit dem Heiligtum in Berührung kam, musste dort bleiben, zerbrochen oder einer rituellen Reinigung unterzogen werden, ehe es wieder außerhalb des Heiligtums Verwendung

69 Dass Mt 1,25 und Lk 2,7 (Maria gebar in Betlehem ihren »ersten Sohn«) nicht zwingend auf weitere Kinder zu beziehen sind, zeigen auch Oberlinner, Historische Überlieferung, 50–61, und Bauckham, Jude 24–25.

70 Hieronymus, Gegen Helvidius 8 (BKV 15, S. 269). Dasselbe Argument verwendet auch Epiphanius.

finden konnte (vgl. Lev 6,20f.). Was Gott gegeben wurde, kann der Mensch nicht mehr in Anspruch nehmen. Eine solche Scheu vor den Erscheinungsformen göttlicher Präsenz ist dem modernen Menschen weitgehend abhanden gekommen, sie kann aber für den gerechten Josef (vgl. Mt 1,19) und sicher auch für Maria vorausgesetzt werden. Wenn diese also in Jesu Geburt, in welcher Weise auch immer, ein göttliches Wirken erlebten, dann ist immerhin mit der Möglichkeit zu rechnen, dass Josef und Maria »jungfräulich« miteinander gelebt haben.[71] Das immer wieder gebrauchte Argument, dass es jüdischerseits eine Pflicht zur Fortpflanzung gab und darum Kinderlosigkeit bzw. sexuelle Askese abgelehnt wurden, ist nicht so überzeugend wie es klingt. Johannes der Täufer blieb offenbar ehelos, dasselbe gilt für Jesus und Paulus. Auch die jüdische Gruppe der Essener kann hier genannt werden. Es gab demnach im Judentum in dieser Frage mehr individuelle Freiheit und sexuelle Enthaltsamkeit, als vielfach angenommen.

Hieronymus entgegnet auf das naheliegende Argument des Helvidius, warum dann dennoch die Brüder Jesu als seine Brüder bezeichnet wurden, wenn es doch nicht wirklich seine Brüder waren, mit einem weiteren Argument, das wert ist, zumindest gehört zu werden. Er verweist dazu auf die Tatsache, dass auch Lukas ohne erkennbare Einschränkung Josef als Vater von Jesus bezeichnet (2,33.48), obwohl für die Leser klar ist, dass er nicht der leibliche Vater ist. In gleicher Weise, so Hieronymus, wurden auch die Brüder »seine Brüder« genannt, obwohl sie nicht die Söhne seiner Mutter waren, und er legt Wert darauf, dass die

---

71 Hieronymus, Gegen Helvidius 19 (BKV 15, S. 287).

Abb. 10: Jörg Breu, Die Heilige Familie (»Anna Selbdritt«). Eine im Mittelalter weit verbreitete Variante der Position des Hieronymus lässt Marias Mutter Anna nacheinander mit Joachim, Kleophas und Salomas verheiratet sein, so dass auf der Enkelgeneration die »Vetternwirtschaft« aufgeht. Mit solchen beschrifteten Tafelbildern wurde diese Ansicht unters Volk gebracht.

Evangelisten »nur von Brüdern des Herrn, nicht von Söhnen Marias gesprochen« haben.[72]

Hieronymus wendet sich in dieser Schrift aber nicht nur gegen Helvidius, sondern auch noch gegen eine andere von ihm abgelehnte Position, die bis heute auch unter Exegeten Anhänger hat und sich ebenfalls auf manche Indizien im Neuen Testament selbst stützen kann. Diese dritte Position besagt, dass Maria die zweite Frau Josefs war und dieser aus einer ersten Ehe

72 Hieronymus, Gegen Helvidius, 16f. (BKV 15, S. 284f.)

schon Kinder hatte, die durch die zweite Ehe ihres Vaters zwar Jesu Geschwister wurden, aber eben nur seine *älteren* Stief- bzw. Halbgeschwister.

1.6.6 Jakobus als Sohn des Josef und älterer Stiefbruder Jesu (Epiphanius)

Diese letztgenannte Position wird in der Forschung mit dem schon erwähnten zypriotischen Bischof Epiphanius von Salamis verbunden, der sie in seinem »Arzneikasten« ausführlich entfaltet. Den Anlass bietet ihm eine Gruppe, die er »Antidikomarianiten« nennt, d.h. die »Feinde Marias«. Deren einziges Vergehen scheint jedoch zu sein, dass sie annahmen, dass Josef und Maria nach der Geburt Jesu Sex und Kinder hatten. Sie, so wirft er ihnen vor, erkühnen sich zu behaupten, »die heilige Jungfrau Maria habe nach der Geburt Christi mit einem Manne ehelich verkehrt, nämlich eben mit Joseph.«[73]

Epiphanius fährt, ähnlich wie Hieronymus, die schwersten Geschütze der Polemik gegen diese Position auf, obwohl sie dem vorliegenden Wortlaut der neutestamentlichen Texte am nächsten kommt. Das einzig Gute daran ist, dass auf diese Weise Epiphanius Anlass hat, sein Verständnis von Jakobus als dem wichtigsten Bruder von Jesus darzustellen, und so finden sich in diesem Kapitel fast alle diesbezüglichen Aussagen. Demnach war Josef der Bruder des Kleopas, und diese beiden Söhne eines Jakob, der den Beinamen »Panther« trug (68.7). Als Josef etwa 40 Jahre alt war, zeugte er den Jakobus, danach die anderen

73 Epiphanius, Panarion 68.1 (zu den Textausgaben s. oben Anm. 25). Der vollständige Text von Kap. 68 ist in der dort genannten BKV-Ausgabe enthalten. Zur Position des Epiphanius s. Zahn, Brüder und Vettern Jesu, 306–315.

Söhne und Töchter. Die Namen der Söhne folgen Mk 6,3, die Töchter heißen bei ihm Maria und Salome. Jakobus starb nach Epiphanius im Alter von 96 Jahren, »nachdem er nach der Himmelfahrt des Herrn noch ungefähr 24 Jahre gelebt hatte« (68.14), wobei man hinzufügen kann: als Bischof von Jerusalem, indem er der erste war, »dem der Herr seinen Thron auf Erden anvertraut hat« (68.7). Zur Zeit von Jesu Geburt wäre er also um die 40 Jahre alt gewesen und Bischof wäre er mit 72 Jahren geworden.[74]

Josef lebte nach dem Tod seiner Frau für einige Zeit als Witwer, ehe er im Alter von 80 Jahren Maria zur Frau nahm – warum, wird nicht wirklich deutlich, doch es ist von anderen Aussagen her wahrscheinlich, dass er die Geschichte aus dem »Protevangelium des Jakobus« (dazu gleich) als bekannt voraussetzt. Epiphanius betont wiederholt, dass es trotz Eheschließung zu keinerlei sexueller Gemeinschaft kam, zum einen, weil Josef dafür schon längst zu alt gewesen sei, mehr aber noch, weil er es nicht wagte, »nach einem solchen Werke der Vorsehung das Gefäß zu gebrauchen, das gewürdigt worden war, den aufzunehmen, den Himmel und Erde nicht fassen konnten wegen der Fülle seiner Herrlichkeit« (68.8): Dass Josef Maria vor der Geburt Jesu nicht »erkannte« (Mt 1,25), deutet er auf das geistige Erkennen, weil Josef anfänglich nicht verstand, dass Maria »so großer Herrlichkeit ge-

74 Der Tod des Jakobus fiele dann auf ca. 54 n. Chr., was mit den übrigen historischen Daten über Jakobus nicht in Einklang steht. Rechnet man die Daten vom wahrscheinlichen Todesdatum des Jakobus im Jahr 62 n. Chr. zurück, dann wäre das Jahr 38 der Beginn seiner Leiterschaft, was – entgegen dem Anliegen des Epiphanius, der dies unmittelbar nach der Auferstehung beginnen lassen will – nicht völlig unmöglich ist.

würdigt sei« (68.20). Später verstand er das Geheimnis ihres Lebens, aber auch dies hat nichts mit ehelichem Sex zu tun.

1.7 Das Zeugnis des »Protevangelium des Jakobus«

Die von Epiphanius vertretene Position ist spätestens seit dem 2. Jahrhundert gut bezeugt und kann für die Zeit bis zum 4. Jahrhundert als die am weitesten verbreitete Auffassung über die Geschwister Jesu bezeichnet werden. Der älteste erhaltene Beleg dafür ist das zu den neutestamentlichen Apokryphen zählende Petrus-Evangelium, das von den kanonischen Evangelien abhängig und wohl in der ersten Hälfte des 2. Jahrhunderts entstanden ist. Erhalten sind vor allem die Passionserzählung, während das Jakobus betreffende Fragment nur als Zitat bei Origenes in dessen Matthäuskommentar (geschrieben zwischen 244 und 249) überliefert ist:

> Die Brüder Jesu aber, sagen einige, sich auf eine Überlieferung des Petrusevangeliums oder des Jakobusbuches stützend, seien Söhne Josephs von einer früheren Frau, mit der er vor Maria verheiratet war.[75]

Mit dem »Jakobusbuch« ist ziemlich sicher das sogenannte »Protevangelium des Jakobus« (im folgenden abgek. als Protev) gemeint, das bekannteste der soge-

---

75 Origenes, Kommentar zum Matthäusevangelium X 17 (zu Mt 13,54 f.). Übersetzung von D. Lührmann, Die apokryph gewordenen Evangelien. Studien zu neuen Texten und neuen Fragen, NT.S 112, Leiden 2004, 58 (zum PetrEv s. ebd. 53–104). Die Zuweisung dieses Zitats an das PetrEv ist jedoch umstritten und fehlt häufig in den einschlägigen Sammlungen.

nannten Kindheitsevangelien. Diese Literaturgattung entstand im 2. Jahrhundert aus dem Bedürfnis heraus, die offensichtlichen Lücken über die Anfänge Jesu, seine Familie, seine Geburt und seine Kindheit zu schließen. Sie gehören zur christlichen Volksliteratur und wurden in zahlreiche Landessprachen übersetzt und dabei vielfach bearbeitet. Die Übersetzer und Kopisten nahmen offenbar keinen Anstoß daran, an diesen Texten Änderungen vorzunehmen. Das lässt erkennen, gerade im Vergleich zu den eigentlich biblischen Texten, dass diese nicht als heilige Schrift verstanden wurden, sondern als Erzählungen, die ihrem Zweck angepasst werden konnten. Gleichwohl ist ihr Einfluss auf die Frömmigkeitsgeschichte und dadurch auch wieder auf das theologische Denken kaum zu unterschätzen. Das gilt auch für das Protevangelium, dessen Erzählfolge insbesondere die christliche Kunst des Mittelalters nachhaltig prägte.[76]

Es umfasst 25 Kapitel, von denen die ersten 10 die Geschichte Marias von ihrer Geburt bis zu ihrer Verlobung mit Josef schildern. Darin wird u. a. erzählt, wie Josef als alter Witwer von Gott mittels eines Wunders ausgewählt wurde, Maria, die im Tempel erzogen wurde, zur Ehe zu nehmen. In diesem Zusammenhang erfährt man etwas von der ersten Ehe Josefs, denn er versuchte dieses Ansinnen mit den Worten zurückzuweisen: »Ich habe (schon) Söhne und bin alt, sie aber ist ein junges Mädchen. Ich fürchte, ich werde zum Gelächter für die Söhne Israels.« Er gehorcht

---

76 Berühmt und am Anfang steht Giottos Freskenzyklus über das Leben Marias und Jesu in der Arena-Kapelle von Padua, der wichtige Szenen aus dem Protevangelium festhält. Ausführlich dargestellt und nacherzählt ist das Protevangelium auch bei BECKER, Maria, 252–281.

Abb. 11: Flucht nach Ägypten (Giotto). Josef und Maria werden von drei älteren Josefssöhnen begleitet.

dann doch dem Willen der Priester und nimmt Maria zu sich, muss dieselbe aber für lange Zeit aus beruflichen Gründen alleine lassen (9,3). In dieser Zeit wird sie schwanger und die eigentliche Weihnachtsgeschichte, eine angereicherte Nacherzählung basierend auf Mt 1–2 und Lk 1–2, beginnt mit Kapitel 11. In diesem Teil wird deutlich, dass Josef auf der Reise nach Bethlehem von mindestens zwei seiner Söhne begleitet wurde. Ob auch Jakobus mit dabei war, ist nicht ganz klar. Die Geschichte endet mit dem Kindermord in Bethlehem, dem fast auch Johannes, das Kind der

Elisabeth, zum Opfer gefallen wäre. Während Mutter und Kind durch ein Wunder verborgen bleiben, wird der Vater Zacharias im Tempel ermordet.[77] Ganz am Ende steht die Selbstauskunft des Verfassers:

> Ich aber, Jakobus, der ich diese Geschichte aufgeschrieben habe in Jerusalem, begab mich bei den Unruhen, die anläßlich des Todes des Herodes ausbrachen, in die Wüste, bis der Aufstand in Jerusalem sich gelegt hatte. Ich werde den Herrn preisen, der mir die Weisheit geschenkt hat, diese Geschichte zu schreiben. Die Gnade sei mit euch allen. Amen.

Zwar ist nicht eindeutig, welcher Jakobus als Autor vorzustellen ist, doch kann vom Inhalt her, da es sich um eine reine Familiengeschichte handelt, kaum ein Zweifel sein, dass der Herrenbruder als Verfasser intendiert ist.

Das hier zum Ausdruck kommende Verständnis von Jakobus als dem älteren Bruder von Jesus, das im Protevangelium und verwandten Schriften und dann wirkungsgeschichtlich einflussreich von Epiphanius vertreten wurde, ist das in den orthodoxen Kirchen allein gültige.[78] Es wird aber auch im evangelischen Bereich gelegentlich vertreten oder zumindest als möglich erwogen.[79] Dabei ist zu beachten, dass die Annahme von Jakobus als älterem Bruder Jesu aus einer früheren Ehe Josefs nicht so eng mit der Frage der fortdauernden Jungfräulichkeit Marias verbunden

---

77 Protev 23–24. Die Stelle Mt 23,35 wird dabei auf diesen Zacharias gedeutet.

78 Zu den Stellen s. PAINTER, Just James, 208–213.

79 Z.B. von Josef Barber Lightfoot, Richard Bauckham, Rainer Riesner. Dagegen fand es ZAHN, Brüder und Vettern Jesu, 336, als betrüblich, »daß bis in unsere Zeit von ernsthaften Männern die Legende vor der Geschichte [...] bevorzugt wird.«

sein muss, wie dies in der Tradition seit dem 2. Jahrhundert der Fall ist. Es kann einfach nur sein, dass Maria in der Tat nur diesen einen Sohn hatte. Ob sie danach mit Josef ehelichen Verkehr hatte oder nicht, ist davon völlig unberührt. Sie hatte einfach sonst keine Kinder mehr. Dafür spricht u. a. – wenngleich die Historizität dieser Szene immer fraglich bleiben wird – das Gespräch zwischen Jesus und seiner Mutter während der Kreuzigung nach Johannes (19,25–27). Wenn Jesus seine Mutter dem Lieblingsjünger anvertraut, obwohl diese noch mindestens vier Söhne hatte, dann ist das zumindest ungewöhnlich.

Darum bleibt es nachdenkenswert, ob nicht die Vorstellung der bleibenden Jungfräulichkeit Marias auch deshalb entstehen konnte, weil es ein Wissen darum gab, dass Jesus tatsächlich keine »echten« Geschwister hatte. Da die Tradition der jungfräulichen Empfängnis offenbar in judenchristlichen Kreisen entstanden ist[80], konnte sich daraus – möglicherweise in Verbindung mit der Familie Jesu, die in Jerusalem bis zum 2. Jahrhundert leitend in die Geschicke der Gemeinde eingebunden war – auch die Vorstellung der bleibenden Jungfräulichkeit Marias entwickeln. Dass als Traditionsträger dafür Jakobus gewählt wurde, ist naheliegend. Wäre Jakobus dagegen ein leiblicher jüngerer Bruder gewesen, ist es schwierig zu erklären, wie zu Beginn des 2. Jahrhunderts, zu einer Zeit als die Herrenverwandten in den Gemeinden noch bekannt waren, die Vorstellung aufkommen konnte, dass Maria nur diesen einen Sohn hatte.

80 Vgl. P. Stuhlmacher, Die Geburt des Immanuel: Die Weihnachtsgeschichten aus dem Lukas- und Matthäusevangelium, Göttingen ^{2}2006, 70–76.

2. Jakobus und die Brüder Jesu: Die Jesusfamilie in den Evangelien

Was lässt sich aus den Evangelien über Jakobus erfahren? Nicht wirklich viel, wenn es direkt um ihn geht. In keiner einzigen Szene ist er als Einzelperson präsent, lediglich als einer aus dem Kreis der Geschwister taucht er auf. Immerhin lässt sich über den biographischen Kontext seiner Kindheit und Jugend im Grunde genauso viel oder wenig sagen wie über den von Jesus. Was in allen modernen Jesusbüchern ausführlich getan wird, nämlich das Leben in einem kleinen Dorf in Galiläa so gut als möglich aufgrund der archäologischen und literarischen Überlieferungen aus dem 1. Jahrhundert zu rekonstruieren, kann für Jakobus genauso wie für Jesus in Anspruch genommen werden. Das soll hier jedoch nicht noch einmal wiederholt werden.[81] Vielmehr sollen die wenigen Texte über Jesu Familie und Geschwister daraufhin befragt werden, was sie über »Jakobus, den Bruder des Herrn«, verraten. Erst am Ende soll dann versucht werden, über den Ortsnamen Nazareth eine mögliche Verbindung zum theologischen Profil dieser Familie zu ziehen.

---

81 Ausführlich hat dies u. a. J. Schröter, Jesus von Nazaret. Jude aus Galiläa – Retter der Welt, BG 15, Leipzig 2006, 77–116, getan, vgl. außerdem: C. Claussen u. J. Frey (Hg.), Jesus und die Archäologie Galiläas, BThSt 87, Neukirchen-Vluyn 2008; D. A. Fiensy u. J. R. Strange (Hg.), Galilee in the Late Second Temple and Mishnaic Period, 2 Bde., Minneapolis 2014 u. 2015.

2.1 *Ein peinlicher Bruder*

Das Markus-Evangelium ist für die Familiengeschichte von Jesus keine besonders ergiebige Quelle, indem es keine Kindheitsgeschichte berichtet, sondern Jesus erst als erwachsenen Mann auftreten lässt. Damit repräsentiert das Markus-Evangelium eine Überlieferungstradition, die an Jesu Herkunft kein erkennbares Interesse zeigt, obwohl der Evangelist über die Familienverhältnisse Bescheid weiß. So erwähnt er eher beiläufig, dass Nazareth der Ausgangsort von Jesu öffentlichem Wirken ist.[82] Zentrum seiner Wanderungen und Ort seines Aufenthalts ist dagegen Kapernaum (ab 1,21), eine Stadt am See Genezaret, ohne dass Markus erklären würde, wie es zu diesem Ortswechsel kam.

2.1.1 *Rückholversuch I: Mk 3,20f.*

Hier in Kapernaum begegnen wir dann auch erstmals der Familie von Jesus. Als einziger berichtet er in einer kurzen und nicht völlig eindeutigen Episode von einem ersten Versuch »der Seinigen«[83], Jesus in den Schoß des Althergebrachten zurückzuholen (3,21). Der Grund dafür ist in dem unmittelbar davor Erzählten zu suchen. Da berichtete Markus, wie Jesus als erfolgreicher Wundertäter und Lehrer vorwiegend in Kapernaum auftrat und durch sein Verhalten, insbesondere seine Heilungen am Sabbat und die Gemein-

82 Der Ortsname selbst kommt nur an dieser einen Stelle bei Markus vor, außerdem wird Jesus in 1,24; 10,47; 14,67; 16,6 als »Nazarener« bezeichnet.

83 Dass damit nur die Familie Jesu gemeint sein kann und nicht etwa seine Jünger, zeigt u. a. R. Pesch, Das Markusevangelium, HThK II/1, Freiburg ³1980, 212.

schaft mit Sündern (1,21 ff.; 3,2), die Pharisäer bzw. Schriftgelehrten herausforderte (2,6.16.24; 3,2.6). Das hat zur Folge, dass diese zusammen mit den Herodianern (das sind Anhänger der herodianischen Herrschaft) beratschlagen, wie Jesus unschädlich gemacht werden könnte (Mk 3,6).

Dem Vorgehen dieser beiden Gruppen steht das Summarium Mk 3,7–12 gegenüber, das geprägt ist von einer ungeheuren Dynamik: Nicht in der Synagoge, sondern am See versammelt sich »eine große Menge« um Jesus, und sie besteht aus Menschen aus Galiläa, Judäa, Jerusalem, Idumäa, dem Gebiet östlich des Jordans (d. i. Peräa bzw. die Dekapolis), und sogar aus der Gegend von Tyrus und Sidon. Nach Markus waren es vor allem die Heilungen, die diese Menschen anzogen, und so entstand um Jesus herum ein Gedränge und Geschiebe, weil alle versuchten, in seine Nähe zu kommen. Viele werden geheilt, die Menge bringt ihre Kranken zu ihm, unreine Geister fahren aus, fallen vor ihm nieder und bekennen: »Du bist der Sohn Gottes.« Man kann sich dieses Geschehen kaum drastisch genug ausmalen, ein buntes, wildes Durcheinander, in dem religiöse Ekstase und tiefstes menschliches Elend nah beieinander liegen. Verursacher dieses Aufruhrs ist Jesus, der im Boot stehend predigt und, wenn er an Land ging, bedrängt und umringt wurde, wie es heute bei Konzerten von großen Popstars üblich ist. Die Hoffnung der Menge war, *ihn* zu berühren.

Die Verse 3,10–11 lassen etwas von diesen tumultuarischen Szenen erahnen, die sich hier abgespielt haben und sie erklären auch das Folgende: Jesus erwählt sich einen Kreis von zwölf Männern, die »er selbst« (betont!) wollte (3,13), um sie zum Predigen und zum Kampf gegen die Dämonen auszusenden (3,14 f.). Aus seiner direkten Familie ist niemand darunter, obwohl in dieser Familie – wie die Namen seiner Brüder und Vorfahren zeigen – die Hoffnungen Israels lebendig waren. Zusammen mit der geographischen Beschreibung in 3,7f. ist damit ein geistliches Programm für ganz Israel angekündigt. Denn dass die Zwölfzahl die zwölf Stämme Israels ebenso repräsentierte wie die geographische Beschreibung das verheißene Land in seinen (großzügig interpretierten) davidischen Grenzen, steht außer Frage. Markus erzeugt mit seiner Darstellung das Bild einer blitzartig sich ausbreitenden Bewegung, bei der Heilungen und Dämonenaustreibungen im Mittelpunkt stehen.

Das ist im Erzählablauf nach Markus die Situation, in der »die Seinen« eingreifen. Eingreifen doch wohl, weil sie mit dem Weg des Sohnes und Bruders nicht einverstanden sind. Sie kommen zu ihm, als er – endlich einmal? – wieder »im Haus« ist, d.h. doch wohl, im Haus des Petrus in Kapernaum. Aber auch da ist der Rummel um seine Person so groß, dass er und die Zwölf nicht einmal in Ruhe essen können. Als auch diese Nachricht »die Seinen« erreicht, hält es sie nicht länger. »Sie zogen aus (wie ein Heer zum Krieg, vgl. Gen 14,8; Deut 1,44 u.ö.) um ihn zu ergreifen« – das klingt martialisch und war wohl auch so gemeint. Der Familienclan bricht von Nazareth aus auf, um Jesus in Gewahrsam zu bringen.[84] Das von Markus gebrauchte Verb (*krateō*) wird von ihm in anderen Zusammenhängen eindeutig für »verhaften« gebraucht.[85] Die Begründung der Familie für dieses ungewöhnliche Vor-

---

84 Dass sie von Nazareth kommen, ist allerdings nirgends gesagt. Nach dem Johannesevangelium ist es möglich, dass sich die Familie Jesu für eine Zeit in Kapernaum aufhielt, s. unten 2.4.

85 Vgl. Mk 6,17; 12,12; 14,1.44.46.49.51.

gehen wird in direkter Rede mitgeteilt: »Er ist von Sinnen!« (3,21). Das ist also das Urteil »der Seinen« nach seinem ersten öffentlichen Auftreten und den ersten sichtbaren Erfolgen.

2.1.2 Rückholversuch II: Mk 3,31–34

Damit geben die Seinen dem Urteil recht, das Markus unmittelbar im Anschluss an die beiden knappen Verse berichtet. Die Autoritäten aus Jerusalem waren eigens wegen Jesus nach Galiläa gekommen. Offenbar eine Art Prüfungsinstanz, eine Voruntersuchung im Hinblick auf eine offizielle Anklage wegen Verführung des Volks. Ihr Urteil über Jesus aber lautete: er hat den Teufel im Leib und die Kräfte, mit denen er Dämonen austreibt, gehen auf Belzebul zurück und sind darum teuflisch und gegen Gott gerichtet (3,22). Jesus verteidigt sich gegen diesen Vorwurf in zweifacher Weise, doch nicht ohne seinen Gegnern neue Anklagepunkte zu liefern, indem er in Anspruch nimmt, was nur Gott allein zusteht, nämlich über mögliche und unmögliche Vergebung Bescheid zu wissen (3,28–30). Zuvor verweist er darauf, dass ein Reich oder ein Haus, d.h. eine Familie, nicht bestehen können, wenn sie untereinander uneins sind. Damit wehrt er einerseits den Vorwurf ab, dass er mit Hilfe Belzebuls die Dämonen austreibt, denn das würde bedeuten, dass ein Teufel gegen den anderen kämpft, was wenig wahrscheinlich ist. Im Hinblick auf die Sandwich-Position dieser Aussage zwischen den beiden Rückholversuchen seiner Familie, die so nur das Markusevangelium bietet, ist der Satz über das Haus, das in sich gespalten ist, möglicherweise auch als Kritik an seiner eigenen Familie zu sehen, die nicht hinter ihm steht.

Die »Seinen« konnte er damit jedenfalls nicht überzeugen. Denn sie, nun genauer beschrieben als »seine

Mutter und seine Brüder (einige Handschriften ergänzen hier: »und seine Schwestern«), stehen noch immer vor dem Haus und lassen ihn rufen. Anders kommen sie offenbar an den Sohn und Bruder nicht heran. Als Jesus dies mitgeteilt wird, antwortet er mit einem Blick auf die Menschen, die vor ihm sitzen: »Wer ist meine Mutter und meine Brüder?« Und dann zeigt er auf die Menschen um sich her und sagt: »Siehe, (das ist) meine Mutter und (das sind) meine Brüder. Denn wer immer den Willen Gottes tut, dieser ist mir Bruder und Schwester und Mutter« (3,31–35). Das ist das letzte Wort in dieser Sache und der Evangelist bricht hier abrupt ab. Mit Kapitel 4 beginnt ein anderes Thema, die Mutter und Geschwister Jesu treten erst wieder in Kapitel 6 beim missglückten Gastspiel Jesu in Nazareth auf.

Zu den synoptischen Parallelen: bei *Lukas* (8,19–21) ist die Episode ohne engen Bezug zum Voranstehenden wohl aufgrund einer Stichwortverbindung (das »Wort hören« in 8,11 ff.18) an diese Stelle gerückt. Die Angaben, dass Mutter und Geschwister nicht zu ihm kommen konnten wegen der Menge bzw. dass sie »draußen« stehen würden, die bei Markus durch die Situation im überfüllten Haus noch einen realen Bezug hatten, bleiben bei Lukas bezugslos, weil von der Gesamtszenerie her ein Ort im Freien vorgestellt ist. Weder ist von Verhaften (Mk) noch von einer Gesprächsforderung (Mt) die Rede, sondern lediglich vom Wunsch, den Sohn bzw. Bruder zu sehen. Auch die Antwort Jesu über die, die ihm Mutter, Bruder oder Schwester sind, richtet sich an eine unbestimmte Gruppe und erlaubt damit, darin seine Familie eingeschlossen bzw. zumindest dazu eingeladen zu sehen: »Meine Mutter und meine Brüder sind die, die das Wort Gottes hören und tun« (Lk 8,21). Mit diesen Änderungen bereitet Lukas den zweiten Teil seines Geschichtswerkes vor, in dem Maria und die Brüder Jesu zur ersten Gemeinde in Jerusalem gehören.

Bei *Matthäus* (12,46–50) ist die Anlehnung an die Perikopenfolge des Markusevangeliums zwar noch etwas deutlicher erkennbar, aber wie bei Lukas ist die Situation nicht mehr klar erkennbar im Haus. Abgemildert ist ebenfalls die Schroffheit, mit der sich die beiden Seiten der Familie begegnen: Während bei Markus die Familie Jesus »rufen lässt«, versuchen sie bei Matthäus »mit ihm zu reden« (V. 46). Die Antwort Jesu ist noch stärker als bei Markus und Lukas auf die Jünger fokussiert. Außerdem verweist Jesus bei Matthäus auf seinen himmlischen Vater, so dass die Abgrenzung von seiner irdischen Familie hier noch deutlicher ist als bei Markus und Lukas. Jesus als Sohn ist der Fokus der neuen Familie Gottes, und dahinter verlieren alle anderen Familienbeziehungen ihre Bedeutung.

Was lässt sich aus diesen Texten für das Verhältnis von Jakobus zu seinem Bruder Jesus erschließen? Zunächst einmal ist davon auszugehen, dass Jakobus unter den Geschwistern der Älteste ist. Dafür spricht zum einen die Namensnennung an erster Position in Mk 6,3 par. Mt 13,55, zum anderen die Rolle, die er später in der Geschichte des frühen Christentums innehatte. In allen Quellen wird Jakobus als Führungspersönlichkeit dargestellt, so dass davon ausgegangen werden kann, dass er auch in dieser Familienangelegenheit die Verantwortung übernommen hat. Da Josef zu diesem Zeitpunkt offenbar nicht mehr am Leben war, rückte der älteste Sohn in die Stellung des Familienoberhaupts und damit in die Verantwortung für die Mutter und die jüngeren Geschwister. Geht man davon aus, dass Jakobus und die anderen jüngere Geschwister von Jesus waren, dann wäre ihm diese

Stellung zugefallen, nachdem Jesus die Familie verlassen (so die Synoptiker) oder sich diese von ihm zurückgezogen hatte (so Johannes). Als Zweitältester hätte er dann die Verantwortung für die Familie übernehmen müssen. Situativ stimmiger ist jedoch das Verhalten der Brüder (und Schwestern) zu erklären, wenn es sich um ältere Stiefgeschwister handelt. Ihnen fiel es unter normalen Umständen zu, nach dem Ableben des Vaters Verantwortung für den »Jüngsten« zu übernehmen.[86] Nimmt man die tumultuarischen Szenen, die Markus schildert, als Hintergrund, und ebenso die Verurteilung der Aktionen von Jesus durch pharisäische Autoritäten, dann ist das Verhalten der Familie durchaus verständlich: Jesus brachte Schande über die Familie und stand in Gefahr, ein Verführer des Volkes zu werden, der sich mit dämonischen Mächten eingelassen hatte und die Grenzen in Frage stellte, die von der Tora aufgerichtet wurden. In einem solchen Fall sieht die Tora vor, dass die Familie eingreifen muss, um Schlimmeres zu verhüten (Dtn 13; 21,18–21; ähnlich auch Dtn 17,2–7; 18,20).

Auffallend an den Berichten bleibt aber, dass in allen neben den Brüdern auch die Mutter genannt wird – auch in den beiden Evangelien des Matthäus und Lukas, die durch ihre Vorgeschichte(n) dafür sorgten, dass Maria über die besondere Berufung ihres Sohnes Bescheid wissen konnte. Gleichwohl war auch ihr sein Auftreten nicht geheuer, insbesondere wohl da, wo er mit der pharisäischen Frömmigkeitstradition in Konflikt geriet, die am ehesten auch den geistlich-theologischen Nährboden der Familie Jesu bil-

86 Als Vergleich kann das Verhalten der älteren Jakobssöhne gegenüber Josef und Benjamin dienen, mit denen sie nur einen Elternteil, den Vater, gemeinsam hatten.

dete. Dazu kommt, wie weiter unten entfaltet wird, die Möglichkeit, dass es innerhalb des davidischen Clans, dem Jesus entstammte, eine geprägte und gepflegte Messiaserwartung gab, von der sich Jesus zunehmend abgrenzte.

2.2 *»Ist dieser nicht … der Sohn der Maria, und ein Bruder des Jakobus …?*

Alle drei synoptischen Evangelien erzählen über das Bisherige hinaus von einem Besuch Jesu in seinem Heimatort Nazareth. Verbunden damit teilen Markus und Matthäus auch Details über seine Geschwister mit. Chronologisch ist der Nazareth-Besuch allerdings unterschiedlich eingeordnet. Bei Lukas (4,16–30), der als einziger den Ortsnamen nennt, steht er programmatisch am Anfang und der Schwerpunkt ist die Predigt Jesu in der Synagoge sowie die darin erfolgte Bezugnahme auf Jes 61,1f. Dass diese chronologische Platzierung sekundär ist, verrät jedoch V. 23. Da lässt Lukas die Einwohner Nazareths Jesus vorhalten, dass er in Kapernaum große Dinge getan habe und er dasselbe nun auch in seinem Heimatort tun solle. Im Aufbau des Lukasevangeliums ist bis dahin von Kapernaum aber noch gar nicht die Rede gewesen, so dass der Verweis darauf in der Luft hängt. Das verrät, dass Lukas aus erzählerischen Gründen die Nazareth-Perikope nach vorne gestellt hat. Die Geschwister von Jesus werden bei Lukas in diesem Zusammenhang nicht erwähnt, ebensowenig seine Mutter. Seine Zuhörer bezeichnen ihn als »Sohn Josefs« (4,22).[87] Einzig hier

87 Zu Beginn des Stammbaumes von Jesus, in Lk 3,23, erklärt Lukas, dass man ihn »für einen Sohn Josefs gehalten habe«, d.h.

findet sich auch der Hinweis, dass ihn die Einwohner Nazareths steinigen wollten (4,28–30). Wohl aufgrund dieser dramatischen Zuspitzung vermied es Lukas, die Familienmitglieder Jesu hier zu erwähnen, denn sonst hätte er möglicherweise berichten müssen, wie sich diese bei der versuchten Steinigung verhalten haben.

Da Matthäus in seinem Bericht weitgehend Markus folgt und die einzigen Besonderheiten einige Kürzungen sind, genügt es, im Folgenden den Markusbericht genauer anzusehen. Dieser verknüpft die Heilung der Tochter des Synagogenvorstehers Jairus (ohne Ortsangabe, aber in der Nähe des Westufers des Sees Genezareth) durch die einleitende Bemerkung in 6,1 (»Und er ging weg von dort und kam in seinen Heimatort […]«) mit dem Besuch in Nazareth. Markus schildert die Heilung der Tochter des Jairus als eine Totenauferweckung, die »großes Erstaunen« bzw. »Ekstase« auslöste. Es ist der Höhepunkt der Wundermacht Jesu, nur noch übertroffen von seiner eigenen Auferstehung, die bei den Frauen am Auferstehungsmorgen genau dasselbe »große Erstaunen« (Mk 16,8) auslöste. Der Glaube des Jairus (vgl. Mk 5,36) und der Unglaube der Einwohner Nazareths stehen darum in einem deutlichen Gegensatz. Als Jesus am Sabbat in die Synagoge seines Heimat*dorfes* (das trifft den Sachverhalt besser als Heimat*stadt*) geht, beginnt er dort zu lehren. Über den Inhalt berichtet Markus im Unterschied zu Lukas nichts, sondern lediglich, dass er damit Aufsehen erregte. Knapp nur schildert er, was die Menschen erstaunt: Woher nimmt er sich das Recht zu lehren, woher kommt die Weisheit, mit der er redet,

---

der Leser weiß, dass diese öffentliche Meinung einerseits begründet ist, aber den eigentlichen Sachverhalt nicht trifft.

Abb. 12: Die Rekonstruktion einer Synagoge aus dem 1. Jahrhundert im »Nazareth Village«.

und was hat es mit den Wundertaten auf sich, die durch seine Hände geschehen (Mk 6,2)? Denn den, der solches tut, der sozusagen aus der Reihe ihrer dörflich kleinen, geordneten Welt tanzt, den kennen sie doch: »Ist dieser nicht der Zimmermann[88], der Sohn der Maria und Bruder des Jakobus und des Joses/Justus und des Judas und des Simon? Und sind nicht seine Schwestern hier bei uns?« Der Vers fährt lapidar fort: »Und sie nahmen Anstoß an ihm.« Mit den »sie« sind die Leute in der Synagoge gemeint, und es ist gut möglich, dass Markus darin auch seine Familienmitglieder einschließt, die ihn drei Kapitel vorher schon verhaften wollten. Niemand verteidigt ihn in seinem Heimatort. Niemand tritt für ihn ein. Auch die Seinen nicht, weder die Mutter, noch die Brüder. Darum sind auch sie mitgemeint, wenn Jesus dieses missglückte Auftreten »daheim« mit der sprichwörtlich gewordenen Wendung kommentiert: »Ein Prophet wird in seiner Vaterstadt nicht wert geachtet, und auch nicht unter seinen Verwandten und in seinem Haus« (Mk 6,4). Dass Markus die Geschwister hier besonders im Blick hat, geht aus der Zeile »auch nicht unter seinen Verwandten« hervor, die sich nur bei ihm findet (Matthäus lässt diesen Teil aus). Was bleibt, ist die Verwunderung über »ihren Unglauben« (6,6).

2.3 Kindernamen als Spiegel der Familientheologie

Der kurze Text verrät jedoch nicht nur, dass die Geschwister mit dem Auftreten ihres Bruders nicht einverstanden waren. Die Namen der Geschwister von

88 Die besten Handschriften lesen nur »Zimmermann«; offenbar in Angleichung an Mt 13,55 drang dann die Lesart »der Sohn des Zimmermanns« in die Überlieferung ein.

Jesus bzw. Jakobus geben einen Hinweis darauf, dass es sich bei der Familie um eine traditionsbewusste jüdische Familie handelte.[89]

Jakobus erinnert an den Patriarchen Jakob-Israel, der seinen Namen »Israel« bekam, weil er »mit Gott und mit Menschen gekämpft« und dabei siegreich geblieben ist (Gen 32,29). Dort am Jabbok hatte er »Gott von Angesicht zu Angesicht« gesehen und war dennoch mit dem Leben davongekommen (Gen 32,31). So von Gott ausgezeichnet, steht er als Stammvater und Namensgeber am Anfang des Volkes Israel und in seinem Namen ist Erwählung und Erwartungsgeschichte desselben präsent. Die drei nachfolgenden Geschwisternamen sind allesamt Söhne Jakobs, so dass man annehmen kann, dass die Tradition des Zwölf-Stämme-Volks in dieser Familie lebendig war und wahrscheinlich auch die Hoffnungen auf seine endzeitliche Restitution. Bei Jesus wird diese Hoffnung in der Erwählung der Zwölf deutlich, für Jakobus kann auf die Grußadresse des Jakobusbriefes verwiesen werden, der an die zwölf Stämme in der Diaspora gerichtet ist (Jak 1,1).

Der an zweiter Stelle genannte Name Joses ist eine Form des Namens Josef. Dieser war der Lieblingssohn Jakobs, der vom Sklaven zum Vizekönig Ägyptens aufstieg. Dadurch konnte er zum Retter seiner Familie während der siebenjährigen Hungersnot werden. Er war es, der seinen Vater und seine Brüder nach Ägypten kommen ließ, wo aus der Familie erst eigentlich das Volk Israel wurde. Zugleich war er es, der die Hoffnung auf die Heimkehr ins verheißene Land nie

---

89 M. Hengel u. A. M. Schwemer, Jesus und das Judentum, Tübingen 2007, 285f.

aufgab und darum Anordnungen traf, dass sein Leichnam bei der Rückkehr mitgenommen werden sollte (Gen 50,22–26; Ex 13,19). Im Segen des Patriarchen Jakob über seine Söhne kurz vor seinem Tod ist Josef – neben Juda – derjenige, der am deutlichsten ausgezeichnet wird. Er steht in einer besonders innigen Beziehung zu Gott und unter dessen Schutz, so dass er ein »Geweihter« (*nasir*) unter seinen Brüdern ist (Gen 49,26). Auch im Segen Moses, ein Paralleltext zu Gen 49, ragt Josef heraus (Dtn 33,13–17) und trägt ebenso den Ehrentitel als »Geweihter« (Dtn 33,16). Die schon erwähnte auffallende Nähe der Jesusfamilie zu den vielfältigen nasiräischen Traditionen in der Bibel, die erkennbar Raum ließen für eigene Interpretationen, ist also auch hier zu finden. Mit *nasir* hängt zudem ein weiteres hebräisches Wort zusammen, *nēzer*, das sowohl »Weihe« (an Gott) als auch »Diadem« (ein Goldreif, der den Geweihten auszeichnet) bedeutet. Es kennzeichnet sowohl den König (2Sam 1,10) als auch den Hohenpriester und begegnet auffallend oft in Zusammenhängen mit dem davidischen Königtum.[90] Es ist darum möglich, dass bei der Bezeichnung von Jesus als Nazoräer (Mt 2,23) auch diese Zusammenhänge im Hintergrund stehen, weil die Wortfelder für »Diadem«, »Weihe«, »Spross« bzw. »sprossen« in der hebräischen Bibel eng miteinander verbunden sind. Wenn aber für Jakobus und Jesus solche Bezugnahmen auf nasiräisch-nazoräische Traditionen in den

90 Zur hohepriesterlichen Krone, wörtlich dem »Diadem der Heiligkeit«, siehe Ex 29,6; 30,12; Lev 8.9, 21,12. Nach Epiphanius, Panarion 68.14, trug auch Jakobus einen solchen Stirnreif, weil er ein Nasiräer war (68.7; 15) und zu den Priestern zählte. Zu den davidischen Stellen s. 2Kön 11,1.12 par. 2Chr 23,3.11; Ps 89,40; 132,17f. und Sach 6,11.14.

Quellen bezeugt sind, dann kann man auch bei der Namensgebung des ansonsten unbekannten Joses einen Hinweis auf diese Traditionen sehen.

Judas, das ist die griechische Form des hebräischen Juda, ist entgegen der Geschwisterfolge der Jakobssöhne der dritte der Brüder und darum wohl jünger als der vor ihm genannte Joses.[91] Unter den zwölf Söhnen Jakobs wird er als der vierte gezählt (und ist damit älter als Josef), seine Mutter war Lea (Gen 29,35). Die Bedeutung Judas ist unbestritten. Er ist der Stammvater Davids, und Jakobus gehört darum, ebenso wie Jesus, zum Stamm Juda, dem die königliche und daraus entstanden dann auch die messianischen Verheißungen gehören. Im Jakobssegen ist ihm das »Zepter« und eine ewige Herrschaft, nicht nur über seine Brüder, sondern über alle Völker versprochen (Gen 49,10). Diese Verheißung ist in der Bileamsweissagung Num 24,17 wieder aufgenommen, wo zum Zepter noch der Stern, der aus Juda hervorgehen wird, dazu tritt. Diese beiden Stellen sind grundlegend für die messianischen Erwartungen, die sich mit dem Haus David im Laufe der Zeit verbunden haben, und man kann annehmen, dass in der Familie Jesu, die zu den Nachkommen Davids gehörte, mit der Benennung der Söhne auch entsprechende Hoffnungen und Belehrungen der Kinder verbunden waren.[92]

---

91 Die Parallelstelle Mt 13,55 listet die Brüder Jesu als Jakobus, Josef, Simon und Judas. Hierbei stimmt die Reihenfolge der letzten beiden mit der Liste in Genesis 29,31 ff. überein, wonach Sim(e)on der dritte Lea-Sohn ist, gefolgt von Juda.

92 Das habe ich ausführlicher zu begründen versucht in R. Deines, Der Messiasanspruch Jesu im Kontext frühjüdischer Messiaserwartungen, in: Der jüdische Messias Jesus und sein jüdischer Apostel Paulus, hg. v. A. Baum, D. Häußer u. E. L. Rehfeld, Tübingen 2016, WUNT II/425, 49–106.

Simon, das griechische Äquivalent für das hebräische *Shime'on*, ist biblisch vor allem durch die blutige Rache für die Vergewaltigung seiner Schwester Dina durch die Sichemiten bekannt (Gen 34), die auch im Jakobssegen Erwähnung findet (Gen 49,5–7). An beiden Stellen wird der aufbrausende Zorn dieses Jakobssohnes ausdrücklich verurteilt, im Segen Moses fehlt Sim(e)on sogar ganz. Der Name Simon / Simeon ist dennoch einer der häufigsten zur Zeit Jesu gewesen. Möglicherweise ist dabei jedoch an andere Träger dieses Namens gedacht worden, wie beispielsweise an den von Jesus Sirach gerühmten Hohepriester Simon II. der Gerechte (Sir 50,1 ff.; amtierte ca. 219–196 v. Chr.), oder den eigentlichen Begründer der Hasmonäerdynastie, Simon Sohn des Mattathias, der von 142–134 v. Chr. an der Spitze des Aufstandes gegen die Seleukiden stand und dessen Regentschaft das erste Makkabäerbuch in messianisch-eschatologischen Farben schildert (1Makk 14,4–15). Der Name war also mit priesterlichen und herrscherlichen Traditionen verbunden, letztere sogar mit einem gewissen zelotisch-agressiven Charakter.

Wenn man den Namen Jesus in diese Brüderliste einreiht, dann ergibt sich daraus möglicherweise ein weiteres Indiz dafür, dass Jesus ein jüngerer Bruder der Genannten ist, da sein Name Jesus / Josua auf den Nachfolger Moses verweist, der mit der Landnahme verbunden ist und dem Buch Josua seinen Namen gab, während seine Brüder alle Namen aus der Patriarchenzeit tragen. In der Summe gelesen repräsentieren die Namen der Söhne Josefs die Patriarchenverheißungen, das Zwölf-Stämme-Volk, die Landnahme und möglicherweise die mit dem Stamm Juda verbundenen messianischen Erwartungen der Davididen. Inwieweit diese Namen bewusst gegeben worden sind, lässt sich im Nachhinein nur sehr schwer feststellen.

Das wichtigste Argument für eine theologisch motivierte Namensgebung ist jedoch die Konsistenz, mit der in dieser Familie biblische Namen verwandt worden sind. Darum kann angenommen werden, dass auch die Namen der Brüder Jesu ein Programm darstellen, das auf die Restitution Israels vorausblickt und in dem die Hoffnung lebendig ist, dass die alten Zeiten in neuer Gestalt wiederkommen. Gerade dieses restaurative und darin konservative, sich an einer vergangenen Größe orientierende theologische Ideal der Familie Jesu ist möglicherweise der Grund, warum die Geschwister ihrem Bruder, der diese eschatologischen Erwartungen in einer unerwarteten Weise interpretierte, feindselig gegenüber standen.

2.4 Jakobus in Kapernaum? Eine rätselhafte Notiz bei Johannes

Nach dem im Ganzen doch relativ einheitlichen Bild, das die Synoptiker von der Familie Jesu bieten, ist es spannend zu sehen, wie das Johannesevangelium damit umgeht. Das vierte Evangelium enthält eine Vielzahl von Sondertraditionen, die sich nicht oder nur schwer mit den Synoptikern harmonisieren lassen, aber gleichzeitig sind die johanneischen Texte ohne die synoptische Überlieferung oft nicht wirklich verständlich. So entsteht der Eindruck, dass bei Johannes das synoptische Bild von Jesus theologisch überhöht bzw. christologisch vertieft wird. Welchen Einblick gewährt dann das vierte Evangelium in das Verständnis der Familie Jesu?

Eine erste Besonderheit war uns schon bei den Frauen unter dem Kreuz begegnet: Nur Johannes erzählt von der Anwesenheit der Mutter Jesu am Ende seines Lebens. Am Ende, nicht am Anfang, wie bei Lukas und Matthäus. Eine Weihnachts- oder Geburtsgeschichte kennt Johannes nicht, dafür beginnt er mit einem Hymnus, der den Ausgang des Logos von Gott her in die Welt besingt. Und doch ist schon hier, gleich am Anfang, die »verwandtschaftliche« Frage gestellt: »Welche ihn aufnahmen, denen gab er die Vollmacht, Gottes Kinder zu sein, nämlich denen, die an seinen Namen glaubten« (1,12), und der Text fährt dann fort: »welche nicht aus Blut, noch aus dem Willen des Fleisches, noch aus dem Willen eines Mannes, sondern aus Gott gezeugt sind« (1,13). Damit ist schon von Beginn an deutlich gemacht, dass niemand auf »natürliche Weise« zu Gott gehört, sondern erst durch den Glauben in dieses Kindschaftsverhältnis »hineingeboren« wird (1,13; 3,3ff.). Das ist eine Aussage, die sich im Kontext des Johannes-Evangeliums wohl in erster Linie gegen Israel richtet.[93] Aber zugleich ist damit auch gesagt, dass in der Gemeinschaft derer, die an dieses in die Welt gekommene Licht glauben, die biologische Zugehörigkeit nicht das Entscheidende ist. In gewisser Weise ist dies die Parallele zu den synoptischen Aussagen Jesu, wonach seine wahren Verwandten diejenigen sind, die den Willen seines Vaters im Himmel tun.

Aber auch wenn leibliche Verwandtschaftsbeziehungen nicht das Entscheidende sind, bedeutet es nicht, dass sie deswegen völlig entwertet werden. Jesus wird, trotz des Prologs, nicht als Geistwesen vorgestellt, auch wenn über seine Empfängnis und Geburt nichts berichtet wird. Die den Prolog bestim-

---

93 Auch hier ersetzt die johanneische Formulierung eine synoptische, vgl. Mt 3,9; Lk 3,8: die Berufung auf Abraham als Vater zählt nicht (mehr), weil Gott auch aus Steinen sich Kinder erwecken kann (vgl. Joh 8,30–59).

mende Präexistenzvorstellung ist also, wenn man die Geburtsgeschichten von Matthäus und Lukas für Johannes ausblendet, in keiner Weise an eine wundersame Geburt geknüpft. Als zu Beginn des Evangeliums Philippus dem Nathanael mitteilt, dass er in Jesus den Messias erkannt und entdeckt hat, sagt er zu ihm: »Wir haben gefunden, über welchen Moses im Gesetz und die Propheten geschrieben haben, nämlich Jesus, den Sohn des Josef, aus Nazareth« (1,45). Der Unterschied dieser Aussage zu denen des Prologs ist frappierend: Dort »voller Gnade und Wahrheit«, hier aus dem Flecken Nazareth, vom dem keiner etwas Gutes erwartet. Dort »aus dem Schoß des (himmlischen) Vaters«, hier von einem irdischen Vater aus einem gewöhnlichen galiläischen Dorf. Erstaunlich auch, dass die Handschriften in 1,45 nicht korrigierend eingegriffen haben. Die Aussage wird nicht abgemildert, wird nicht dem christologischen Dogma angepasst, sondern beide Aussagen bleiben nebeneinander stehen, sozusagen von Anfang an wahrer Gott und wahrer Mensch.

2.4.1 Die Hochzeit zu Kana und der Umzug nach Kapernaum

Ohne Überleitung zwischen Kapitel 1 und 2 versetzt der Evangelist seine Leser von dem Geschehen am Jordan, wo Johannes taufte (1,28), nach Galiläa. Am »dritten Tag«, so heißt es da, »war eine Hochzeit in Kana in Galiläa«. Und, als wäre es das Selbstverständlichste der Welt: »Auch die Mutter Jesu war dort« (2,1). Ohne Vorbereitung führt der Evangelist die handelnden Personen auf seine Bühne. Gerade war noch der Vater (namentlich) erwähnt worden, nun die Mutter (namenlos), die ihren Sohn drängt, sich des ausgegangenen Weins anzunehmen (2,3). Im ganzen Evan-

Abb. 13: Blick von den Ruinen des antiken Kana über die Netofa-Ebene nach Nazareth (hinter dem Höhenzug im Hintergrund).

gelium bleibt ihr Name ungenannt, obwohl es sonst von Marien nur so wimmelt: Maria, die Schwester der Martha und des Lazarus (11,32ff), Maria von Magdala (19,25; 20,1 u.ö.) und Maria, die Frau des Klopas (19,25). Nichts wird erklärt, aber viel vorausgesetzt. Das kurze Gespräch zwischen der Mutter und ihrem Sohn lässt erahnen, dass die Mutter ihrem Sohn Großes zutraut, dass beide, Mutter und Sohn, auf »seine« Stunde warten. Denn wie sonst wäre die Antwort zu verstehen: »Meine Stunde ist noch nicht gekommen« (2,4). Aber, so scheint es beinahe, die Mutter wusste besser um die Stunde als der Sohn, denn dieser handelt nun doch und verwandelt das Reinigungswasser in Wein. Abschließend kommentiert der Evangelist: »Jesus vollbrachte diesen Anfang der Wunder in Kana in Galiläa und offenbarte seine Herrlichkeit, und seine *Jünger* glaubten an ihn« (2,11). Die Jünger waren schon in 2,2 als Hochzeitsgäste erwähnt worden. Die Frage ist aber: Setzt der Evangelist hier voraus, dass auch seine Mutter an ihn glaubte? Nach dem Vorangegangenen ist diese Frage wohl eher zu bejahen. Die Mutter war es, die ihn gedrängt hatte. Sie hatte ihm zugetraut, dass er etwas tun könne, sie hatte auf seine Stunde gewartet. Woher dieses Zutrauen kam, erklärt der Evangelist dagegen nicht, sieht man einmal vom Prolog ab. Deutlich ist jedoch, dass hier eine Lukas vergleichbare Haltung zum Ausdruck kommt, bei der die Mutter ebenfalls von Anfang an um den geheimnisvollen Ursprung und besonderen Auftrag ihres Sohnes weiß.

Dieses »Familiengeheimnis« wird möglicherweise auch durch den folgenden Vers bestätigt, der eines dieser exegetischen Rätsel darstellt, die mehr Fragen stellen, als sie beantworten: »Danach ging er hinab nach Kapernaum, er und seine Mutter und seine Brüder und seine Jünger. Und sie blieben dort nicht viele Tage« (2,12). Der Text weist einige textkritische Probleme auf, d. h. schon die Abschreiber haben die Schwierigkeiten dieser Aussage bemerkt und zu beheben versucht. Die wichtigste Veränderung betrifft das Verb »bleiben«: Ein Teil der Handschriften hat hier den Plural (»sie blieben dort nicht viele Tage«), was bedeutet, dass die ganze Familie samt dem Jüngerkreis nur kurz in Kapernaum blieb. Die alternative Lesart dazu ist, dass es nur von Jesus heißt: »er blieb dort nicht viele Tage«. Liest man den Text in der Pluralform, dann würde er bedeuten: Jesus kam mit seiner ganzen Familie und seinen Jüngern von Kana nach Kapernaum, aber sie, d.h. die ganze Familie blieb nicht lange da. Die Singular-Fassung lässt dagegen die Familie Jesu (und auch die Jünger, was aber eher eine stilistische Ungenauigkeit sein dürfte) in Kapernaum bleiben, während es von Jesus heißt, dass er nur kurz da blieb. Dazu passt auch 2,13, wo es von Jesus heißt, dass er wegen des bevorstehenden Passafests »hinaufzog nach Jerusalem«.

2.4.2 Der Weg von Jerusalem zurück nach Kapernaum

Folgen wir dem geographischen Schema des vierten Evangeliums noch für einen Moment: Nach dem Jerusalemaufenthalt, bei dem nach Johannes u. a. die sogenannte Tempelreinigung (2,14–22) und das Gespräch mit Nikodemus (3,1–21) stattfanden, hielt sich Jesus noch einige Zeit in Judäa auf und gewann dort auch Jünger, ehe die Pharisäer auf ihn aufmerksam wurden (vgl. 2,23; 3,22–4,2). Daraufhin zog er sich wieder nach Galiläa zurück und durchquerte dabei das Gebiet der Samaritaner (4,4ff.). Es folgt das Gespräch mit der Frau am Jakobsbrunnen in Sychar. Zwei Tage blieb Jesus an diesem Ort, und auch da kommen Menschen zum Glauben an ihn. Dann heißt es in 4,43: »Nach diesen zwei Tagen ging er von dort weg nach Galiläa.«

In Kana angekommen, erhält Jesus Besuch (4,46f.): ein königlicher Beamter bittet ihn nach Kapernaum »herabzukommen« um seinen kranken Sohn zu heilen. Jesus heilt den Sohn durch eine Fernheilung, d. h. auf der erzählten Ebene ist Jesus noch immer in Kana. Aber unmittelbar nach dem Abschluß dieser Heilung ist Jesus schon wieder auf dem Weg nach Jerusalem (5,1), weil dort »ein Fest der Juden« stattfindet. Dabei ist am ehesten an das Wochenfest (Shavuot, Pfingsten) zu denken, das 50 Tage nach Pessach gefeiert wird (Lev 23,15f.). Der Aufenthalt in Judäa und Samaria hätte dann etwa 4–5 Wochen gedauert, und Jesus wäre, kaum nach Galiläa zurückgekommen, alsbald wieder zu einem Fest nach Jerusalem aufgebrochen. Wegen einer Heilung am Sabbat kommt es in Jerusalem zu einem Konflikt mit den »Juden« bzw. »Judäern«, die von da an danach trachten, ihn zu töten

(5,18).[94] Was Markus sich in Kapernaum abspielen lässt, nämlich den Tötungsbeschluss gegen Jesus (Mk 3,6), lokalisiert das vierte Evangelium in Jerusalem. Nach einer längeren Verteidigungsrede verlässt Jesus die Stadt und hält sich, folgt man der johanneischen Chronologie, für fast ein dreiviertel Jahr am östlichen Ufer des Sees Genezaret auf, d. h. im Gebiet der Dekapolis und außerhalb der judäischen bzw. herodianischen Herrschaftsgebiete. Hier findet, in der Zeit kurz vor dem nächsten Passafest, die Speisung der 5.000 statt (6,4), und von hier fährt er anschließend über den See nach Kapernaum (6,17.24), wo er in der dortigen Synagoge die Rede über sich selbst als das Brot des Lebens hält (6,59), die auch unter seinen Jüngern eine Scheidung hervorruft (6,60ff.).

Anlass für diese »Flucht« über den See war der Wunsch der Menge, Jesus nach dem Brotwunder zum König zu machen (6,15a). Er machte aus Wasser Wein und nun Brot in Fülle, so dass 12 Körbe übrigblieben. Der Verweis auf die Mosetradition (Manna) und die 12 Stämme ist so deutlich, dass die Menge um Jesus in ihm nichts anderes als den verheißenen Befreier sehen konnte. Aber in dem Moment, wo die Menge die Initiative an sich reißen will, entzieht sich Jesus: »Erneut ging er davon, auf einen Berg, er allein« (6,15b). Was darauf am anderen Tag in der Synagoge von Kapernaum folgt, liest sich wie das Ergebnis dieser durchwachten Nacht. Man kann darum diese Reise von Jerusalem nach Kapernaum, von der Hauptstadt in die Provinz, als die Versuchungsgeschichte Jesu bei Johannes lesen: Er kann den Tempel und die Stadt mit

94 Einige neuere Ausleger schlagen vor, generell »Juden« durch »Judäer« zu ersetzen, aber das überzeugt nicht völlig. An manchen Stellen ist dies jedoch durchaus bedenkenswert.

Gewalt reinigen, die Samaritaner gewinnen, die Mächtigen leiden machen und sich durch öffentliche Speisungen die Unterstützung der Bevölkerung sichern. Er hat Macht über Menschen und Dinge. Er kann Israels Messiaskönig werden, der mit »eisernem Stab« Gerechtigkeit und Vergeltung bringt. Eine jüdische Sammlung von Psalmen aus dem ersten Jahrhundert vor Christus, die in Stimmung und Theologie sehr gut zu den Vorstellungen passen, die wir für die Familie von Jesus und Jakobus annehmen dürfen, endet mit dem Ausblick auf den zukünftigen davidischen Messiaskönig. Darin heißt es:

> Siehe, Herr, und richte ihnen ihren König auf, den Sohn Davids,
> zu der Zeit, die du, Gott, bestimmt hast,
> als König zu herrschen über Israel, deinen Knecht.
> Umgürte ihn mit Stärke, zu vernichten ungerechte Herrscher,
> zu reinigen Jerusalem von den Heidenvölker, die es vernichtend zertreten,
> in weiser Gerechtigkeit zu verstoßen die Sünder vom Erbe,
> zu zerschlagen die Überheblichkeit des Sünders wie Töpfergefäße,
> mit eisernem Stab sie völlig zu zerschlagen,
> zu vernichten gesetzbrecherische Heidenvölker durch das Wort seines Mundes,
> durch seine Drohung die Völker in die Flucht zu schlagen, weg von seinem Angesicht,
> und zu überführen die Sünder durch die Überlegung ihrer Herzen.[95]

---

95 Psalmen Salomos 17,21–25. Der Text ist Teil der meisten Septuaginta-Ausgaben, die Übersetzung ist entnommen aus Septu-

Der mit Stärke und Gewalt geführte Kampf gegen die fremden Herrscher nach außen sowie gegen die Sünder und Bedrücker des Volkes nach innen ist die Aufgabe, die Israel von seinem Messias aus dem Haus David erwartet. Das ist, was Jakobus und die anderen Brüder, aber auch seine Mutter, von Jesus erwarten. Die einsame Nacht auf dem Berg im Gebet ist es, die in der Darstellung des Johannes darüber entscheidet, ob Jesus diesen Weg geht. Vielleicht ließ er sich in seinem Ringen mit Gott von Gedanken leiten, wie sie im nächsten Vers des zitierten Psalms (PsSal 17,26) zum Ausdruck kommen:

> Und er wird ein heiliges Volk versammeln, das er führen wird in Gerechtigkeit,
> und er wird die Stämme des Volkes richten, das geheiligt ist durch den Herrn, seinen Gott.

Wie kann »ein heiliges Volk« entstehen? Durch Bestrafung und Vertreibung der Sünder? Aber wo blieben diese dann? Gehören sie nicht auch zum Volk? Wir wissen nicht, was in Jesus vorging, aber die Rede, die er als Ergebnis dieser nächtlichen Retraite in der Synagoge von Kapernaum vortrug, kann als sein ganz eigenes »Messiasprogramm« verstanden werden (6,26–58). Es ist dies mit Abstand die provokanteste und herausforderndste Rede, die Jesus in den Evangelien zugeschrieben wird, indem er einerseits die Sorge um das irdische Brot fast völlig zurückweist (und damit auch die Hoffnungen auf einen Messias, der sich um irdische Belange kümmert), andererseits das ewige

---

aginta Deutsch. Das griechische Alte Testament in deutscher Übersetzung, hg. v. W. Kraus u. M. Karrer, Stuttgart 2009.

Leben und damit das eschatologische Heil an das Essen seines Fleisches und Trinken seines Blutes in einer fast kannibalistisch anmutenden Weise bindet. Durch den Glauben an den Sohn, an ihn, das ewige Leben haben (6,40) – das ist die provozierende Zuspitzung, mit der Jesus seine bisherige Anhängerschaft herausfordert.

Diejenigen, die an seinem Anspruch, das vom Himmel kommende Lebensbrot des göttlichen Vaters zu sein, Anstoß nehmen, protestieren mit dem Hinweis: »Ist dieser nicht Jesus, der Sohn des Josef, dessen Vater und Mutter wir kennen?« (6,32–42). Es ist dieselbe feine Ironie, die auch in 1,45 begegnete: man meint Jesus zu kennen, weil man Josef als seinen Vater zu kennen scheint. Aber gerade damit verkennen sie ihn, weil sie Jesu Zugehörigkeit zu seinem himmlischen Vater keinen Glauben schenken. Mit der Nennung von Vater und Mutter wird so die Aufmerksamkeit zurück auf den Anfang des Evangeliums gelenkt, indem erneut Familie und Herkunft argumentativ eine Rolle spielen.

Sollen wir uns also nach der Meinung des Johannes seine Mutter und Brüder unter den Zuhörern dieser Rede vorstellen? Verlegt Johannes den Konflikt zwischen der Familie und Jesus hierher an den See Genezareth? Je nachdem, welche Lesart man in Joh 2,12 wählt, ist die Familie hier noch ansässig (»*er* blieb nicht lange«) oder nicht (»*sie* blieben nicht lange«). Der Vers Joh 6,42 bildet die johanneische Parallele zu Mk 6,3, indem der Unglaube der ihm Nahestehenden das entscheidende Thema ist. Das Ende dieses Kapitels schildert eine Scheidung innerhalb des engeren Jüngerkreises (Joh 6,60–71). Nur wenige sind bereit, Jesus nach dieser Rede weiterhin zu folgen. Die hier geschilderte Situation in Kapernaum gleicht also in manchem dem, was wir bei den Synoptikern kennengelernt haben: die Ablehnung Jesu als von Gott gesandt geschieht unter Verweis auf seine Eltern (und bei den Synoptikern auch die Geschwister), während Jesus stattdessen auf den Willen seines himmlischen Vaters verweist (Joh 6,38–40.43–46). Allerdings ist das johanneische »Wir kennen sie« in Bezug auf die Eltern schwächer als das markinische »hier bei uns«. Aus der Situationsbeschreibung des Johannes ist also nicht eindeutig zu entnehmen, wo er sich zu diesem Zeitpunkt die Familie Jesu vorstellt. Die Geschwister Jesu sind in diesem Zusammenhang nicht erwähnt, aber sie tauchen kurz darauf noch einmal auf, ohne dass es dazu bei den Synoptikern eine Parallalerzählung gibt.[96]

2.4.3 »Denn seine Brüder glaubten nicht an ihn« (Joh 7,5)

In Kapitel 7 begegnen uns die Brüder noch einmal, aber auch hier ist es nicht einfach zu verstehen, was Johannes damit sagen will. Folgt man den johanneischen Zeitangaben, dann ist etwa ein halbes Jahr seit der Rede in Kapernaum vergangen und rund anderthalb Jahre seit Jesu letztem Jerusalembesuch. Da drängen nun plötzlich Jesu Brüder, sich seinen Jüngern in Judäa zu zeigen und zum Fest nach Jerusalem hinaufzuziehen. Ihr Argument: Wer in der Öffentlichkeit etwas gelten will, sollte nicht im Verborgenen wirken. »Offenbare dich selbst vor der Welt«, so fordern sie ihn auf, und der Evangelist kommentiert diesen Rat mit den Worten: »Denn seine Brüder glaubten nicht an

96 Auch das erinnert an Joh 2,1–12. Da sind zunächst nur Jesus, seine Mutter und die Jünger erwähnt (2,1f.), und in 2,12 kommen plötzlich auch noch seine Brüder dazu.

ihn« (7,5). Zu beachten ist die Ergänzung durch die Handschrift D und einige weitere Textzeugen: »*damals* glaubten sie nicht an ihn«. Jesus dagegen verwahrt sich gegen das Ansinnen, das ihm aus dem Kreis seiner Familie angetragen wird mit den Worten, »meine Zeit ist noch nicht da« (7,8), eine Antwort ähnlich der, die er seiner Mutter gab, als diese ihn in Kana zum Eingreifen aufforderte (2,4). Und wie in Kapitel 2 so nun auch hier: Erst lehnt Jesus ab, wozu ihm die Familienmitglieder geraten hatten, aber danach handelt er doch in genau dieser Weise: Er wirkt sein erstes Wunder in Kana und er macht sich hier, kurz nachdem er seine Brüder noch schroff abgewiesen hatte (7,8), doch »im Verborgenen« auf die Reise nach Jerusalem, die mit seinem Tod enden sollte. Nebenher erfahren wir aus Joh 7,10, dass seine Brüder schon vor ihm nach Jerusalem gezogen waren. Das gibt – neben den traditionsbewussten Namen – einen weiteren Einblick in das religiöse Leben der Jesusfamilie, das ganz offensichtlich (dabei Lukas 2,21 ff. bestätigend) auf Jerusalem und den Tempel zur Zeit der Wallfahrtsfeste ausgerichtet war, während in der Zeit dazwischen die Synagoge das geistliche Leben bestimmte.

2.5 Der Widerspruch der Familie gegen Jesus: Ein erstes Resümee

Versucht man die Texte der Evangelien nicht nur als einzelne Zeugnisse einander widersprechender Traditionen, sondern als zusammengehörende Teile eines Mosaiks zu lesen, dann erlauben sie in aller Vorsicht einige Rückschlüsse auf das Verhalten des Jakobus. Vorausgesetzt ist dabei, dass die Geburtsgeschichten von Jesus nicht nachträgliche Erfindungen sind, sondern Erinnerungen daran, dass sich mit seiner Geburt in dieser Familie große Erwartungen verbunden haben. Dabei geht es nicht um Einzelheiten, sondern um die Gewissheit innerhalb der Familie, dass Gottes Wirken mit dem neugeborenen Jesus in besonderer Weise verbunden ist. Wenn es sich bei der Familie Jesu um Nachkommen Davids handelte, und dies ist einhellige urchristliche Überzeugung von den ersten Bekenntnisformulierungen an (vgl. Röm 1,3), dann liegt es nahe, dass es die messianischen Hoffnungen auf einen künftigen Nachkommen Davids waren, die mit dem Neugeborenen verbunden wurden. Dabei sollte man sich die Familie Jesu nicht als eine moderne Kleinfamilie vorstellen, sondern eher als einen traditionsbewussten Familienclan, der ein religiöses Erbe hütete. In der Forschungsgeschichte wird vereinzelt vertreten, dass der Ortsname Nazareth einen Hinweis auf diese Familienideologie enthält, dergestalt dass es sich um eine Siedlung von Nazoräern handelte, d.h. eine bestimmte Gruppe, die diesen Ort besiedelte, gab ihm diesen Namen.[97] Nazoräer sind nach diesem Verständnis Anhänger oder Angehörige der Davididen, die auf das Kommen des in Jes 11,1–5 angekündigten »Sprosses« (hebräisch *Nezer*) warteten:

Und aus dem Baumstumpf Isais wird ein Schössling hervorgehen,
  und ein Spross (Nezer) aus seinen Wurzeln wird Frucht tragen.
Und auf ihm wird der Geist des Herrn ruhen,
  der Geist der Weisheit und der Einsicht,
der Geist des Rates und der Kraft,
  der Geist des Wissens und der Furcht des Herrn.

97 Ausführlicher dargestellt in Deines, Messiasanspruch, 97–99.

Und er wird die Furcht des Herrn atmen,
und er wird nicht richten nach dem, was seine Augen sehen,
und nicht entscheiden nach dem, was seine Ohren hören:
Den Machtlosen wird er Recht verschaffen in Gerechtigkeit,
und für die Elenden im Land wird er einstehen in Geradheit.
Und mit dem Knüppel seines Mundes wird er das Land schlagen
und mit dem Hauch seiner Lippen den Frevler töten.
Und Gerechtigkeit wird der Schurz an seinen Hüften sein
und Treue der Gurt um seine Lenden.[98]

Das ganze Kapitel Jesaja 11 ist hier von Belang, weil es zentrale Elemente der traditionellen Restaurationshoffnungen mitgeformt hat. Dazu gehören nicht nur die Aufrichtung eines gerechten Friedensreiches, das sogar die Tierwelt miteinschließt (11,6–8), sondern eben auch das Töten der Frevler in Israel (11,4b) und die Eroberung der feindlichen Nachbarvölker (11,14), womit zugleich die Rückkehr der in diese Länder zerstreuten Angehörigen des Gottesvolkes (Diaspora) verbunden war. Das Zentrum dieses universalen Heils ist Gottes heiliger Berg (11,9), der auch die Heiden anziehen wird (11,10).

Nimmt man eine solche Erwartung für das familiäre Umfeld Jesu an, und dafür sprechen etliche Hinweise in den neutestamentlichen Texten, die mit dem Jesusclan in Verbindung stehen (z. B. Lk 1,68–74; 24,19–21), dann versteht man, warum Jesus diesen Erwartungen nicht entsprach. Er ist zwar im Besitz des

98 Übers. Zürcher Bibel (2007).

Geistes Gottes, auch richtet er unabhängig und steht den Schwachen bei, aber die Frevler lässt er ungeschoren, ja er pflegt sogar eine auffällige, anstößige Gemeinschaft mit Sündern und Zöllnern, und der feurige Geist des Täufers lebt nicht in ihm weiter. Der die Sünde durch Ausrotten der Sünder überwindenden messianischen Zukunftsschau setzt Jesus die Ermöglichung zur Umkehr und Tischgemeinschaft mit den Sündern entgegen, weil er selbst bereit war, für die Sünden zu sterben (Jes 53,4f.); die national-restaurativen Erwartungen samt der Rückkehr der Diaspora ersetzte er durch die zentripetale Ausbreitung des Evangeliums hin zu den Völkern. Die zweifelnde Anfrage des Täufers, der nach der lukanischen Überlieferung ebenfalls mit dem davidischen Familienclan verwandt ist, kann darum auch als Anfrage der Familie Jesu gelesen werden: »Bist du der da kommen soll, oder sollen wir auf einen anderen warten?« Auch Johannes 1,45f. (»Was kann aus Nazareth Gutes kommen?«) bekommt eine ganz andere Bedeutung, wenn damit nicht einfach eine unbedeutende Ortschaft bezeichnet ist, sondern die Heimat der davidischen Nazoräer-Sekte, die auf »ihren« Messias hoffen. Basierend auf diese Überlegungen ergibt sich dann als mögliche Ereignisfolge:

1.) Die Mutter und die Brüder Jesu folgten ihm (zusammen mit seinen Jüngern) nach den ersten »Zeichen« nach Kapernaum. Dieser Ortswechsel (ob permanent oder vorübergehend kann offen bleiben) wird unmittelbar nach der Perikope über die Hochzeit in Kana erzählt (Joh 2,1–11), wo Jesus das erste Zeichen tat. Das Weinwunder kann in Beziehung zu Gen 49,11 gelesen werden, wo es vom zukünftigen (messianischen) Herrscher aus Juda heißt, dass er »seinen Esel an den Weinstock anbindet« und »sein Kleid im Wein«

wäscht.[99] Überlegenswert ist darum, ob es in der Familie eine erste Begeisterungswelle gab und sie (oder ein Teil davon) mit dem Sohn und Bruder ins verkehrsgünstiger gelegene und bevölkerungsreichere Kapernaum gezogen sind. Dabei können auch die Verheißungen aus Jesaja 8,23 (vgl. auch Ps 68,28) über das Land Sebulon und Naftali, wie es Mt 4,15f. voraussetzt, eine Rolle gespielt haben, wie es überhaupt zahlreiche Hinweise auf ein vertieftes Verständnis des Jesajabuches in der Jesusfamilie gibt.

2.) In dem »und / aber sie blieben dort nicht lange« (Joh 2,12) könnte dann ein erstes Scheitern oder Zurückziehen der Familie angedeutet sein, so dass diese sich nach den ersten Erfolgen bzw. nachdem Jesus sein eigenes Verständnis der ihm gegebenen Aufgabe stärker in Abgrenzung gegenüber den bestehenden Familienerwartungen profiliert hatte, abwandten.[100] Die Heimholungsszene, die in Kapernaum lokalisiert wird, stellt dann so etwas wie den letzten Versuch der Mutter und Brüder dar, Jesus zu bändigen, d.h. ihn zu ermahnen, seinen Weg in Gehorsam gegenüber den Traditionen des Volkes zu gehen, wie sie einerseits durch Tempel und Schriftgelehrsamkeit (Mk 3,22) und andererseits durch die eigene davidische Familienüberlieferung vertreten wurden. Als dies nicht gelingt, ziehen sie sich fürs erste zurück. Das würde erklären, wieso Johannes von seinen Brüdern sagen konnte, dass sie nicht an ihn glaubten (Joh 7,5) – »damals«! Das »nicht lange« aus Joh 2,12 wäre dann der Zeit-

99 Vgl. R. Deines, Jüdische Steingefäße und pharisäische Frömmigkeit, WUNT II / 52, Tübingen 1993, 275–277.

100 So schon W. Beyschlag (1823–1900), Der Brief des Jacobus, KEK 15, Göttingen [6]1897, 5. Sein Kommentar ist nach wie vor äußerst anregend.

raum, den ein Teil der Familie in Kapernaum als Teil des Jüngerkreises zubrachte. Die hier angestellten Überlegungen haben, das sei ausdrücklich eingeräumt, teilweise hypothetischen Charakter. Wir müssen uns angesichts der Evangelien eingestehen, dass wir nahezu keine Details über das Verhältnis von Jesus zu seiner Familie wissen. Die überlieferten Texte lassen zu große Lücken: Entweder, weil es für den damaligen Leserkreis keine Lücken waren, da sie das Fehlende wussten und in Gedanken einsetzen konnten, oder, weil es den Evangelisten auf diese Dinge nicht vorrangig ankam und gewisse Nachlässigkeiten darum nicht verwundern dürfen.

3.) Dass der Unglaube der Familie nicht das letzte Wort ist, lässt sich aus den ersten drei Evangelien nicht erkennen, aber zumindest bei Johannes steht Maria unter dem Kreuz ihres Sohnes, und bei Lukas gehören die Brüder Jesu samt der Mutter zur ersten Gemeinde in Jerusalem. Wie es zu dieser Umkehr kam, lässt sich nur aus dem kurzen Hinweis in 1Kor 15,7 erahnen, der Jakobus, nach dem bisherigen überraschend genug, als Auferstehungszeugen vorstellt. Offenbar ermöglichte erst die Auferstehung als Gottes Beglaubigung dem Jakobus und den anderen Familienangehörigen, dass sie den Weg von Jesus als den von Gott Gewiesenen zu akzeptieren bereit waren.

3. Jakobus in den Briefen des Paulus

Die literarisch ältesten Zeugnisse im Neuen Testament über den Herrenbruder Jakobus sind seine namentlichen Erwähnungen in den Paulusbriefen: In Gal 2,9 ist Jakobus der erstgenannte der drei »Säulen« (zusammen mit Petrus und Johannes) in der Jerusalemer Gemeinde, zu der er schon sehr früh dazugehörte. In Gal 1,18f. berichtet Paulus über seinen ersten Besuch in Jerusalem etwa drei Jahre nach seiner Hinwendung zu Christus als Israels Messias. Außer Petrus begegnete er keinem anderen Apostel außer »Jakobus, dem Bruder des Herrn«. Ebenfalls im Galaterbrief (2,11–14) erwähnt er die Auseinandersetzung, die er in Antiochien mit Petrus und seinem Missionspartner Barnabas hatte, nachdem ein oder mehrere Gesandte »von Jakobus« kamen und die Gemeinde in Bezug auf das gemeinsame Essen mit Nichtjuden verunsicherten. Darüber hinaus erwähnt Paulus Jakobus als Auferstehungszeugen in der berühmten Liste in 1Kor 15,3–8: »Danach erschien er Jakobus, danach allen Aposteln.« Insgesamt viermal ist Jakobus namentlich bei Paulus genannt, einmal kann er in die summarische Nennung der »Brüder Jesu« (1Kor 9,5) eingeschlossen sein. Das sieht auf den ersten Blick nicht sehr eindrücklich aus, ist es aber sehr wohl. Denn Paulus erwähnt insgesamt nur sehr wenige Namen aus dem Umfeld des Lebens Jesu und auch das nur in zwei seiner Briefe (Galater, 1Korinther). Häufiger als Jakobus ist aus dem Zwölferkreis lediglich Petrus erwähnt (10-mal), von den anderen kommt überhaupt nur Johannes einmal als dritter Säulenapostel vor (Gal 2,9).[101]

Im Folgenden werden die paulinischen Stellen in einer sachlichen Reihenfolge behandelt, wobei die Bio-

101 Paulus bevorzugt für Petrus den ihm von Jesus verliehenen Beinamen »Kephas« (Fels), den er in seiner aramäischen Form 8-mal verwendet (1Kor 1,12; 3,22; 9,5; 15,5; Gal 1,18; 2,9.11.14) und nur zweimal in der griechischen als Petrus (Gal 2,7f.). Dass Paulus den Zwölferkreis kennt, geht aus 1Kor 15,5 hervor, aber auch dies ist die einzige Erwähnung. Die Eltern von Jesus (mit Ausnahme von Gal 4,4) und Johannes der Täufer fehlen dagegen in den Briefen des Paulus.

graphie des Jakobus ausschlaggebend ist. Das bedeutet, dass am Anfang Jakobus als Auferstehungszeuge steht (1Kor 15,7), denn darauf beruht seine Stellung in Jerusalem, wie sie in Gal 1,19 und 2,9 zum Ausdruck kommt.

3.1 Jakobus als Auferstehungszeuge

Dass Jakobus in einer alten Liste der Auferstehungszeugen vorkommt, ist alles andere als selbstverständlich. Denn nach dem, was wir aus den Evangelien wissen, gehörte Jakobus gerade nicht zu den Anhängern seines Bruders während dessen Wirken in Galiläa. Wann die in 1Kor 15,7 bezeugte Begegnung mit dem Auferstandenen stattfand, geht aus dem Text nicht hervor, aber es ist wahrscheinlich, dass sie in die allererste Zeit nach Ostern zu datieren ist und in jedem Fall vor der Berufung des Paulus auf dem Weg nach Damaskus stattfand. Dafür spricht nicht nur die Erwähnung von Maria und *den Brüdern Jesu* in Apg 1,14 (s. u. 4.2), sondern auch die ausdrückliche Nennung von Jakobus als Auferstehungszeuge *vor* Paulus in der Liste 1Kor 15,3–8, bei der sich Paulus selbst als den letzten, unzeitigen und gleichsam verspäteten Augenzeugen der Auferstehung angibt. Für die Datierung der Paulusberufung gibt es gute Gründe, sie spätestens im Jahr 33, möglicherweise sogar schon 31 anzusetzen. Wenn Paulus sich nun zeitlich hinter Jakobus einreiht, dann ergibt sich aus diesen Angaben, dass Jakobus zu den unmittelbaren und direkten Auferstehungszeugen gehörte wie Petrus und die anderen Apostel. Wir können also davon ausgehen, dass zumindest ein Teil der Familie Jesu durch eine Auferstehungserfahrung dazu gebracht wurde, Jesus trotz der anfänglichen Zweifel als den von Gott gesandten Messias anzuerkennen bzw. – unter Aufnahme der oben angestellten

Überlegungen zum Herkunftsmilieu der Familie – wieder *neu* anzuerkennen. Die neutestamentlichen Texte geben zu diesem Geschehen abgesehen von 1Kor 15,7 keine nähere Auskunft. Erst das nichtkanonische Hebräerevangelium vom Ende des 1. oder dem Beginn des 2. Jahrhunderts bietet weitere Details (s. u. 3.1.2), dessen historische Relevanz aber wie schon so oft unsicher ist. Darum gilt es zuerst, die wenigen von Paulus mitgeteilten Informationen zu sichern.

3.1.1 Jakobus als Auferstehungszeuge im 1. Korintherbrief

In 1Kor 15,1 erinnert Paulus die Briefempfänger an die Zeit seiner die Gemeinde gründenden Predigttätigkeit in Korinth, genauer, an deren Inhalt: Er hat den Korinthern das Evangelium verkündigt, und sie haben es »angenommen« (griech. *paralambanō*). Das hier verwendete griechische Verb bezeichnet eine bewusste Traditionsvermittlung (so auch in 11,23 und Gal 1,9). Paulus »überlieferte« (griech. *paradidōmi*) den Korinthern etwas, was er selbst empfangen hatte (V. 3 und ebenfalls in 1Kor 11,23). Der Inhalt dieser Überlieferung sind knappe Aussagen, bei denen Jesus das Subjekt der Sätze ist: »Der Messias ist gestorben für unsere Sünden nach den Schriften; er ist begraben worden; er ist auferstanden nach den Schriften; er ist Kephas erschienen, dann den Zwölfen.« Während die Verse 3b–5 eine deutliche Struktur aufweisen, sind die Verse 6 und 7 weniger eindeutig Bestandteil der Formel und vom Vorangehenden stilistisch abgesetzt: Bis Vers 5 tragen Nebensätze die Hauptaussagen, in den Versen 6–7 sind es dagegen die Hauptsätze. Das von Paulus hier als Einleitung gebrauchte griechische Adverb *epeita* »danach« (womit nicht notwendig eine zeitliche Ordnung gemeint ist), verwendet er auch sonst um anzudeuten, dass nun innerhalb einer Aufzählung etwas folgt, das nicht genau dem Vorangehenden entspricht: »Danach erschien er mehr als 500 Brüdern auf einmal […], danach dem Jakobus, dann allen Aposteln. Als letztes von allem wie einer Nachgeburt erschien er auch mir.« In der Forschung besteht weitgehend Einigkeit darüber, dass zumindest die Verse 3b–5 eine vorpaulinische Bekenntnisformulierung darstellen[102], die Paulus an die von ihm gegründeten Gemeinden weitergegeben hat. Erneut ist es wichtig, die Chronologie zu beachten. Denn wenn diese Bekenntnissätze (einschließlich der in den Versen 6–7 angefügten Aussagen) bereits Bestandteil der Jesusgemeinschaften waren, ehe Paulus darin eine bedeutende Rolle spielte, dann sind sie nicht lange nach Jesu Tod entstanden und geben somit wieder, was von allen darin namentlich Genannten geglaubt und festgehalten wurde. Wenn man also Jakobus immer wieder ein »christologisches Defizit« vorwirft, dann ist daran zu erinnern, dass auch sein Name unter dem frühchristlichen Bekenntnis – zumindest in seiner erweiterten Fassung – steht, dass der Messias »für unsere Sünden gestorben […] und auferstanden ist«.

Doch welcher Jakobus ist hier überhaupt gemeint? Kann es einer aus dem 12er-Kreis sein? Unmöglich ist das nicht, denn auch Petrus wird gesondert genannt, obwohl er zu den Zwölfen gehört, zudem dürfte er auch unter den »500 Brüdern« und »allen Aposteln« eingeschlossen zu denken sein. Allerdings: Wer Kephas ist, das war nicht zweifelhaft und wussten wohl alle. Aber welcher Jakobus soll hier gemeint sein: Der

102 Eine Auflistung der unpaulinischen Wendungen bei W. SCHRAGE, Der erste Brief an die Korinther (1Kor 15,1–16,24), EKK VII/4, Neukirchen-Vluyn, 2001, 18.

Zebedaide? Oder der Sohn des Alphäus? Die besondere Herausstellung des Petrus lässt sich relativ leicht erklären und verständlich machen, aber dasselbe gilt nicht für Jakobus, wenn damit einer der zwölf Apostel gemeint sein sollte. Darum liegt es nahe, hier an den Herrenbruder Jakobus zu denken. Auch er hatte eine Begegnung mit dem Auferstandenen, und – so darf man wohl schließen – auch er erfuhr durch ihn seine *Beauftragung*. Denn trotz vieler Unterschiede ist den verschiedenen Auferstehungsberichten im Neuen Testament gemeinsam, dass damit nahezu immer ein Auftrag verbunden war.[103]

Dass Paulus an dieser Stelle Jakobus ausdrücklich nennt, ist durchaus von Bedeutung. Zur Zeit der Abfassung dieses ersten Briefs an die Korinther hat der durch Jakobus – in welcher Weise auch immer – ausgelöste Konflikt zwischen Paulus und Petrus in Galatien bereits stattgefunden, der von vielen als endgültiger Bruch des Paulus nicht nur mit Jerusalem und Jakobus, sondern auch mit Petrus und Antiochien verstanden wurde. Die Anerkennung der Auferstehungszeugenschaft von Petrus (die Paulus kaum bestreiten konnte) und von Jakobus (die Paulus hätte verschweigen können) zeigt jedoch, dass die Brücke zwischen Paulus, Petrus und Jakobus nie ganz zerbrochen war, was auch der letzte Besuch des Paulus in Jerusalem und bei Jakobus nahelegt (sog. Kollektenreise, Apg 21,15–26). Für Paulus könnte bei der Liste der Auferstehungszeugen zudem noch eine andere Tatsache im Hinblick auf den Herrenbruder wichtig gewesen sein.

---

103 Vgl. als Beispiel Mk 16,7; Mt 28,7 (die Frauen); Mt 28,16–20 (Missionsbefehl); Joh 21,15–19 (Petrus als Hirte); Gal 1,15–16 (Paulus als Völkermissionar).

Denn auch dieser gehörte – wie Paulus – zu denen, die nicht schon dem irdischen Jesus nachgefolgt sind und seinen Anspruch bezweifelt bzw. abgelehnt haben. Wie oben gezeigt sind die Berichte der Evangelien hier nicht völlig eindeutig, aber es lässt sich doch eine starke Tendenz – mit Ausnahme von Lukas – erkennen, dass Jakobus wie die anderen Geschwister Jesus während seines irdischen Wirkens ablehnte. Die Erscheinung vor Jakobus war dann aber ebenso unerwartet und »unverdient« wie die vor Paulus. Paulus könnte dies indirekt für seine eigene Autorität in Anspruch genommen haben. Denn wenn die Autorität des Jakobus als Leiter (und als Apostel, wenn Gal 1,19 so zu verstehen ist, dass Paulus hier auch Jakobus unter die Apostel rechnet) der Jerusalemer Gemeinde durch seine frühere Ablehnung Jesu nicht in Frage gestellt war – gehörte er doch zu den »Säulen« – so sollte man auch ihm, Paulus, nicht deshalb argwöhnisch begegnen, weil er nicht schon vor Ostern zu den Jüngern Jesu gehört hatte. Allerdings ist einschränkend zu beachten, dass es Paulus in 1Kor 15,3–8 nicht in erster Linie um die Autoritäts- oder Legitimationsfrage seines Apostolats geht, sondern um die Glaubwürdigkeit und die Historizität der Auferstehung Jesu als Grund für die zukünftige Auferstehung der Glaubenden.

3.1.2 Jakobus als Auferstehungszeuge im Hebräerevangelium

Nur: die brennende Frage, *wie* denn nun diese Begegnung zwischen Jakobus und seinem Bruder ausgesehen hat, wird in dieser kurzen formelhaften Wendung nicht beantwortet. Auch der Jakobusbrief trägt zur Auferstehungsfrage nichts bei. Was zunächst sehr ungewöhnlich erscheint, relativiert sich allerdings wieder, wenn man bedenkt, dass auch die Erscheinung des Auferstandenen vor Petrus, die nicht nur in 1Kor 15,5, sondern auch in Lk 24,34 bezeugt ist (und indirekt in Mk 16,7), im Neuen Testament ebenfalls nicht berichtet wird.[104] Es sind gerade diese ebenso offensichtlichen wie unerklärlichen »Lücken«, die in den nachapostolischen Evangelien aufgefüllt wurden. Für Jakobus wurde dabei ein Zitat aus einem der judenchristlichen Evangelien wirkungsgeschichtlich bedeutsam, von deren Existenz sich verworrene Kunde und einige Zitate bei den Kirchenvätern erhalten haben. Weder Anzahl, noch Name oder Herkunft derselben kann eindeutig geklärt werden. Ziemlich sicher ist jedoch, dass sie abhängig von den kanonischen Evangelien und wohl kaum vor dem 2. Jahrhundert entstanden sind.[105] Hieronymus zitiert in seiner schon erwähnten Schrift »Über die berühmten Männer« aus dem »Evangelium, das den Namen trägt *nach den Hebräern*« und von welchem er behauptet, dass er es »kürzlich ins Griechische und Lateinische« übersetzt habe (was gelegentlich bezweifelt wird, weil sich fast keine Spuren davon erhalten haben), die Stelle über die Erscheinung des Auferstandenen vor Jakobus (im folgenden Zitat markieren die Anführungszeichen »...« die Zitate aus dem HebrEv, die Zwischentexte stammen von Hieronymus):

---

104 Auch in den beiden dem Petrus zugeschriebenen Briefen, die in der neutestamentlichen Wissenschaft mehrheitlich als nicht von Petrus verfasst gelten, wird Petrus nicht als Auferstehungszeuge dargestellt, obwohl im ersten Brief die Auferstehung wiederholt erwähnt wird (1Petr 1,3.21; 3,21); im zweiten Brief wird er als Augenzeuge der Verklärung Jesu dargestellt (2Petr 1,16–18, vgl. Mk 9,1–8), aber eben nicht der Auferstehung.

105 Als Überblick s. J. Frey, Die Fragmente judenchristlicher Evangelien, AcA I/1, Tübingen 2012, 560–592.

»Als aber der Herr dem Diener des Priesters das feine Baumwolltuch überreicht hatte, ging er zu Jakobus und erschien ihm – Jakobus hatte nämlich geschworen, er werde von jener Stunde an, wo er er den Kelch des Herrn getrunken hatte, so lange kein Brot mehr essen bis er ihn von den Schlafenden aufstehen sähe«; und ein wenig später weiter: »Der Herr sprach: Bringt einen Tisch und Brot herbei«, und sogleich wird angefügt: »Er nahm das Brot, segnete es, brach es und gab es Jakobus dem Gerechten und sprach zu ihm: ›Mein Bruder, iss dein Brot, denn der Menschensohn ist von den Schlafenden auferstanden‹.«[106]

Das Zitat selbst ist ohne Kontext (das obige Zitat ist alles, was wir haben) leider nicht völlig verständlich. Das erwähnte Grabtuch verweist auf Joh 20,6f., gemeint ist wohl, dass der Auferstandene es dem Knecht des Hohenpriesters als Beweis seiner Auferstehung übergab. Vorausgesetzt ist weiter, dass dieser es dem Hohenpriester bringt und so Jesu Auferstehung auch diesem bezeugt. Das ist ein wichtiges Element, weil in den kanonischen Evangelien die »Beweise« für die Auferstehung Jesu ausschließlich den Jüngern gegeben werden und nicht solchen, die Jesus ablehnten. Erscheinungen zugunsten des jüdischen Volkes gehören darum am ehesten zum weiteren Kreis jener judenchristlichen Jakobustraditionen, die das anhaltende Bemühen illustrieren, das jüdische Volk und seine führenden Vertreter für Jesus als Messias zu gewinnen.[107]

106 Hieronymus, Berühmte Männer II 12–14; J. Frey, Die Fragmente des Hebräerevangeliums, AcA I/1, Tübingen 2012, 604f. Nr. 5.

107 Ein weiteres Zeugnis für dieses Bemühen findet sich in mittelalterlichen Zeugnissen in Bezug auf das Nazoräerevangelium, das ebenfalls zu den judenchristlichen Evangelien aus dem

Erst nachdem der Hohepriester informiert wurde, erscheint Jesus seinem Bruder Jakobus. Es wird zwar nicht angegeben, wie dies genau geschah, aber wir erfahren den Grund, warum Jesus zuerst seinem Bruder erschien: Dieser hatte ein Gelübde abgelegt, nichts mehr zu essen und zu trinken »von jener Stunde an, in der er den Kelch des Herrn getrunken hatte« bis er den Auferstandenen gesehen hätte. Diese Situation setzt zweierlei voraus: Erstens, dass Jakobus bei der Einsetzung des Abendmahls anwesend war, woraus zweitens folgt, falls man den synoptischen Rahmen für diese Erzählung wörtlich nimmt, er zu den Zwölf gehörte, was, wie oben gezeigt, für Hieronymus, dem wir dieses Zitat verdanken, sachlich durchaus richtig ist. Damit wäre zugleich der »Makel« seines früheren Unglaubens getilgt. Die späteren Paralleltraditionen dieser Episode, die allerdings wohl allesamt abhängig von Hieronymus sind, benennen diesen Jakobus daher auch z.T. deutlicher als »Jakobus den Kleinen« bzw. als »Jakobus, Sohn des Alphäus« und setzen damit die oben beschriebenen Identifizierungen des Jakobus innerhalb der westlichen, katholischen Tradition voraus.

Eine andere Möglichkeit ist, dass der Autor dieses judenchristlichen Evangeliums die Teilnahme des Jakobus am Passamahl als eine Art Selbstverständlichkeit voraussetzt, weil Familien es immer gemeinsam feierten. Aus Lk 2,41 und Joh 7,10 geht hervor, dass die

---

2. Jh. gehört. Dort wird im Anschluss an das Gebet Jesu am Kreuz, »Vater vergib ihnen, denn sie wissen nicht, was sie tun« (Lk 23,34), gesagt: »Auf dieses Wort des Herrn wurden viele Tausende der um das Kreuz stehenden Juden gläubig«. Texte bei J. Frey, Die Fragmente des Nazoräerevangeliums, AcA I/1, Tübingen 2012, 643f. Nr. 11a-c.

Familie Jesu regelmäßig und offenbar im Familienverband zu den Wallfahrtsfesten nach Jerusalem pilgerte. Das impliziert, dass auch das Festmahl gemeinsam gehalten wurde. Die Osterberichte machen ferner deutlich, dass auch Frauen aus dem Kreis um Jesus mit in Jerusalem waren, wobei es sich, wie oben zu Lk 24,22 diskutiert, um die Ehefrauen des Jüngerkreises gehandelt haben kann. Es ist also durchaus vorstellbar und sogar wahrscheinlich, dass nicht nur Jesus und die Zwölf das Passamahl miteinander feierten, sondern auch deren Familien, die von den Evangelisten einfach weggelassen wurden. Dann könnte Jakobus an diesem Punkt, als er sah und hörte, wie Jesus bereit war sein Leben zu einem neuen Sühnopfer hinzugeben, begonnen haben, ihm zu glauben. Ausdruck dieses Glaubens wäre dann das Gelübde gewesen, auf Nahrung zu verzichten, bis sich die messianischen Hoffnungen Jesu erfüllt hätten.

Jakobus ist nach diesem Text von der Auferstehung seines Bruders so überzeugt, dass er dieses Gelübde in Anlehnung an Jesu eigene Worte über das zukünftige Trinken »vom Gewächs des Weinstocks im Reich Gottes« auf sich nimmt.[108] Er ist es darum auch, der beim von Jesus angekündigten zukünftigen Mahl im Reich Gottes als erster das Brot bekommt. Dass hier nur Brot erwähnt wird, während in der Ankündigung bei Markus und Matthäus nur vom Wein die Rede ist und bei Lukas vom Essen des Passalammes inklusive Brot und Wein, zeigt die relative Unabhängigkeit dieser Tradition von der synoptischen. Die größte Nähe besteht zur lukanischen Überlieferung, da bei der Erschei-

108 Mk 14,25; Mt 26,29; Lk 22,16.18. Das Enthaltsamkeitsgelübde von Jesus und Jakobus erinnert an ein Nasiräergelübde, vgl. dazu oben A 2.3.2.

nung des Auferstandenen vor den Emmaus-Jüngern ebenfalls das Brotbrechen (Lk 24,30) im Vordergrund steht. Zudem ist das »Brotbrechen« eines der Kennzeichen der Jerusalemer Urgemeinde (Apg 2,42). Weiter bemerkenswert an diesem Text ist, dass Jakobus erst bei seiner dritten Nennung den Titel »der Gerechte« trägt, der wie oben gezeigt, gerne als Ausweis für die besondere Torafrömmigkeit herangezogen wird. Falls die Verwendung an dieser Stelle jedoch bewusst erst *nach* dem Gelübde des Jakobus und seiner Erfüllung durch Jesus erfolgte, dann ist der Titel des »Gerechten« mit seiner festen Gewissheit auf die zukünftige Auferstehung seines Bruders verbunden.

3.2 Jakobus im Galaterbrief (1,19; 2,9.12)

Paulus begegnete Jakobus spätestens während seinem ersten Besuch bei Petrus, als er drei Jahre nach seiner Bekehrung zu Christus Jerusalem besuchte (Gal 1,18f.). Dieser Besuch fand, je nachdem welcher Paulus-Chronologie man folgt, zwischen 32 und 42 n. Chr. statt, wobei die Mehrheitsmeinung ein Datum um die Mitte der dreißiger Jahre oder etwas früher vertritt.[109] Zu dieser Zeit gehörte Jakobus also zu den Mitgliedern der Jerusalemer Gemeinde, aber erst im Zusam-

---

109 Vgl. die Übersicht bei R. Riesner, Die Frühzeit des Apostels Paulus, WUNT 71, Tübingen 1994, 2–26, der selbst eine Datierung des ersten Jerusalem-Besuchs in die Zeit 33/34 n. Chr. vertritt (286). Für das späte Datum argumentiert Reinmuth, Paulus, 43. M. Hengel, Der unterschätzte Petrus, Tübingen 2006, 221 (vgl. ders. und A. M. Schwemer, Paulus zwischen Damaskus und Antiochien, WUNT 108, Tübingen 1998, 473; zum Besuch des Paulus in Jerusalem s. ebd. 214–236), nimmt dagegen das Jahr 36 an. In der Apostelgeschichte findet sich ein Parallelbericht (9,26–30), dort ist Jakobus jedoch nicht erwähnt.

menhang mit dem Besuch »14 Jahre später« (Gal 2,1.9) wird Jakobus zu den »Säulen« neben Petrus und Johannes gerechnet.

3.2.1 Der Herrenbruder als Apostel (1,19)

Paulus war nach Jerusalem gekommen um Petrus zu treffen und sich mit ihm über theologische, historische und wohl auch organisatorische Fragen der sich im Entstehen befindenden Gemeinden auszutauschen. Dafür blieb er 15 Tage »bei ihm« (Gal 1,18). An anderen Gesprächspartnern hatte Paulus erkennbar wenig Bedarf und Interesse (oder sie nicht an ihm): »Einen anderen der Apostel sah ich nicht, außer Jakobus, den Bruder des Herrn« (V. 19). Das griechische Wort für »außer« kann so verstanden werden, dass es eine Ausnahme aus der vorher genannten Bezugsgruppe ausdrückt: »Einen anderen der Apostel sah ich nicht mit der Ausnahme von Jakobus.« Es kann aber auch so verstanden werden, dass es auf etwas anderes Bezug nimmt (eher im Sinne von »allerdings« oder »jedoch«): »Einen anderen der Apostel sah ich nicht, allerdings den Jakobus, den Bruder des Herrn.«

Ob Paulus hier Jakobus den Aposteltitel zubilligt, ist nicht eindeutig zu entscheiden. Beide Positionen werden in der wissenschaftlichen Literatur mit guten Gründen vertreten.[110] Falls Paulus seinem eigenen

110 Zur Diskussion der verschiedenen Meinungen s. J. ROHDE, Der Brief des Paulus an die Galater, ThHKNT 9, Berlin 1989, 66–69; umfassend über die Entwicklung des Apostelbegriffs informiert J. FREY, Paulus und die Apostel. Zur Entwicklung des paulinischen Apostelbegriffs und zum Verhältnis des Heidenapostels zu seinen »Kollegen«, in: Biographie und Persönlichkeit des Paulus, hg. v. E.-M. Becker u. P. Pilhofer, WUNT 187, Tübingen 2005, 192–227, der es für wahrscheinlich hält, dass Jakobus hier als »Apostel« mitgemeint ist (205).

Sprachgebrauch folgt, dann kann Jakobus so gut wie er selbst als Apostel bezeichnet werden. Wenn er hier jedoch die engere, in Apg 1,21 f. formulierte Definition anwendet (die er sonst aber abzulehnen scheint), wonach Apostel nur sein kann, wer aus dem Kreis der Männer kommt, die »während der ganzen Zeit, als der Herr Jesus mit uns aus- und eingegangen ist, dabei gewesen sind, angefangen bei der Taufe des Johannes bis zu dem Tag, als er vor uns in den Himmel hinweg genommen worden ist«, dann ist Jakobus nur teilweise qualifiziert. Er ist zwar Auferstehungszeuge, aber nicht in derselben Weise auch Zeuge für das irdische Wirken Jesu, das er nur aus ablehnender Distanz wahrnahm. Eindeutig ist jedenfalls, dass Paulus an dieser Stelle zwischen den Angehörigen des Zwölferkreises (für die Petrus steht) und dem weiteren Kreis der Apostel unterscheidet, für die Jakobus repräsentativ ist und zu denen er auch sich selber rechnet.

Dass Jakobus hier genannt wird, obwohl er zum Zeitpunkt des ersten Besuchs des Paulus in Jerusalem schwerlich schon eine bedeutende Rolle in der Gemeinde innehatte, ist in erster Linie dem Anliegen des Galaterbriefes geschuldet. Die auffällige dreimalige Erwähnung des Jakobus erlaubt die Vermutung, dass die Gegner des Paulus sich durch Bezug auf Jakobus zu legitimieren versuchten (vgl. 2,12). Demgegenüber hebt Paulus hervor, dass er Jakobus schon sehr früh kennen lernte (1,19), er seine Stellung in Jerusalem respektiert und seinen Dienst in Übereinstimmung mit ihm tut (2,9), aber dennoch – wenn es um die Wahrheit des Evangeliums geht, auch vor einem Konflikt mit ihm bzw. denen, die sich auf ihnen berufen, nicht zurückschreckt (2,12).

Abb. 14: Petrus (links) und Jakobus. Auf den Spruchbändern stehen die Verse 2 Petr 1,16 und Jak 3,14. Vorsatzbild in MS Harley 5789 (f. 1v), um 1700.

3.2.2 Jakobus als »Säule« der Jerusalemer Gemeinde (2,9)

Die zweite Jakobusstelle im Galaterbrief ist Teil des zusammenhängenden Berichts dessen, was »nach 14 Jahren« stattfand (Gal 2,1–10). Auch hier ist die zeitliche Ansetzung unsicher, und es besteht eine ähnliche Spanne wie beim ersten Jerusalembesuch des Paulus. Die Interpretation dieser Stelle ist eng mit Apg 15,1–21, dem traditionellerweise als »Apostelkonzil« bezeichneten Ereignis, verbunden, obwohl man dasselbe

– um keine Vorstellungen von späteren Konzilien hier einzutragen – wohl besser »Apostelteffen« oder »Apostelkonvent« nennen sollte. Die Mehrheit der Ausleger sieht in Gal 2,1–10 und Apg 15,1–21 (oder nur bis 15,12) dasselbe Ergebnis berichtet, die anderen interpretieren es als Verweis auf den Besuch des Paulus und Barnabas in Jerusalem, der in Apg 11,30; 12,25 erwähnt wird und einige Jahre vor dem geschilderten Treffen von Apg 15 stattfand. Es geht dabei ganz grundsätzlich um die Fragen nach der historischen Glaubwürdigkeit der Apostelgeschichte, der Datierung des Galaterbriefes (vor oder nach dem Apostelteffen), und darum, wie der in Gal 2,11–14 beschriebene Konflikt zwischen Petrus und Paulus wegen Jakobus (der sog. Antiochenische Zwischenfall) zu den getroffenen Jerusalemer Vereinbarungen passt. War er Auslöser oder Nachhall des Apostelteffens? Mit letzterer Frage verbunden ist ferner, ob die in Apg 15,22 ff. beschriebenen Beschlüsse (mit den vier sogenannten Jakobusklauseln) historisch Bestandteil des Apostelteffens waren oder ob diese erst von Lukas nachträglich mit ihm verbunden wurden. Hat Jakobus, wankelmütig und dem Druck der pharisäischen Hardliner nachgebend, die Vereinbarung von Apg 15 im Nachhinein eigenmächtig wieder aufgekündigt? Oder hat er den ursprünglichen Beschluss von Anfang an nur halbherzig mitgetragen, und dann, als Paulus und die anderen noch kaum abgereist waren, in eigener Vollmacht aufgehoben bzw. mit weiteren Bestimmungen nachträglich verwässert? Diese Lesart ist besonders bei denen verbreitet, die Jakobus einer strengen, die kultischen und rituellen Gebote miteinschließenden Gesetzesobservanz verpflichtet sehen und ihm zudem eine kritische Position zu Paulus und dessen Theologie zuschreiben.

Entscheidend sind dabei Datierungsfragen, bei denen es aber keinen Forschungskonsens gibt, weil die zur Verfügung stehenden Informationen verschieden interpretiert werden können. Zumeist wird der von Paulus in Gal 1,13–2,14 dargestellten Ereignisfolge der Vorzug vor Lukas gegeben, weil es sich um einen autobiographischen Bericht handelt. Die jüngste Forschungsgeschichte zu diesem Fragenknäuel, der zu den am meisten diskutierten und umstrittensten historischen Problemen der neutestamentlichen Wissenschaft zählt, hat 568 Seiten[111], ohne dass die Probleme damit gelöst wären. Auch dieser Beitrag zu Jakobus wird die Frage nicht lösen können (zu der hier vertretenen Chronologie s. unten 3.3).

3.2.2.1 Die Situation des Paulus bei der Abfassung des Galaterbriefs

Paulus steht in diesem Schreiben an die Galater unter Druck. Die von ihm und Barnabas auf der ersten Missionsreise gegründeten Gemeinden wurden nach ihrer Abreise von anderen jüdischen Missionaren besucht, die seinem Urteil nach »ein anderes Evangelium« verkündigten. Zentrale Forderungen der paulinischen Konkurrenten waren die Beschneidung und als Folge davon die Einhaltung des jüdischen Gesetzes. Eines der Argumente, das sie offensichtlich gegen Paulus und seine Verkündigung vorbrachten, war, dass seinem »Evangelium« etwas fehle, und das wurde – so kann man aus der rhetorischen Strategie des Paulus schließen – untermauert durch den Vorwurf, nicht zu

111 H. Zeigan, Aposteltreffen in Jerusalem. Eine forschungsgeschichtliche Studie zu Galater 2,1–10 und den möglichen lukanischen Parallelen, ABG 18, Leipzig 2005, vgl. knapp auch Böttrich, Petrus, 195–211.

den Nachfolgern Jesu gehört zu haben. Wie konnte er wissen, was Jesus wollte, wenn er ihn doch nie gehört hatte? Da Paulus nur in diesem Brief relativ ausführlich auf seine Hinwendung zum Glauben an Jesus eingeht, kann man ferner annehmen, dass seine plötzliche Konversion ebenfalls als Argument gegen ihn gebraucht wurde. Aus historischer Perspektive ist dies ein Glücksfall, weil dadurch autobiographische Daten für Paulus zur Verfügung stehen, die es erlauben, seine eigene Beurteilung dessen, was vor Damaskus geschehen ist, zu erfahren.

Man muss allerdings auch hier methodische Vorsicht walten lassen, denn auch persönliche Bekenntnisse, zumal in einer Konfliktsituation, bei der man andere zu überzeugen sucht, können tendenziell erzählt werden. Generell gilt, dass antike Biographien mehr an den für eine Person typischen Ereignissen als an einer genauen Chronologie interessiert sind. Auch sollte man nicht vergessen, dass es in der damaligen Welt viel weniger Möglichkeiten gab, Ereignisabläufe kalendarisch im Nachhinein genau zu rekonstruieren. Einen elektronischen Terminkalender gab es ebenso wenig wie ein Tagebuch, und auch einen schriftlichen Lebenslauf wird Paulus nicht geführt haben. Unsere heutigen Möglichkeiten, über gedruckte oder elektronische Enzyklopädien innerhalb Sekunden fehlende Informationen (etwa »Wer war 1972 Bundeskanzler?« oder, »Wo haben wir vor 13 Jahren Urlaub gemacht?«) zu ergänzen, gab es nicht. Man war auf das eigene Gedächtnis und die Vertrauenswürdigkeit und Ehrlichkeit der Gesprächspartner angewiesen, denn auch die Gemeinden in Galatien hatten ja keinerlei Möglichkeit, die Angaben des Paulus (oder die seiner Gegner über ihn) zu überprüfen. Sie konnten nur wieder andere fragen, die dabei waren und deren Bericht mit dem vergleichen, was sie selbst wussten. Angaben von Zeiträumen sind darum immer mit einer gewissen Vorsicht zu betrachten, wobei persönliche Daten viel eher ungenau sein konnten als die offiziellen, da über die Regierungsjahre von Kaisern, Konsuln etc. genauere Angaben vorlagen.

3.2.2.2 Der »Beschneidungskonvent« aus der Sicht des Paulus

Wichtig ist, dass Paulus, als er den Brief an die Galater schrieb, die Jerusalemer Gesprächspartner mit drei Namen kennzeichnet: Jakobus, Kephas und Johannes (2,9). Welche Absicht sich hinter dieser Reihenfolge verbirgt, kann nur vermutet werden und hängt zudem von der Entscheidung bezüglich der chronologischen Details ab. Wenn der hier beschriebene Vorgang identisch ist mit dem in Apg 15 erwähnten Apostelteffen, dann dürfte Jakobus zuerst genannt worden sein, weil er zu dieser Zeit der Leiter der Jerusalemer Gemeinde war. Petrus (Kephas) hatte die Stadt nach seiner Verhaftung durch Agrippa I. und seine wundersame Befreiung durch einen Engel verlassen (Apg 12,17) und war darum – wie auch Paulus selbst – wohl nur besuchsweise zurück in der Stadt. Johannes steht zuletzt, weil er keine erkennbare, aktive Rolle in dieser Sache hatte. Denkbar ist allerdings auch, dass Jakobus zuerst steht, weil er offensichtlich der Gewährsmann jener war, die in den galatischen Gemeinden für Unruhe sorgten, so dass Paulus ihn in seiner Argumentation sehr sorgfältig platzieren musste. Nachdem er ihn den Galatern bereits als »Bruder des Herrn« vorgestellt hatte, ist es besonders wichtig, ihn für die Zurückweisung der Beschneidungsforderung auf seiner Seite zu haben.

Aber Paulus nennt nicht nur die Namen der Gesprächspartner auf Jerusalemer Seite, sondern er bezeichnet sie als »Säulen« und als solche, die »das Ansehen hatten«. Diese Aussage wird kontrovers verstanden, darum die Verse hier zunächst im Zusammenhang (Gal 2,1 ff.):

Dann, nach 14 Jahren, zog ich wieder hinauf nach Jerusalem mit Barnabas, zudem nahm ich Titus mit. Ich zog aber aufgrund einer Offenbarung hinauf. Und ich legte ihnen das Evangelium vor, welches ich unter den Völkern verkündige, in privater Unterredung mit den Angesehenen, damit ich nicht ins Leere laufe oder gelaufen bin. Aber selbst Titus, der mit mir war, obwohl er ein Grieche ist, wurde nicht genötigt sich beschneiden zu lassen. Wegen den sich eingeschlichenen Falschbrüdern aber, welche heimlich hereinkamen, um unsere Freiheit auszuspäen, die wir im Messias Jesus haben, so dass sie uns versklaven könnten, – ihnen haben *wir* nicht für eine Stunde nachgegeben durch Unterordnung, damit die Wahrheit des Evangeliums für euch erhalten bliebe. Von denen aber, die als »die Angesehenen« etwas darstellten (was sie einstmals waren macht für mich keinen Unterschied – bei Gott gibt es keine Parteilichkeit) – sie, »die Angesehenen«, haben mir nämlich nichts zusätzlich auferlegt, sondern im Gegenteil, […] (für die Fortsetzung s. weiter unten).

Die von Paulus repräsentierte Delegation umfasste außer ihm Barnabas (2,1.9) und Titus, »ein Grieche«, von dem er ausdrücklich sagt, dass dieser nicht gezwungen wurde, sich beschneiden zu lassen. In der Darstellung des Paulus ging es also bei diesem Jerusalembesuch vorrangig um die drängende Frage der Beschneidung der Heidenchristen, wie sie von den eingeschlichenen »Falschbrüdern« gefordert worden war (2,4; 5,2–6.11–12; 6,12, vgl. Apg 15,1.5). Damit einher gingen zweifellos noch weitergehende Forderungen bezüglich des mosaischen Gesetzes, da aus jüdischer Perspektive die Beschneidung der Anfang eines vollumfänglichen Gesetzesgehorsams ist, wogegen Paulus hier die Freiheit hervorhebt, »die wir in Christus Jesus haben.« Er betont zudem, dass er »aufgrund einer Offenbarung« kommt, d. h. es ist Gottes ausdrücklicher Wille, dass in dieser Frage zwischen den führenden Gestalten der jungen Christengemeinden Einigkeit erzielt wird. Zugleich hebt er damit hervor, dass er nicht nach Jerusalem reiste, weil »die Angesehenen« ihn dazu aufgefordert, ihn sozusagen »vorgeladen« hatten.

In Vers 2 sehen viele Ausleger (beeinflusst vor allem von dem angenommenen Parallelbericht in Apg 15,4 f.) zwei Versammlungen beschrieben: Zuerst ein Treffen mit der ganzen Jerusalemer Gemeinde, und danach eine private Unterredung mit dem engsten Führungskreis. Hält man sich dagegen ausschließlich an den Text des Galaterbriefes, dann ist nur von *einem* Treffen in einem kleinen Kreis die Rede, d. h. nur die Gemeindeverantwortlichen sind da und nicht die ganze Gemeinde. Nur so macht die Bemerkung Sinn, dass sich in diesen Kreis einige »Falschbrüder« eingeschlichen hätten. Das ist ein schwerwiegender Vorwurf. Darin spiegelt sich etwas von den Spannungen in Jerusalem ab Mitte der vierziger Jahre des 1. Jahrhunderts wieder, als die Grenzen zwischen jüdischer und protochristlicher Gemeinde sich allmählich abzuzeichnen begannen. Dadurch gerieten die Jesusanhänger aufgrund des zunehmenden jüdischen Nationalismus, der sich gegen die Römer im Besonderen, aber zugleich gegen alle nichtjüdischen Fremden richtete, immer mehr unter Druck (s. unten 3.2.5.2). Wer gehörte dazu, wer war nur interessiert, und wer mag für andere seine Ohren gespitzt haben? Für Paulus stand dabei die Freiheit der Gemeinde, insbesondere der von ihm und Barnabas gegründeten heidenchristlichen Missionsgemeinden auf dem Spiel. Darum betont er, dass auf Titus kein Zwang ausgeübt wurde – und man muss wohl mithören: selbst in Jerusalem nicht, dem Zentrum der Jakobusleute und ziemlich sicher auch dem Ort, auf den sich die beriefen, die in den galatischen Gemeinden für Unruhe sorgten. Wer ist mit dem »wir« gemeint (Verse 4–5), das diesen Falschbrüdern unnachgiebig gegenüber stand? Sicherlich Paulus und Barnabas, aber sollte man »die Angesehenen« hier nicht auch miteinschließen? Sieht man sich die Fortsetzung an, dann kommt es zwischen diesen Personen zu einem feierlich bekräftigten Beschluss, der die beschneidungsfreie Mission ohne Einschränkungen akzeptiert:

Als sie (= »die Angesehenen«) sahen, dass mir das Evangelium für die Unbeschnittenen (wörtlich: »der Vorhaut«) anvertraut ist wie Petrus für die Beschnittenen (wörtlich: »der Beschneidung«) – denn der, der Petrus zum Apostedienst der Beschneidung befähigte, befähigte auch mich für die Völker –, und weil sie die mir gegebene Gnadengabe (an)erkannten, gaben Jakobus und Kephas und Johannes, die als Säulen angesehen waren, mir und Barnabas die rechte Hand zur Gemeinschaft (d.h. zum Zeichen des Einverständnisses), so dass wir für die Völker, sie aber für die Beschneidung (zuständig wären).

Es sind also die »Angesehenen« *und* die beiden Antiochener Missionare Barnabas und Paulus, die die Wahrheit des Evangeliums zu Gunsten der Heidenchristen bekräftigen. Dass Paulus diese Versammlung als nichtöffentlich charakterisiert, kommt ihm in seiner Verteidigung gegen die Galater entgegen. Denn damit impliziert er, dass diejenigen, die gegen seine Arbeit vorgehen, entweder zu den Falschbrüdern gehören, oder aber gar nicht wissen können, was verabredet wurde, da sie bei diesem Treffen ja gerade nicht dabei waren. Das passt auch zu dem Bericht vom ersten Besuch in Jerusalem, als Paulus außer Petrus nur noch Jakobus traf. Damit ist ebenfalls impliziert, dass er sich mit den Hauptpersonen ins Einvernehmen gesetzt hat, während alles andere, das möglicherweise erzählt wird, nichts als Gerüchte sind.

3.2.2.3 Jakobus als einer der »Säulen« und »Angesehenen«

Damit ist auch die alte Streitfrage entschieden, ob Paulus mit der vierfach wiederholten, auffälligen Bezeichnung »die Angesehenen« (zweimal in Gal 2,2 und je einmal in 2,6 und 9) die so Bezeichneten eher ironisierend bloßstellen wollte oder er in ihnen tatsächlich »die Säulen« der Jerusalemer Gemeinde sah, die in hohem Ansehen standen. Denn sein Argument gegenüber den Galatern hat nur dann Gewicht, wenn seine Übereinstimmung in der Tat mit den angesehenen Führern der Jerusalemer Gemeinde getroffen wurde.[112] Der Hinweis darauf, dass es ihn nicht kümmere, was sie einst gewesen sind, kann verschieden interpretiert werden: Die früheren galiläischen Fischer Petrus und Johannes, ersterer ein Verleugner seines Herrn, und beide insgesamt keine adäquaten Gesprächspartner für einen Jerusalemer Spitzentheologen (vgl. Gal 1,14), dazu Jakobus, der zunächst ableh-

112 Bei dem jüdischen Historiker Josephus findet sich derselbe Sprachgebrauch, z. B. Jüdische Altertümer XIX 307; Jüdischer Krieg I 114.648 u. ö.

nend gegenüber der Sendung seines Bruders war – Paulus macht einerseits deutlich, dass er sich trotz seiner »Vorgeschichte« als Verfolger in diesem Kreis nicht allzu sehr zu verstecken braucht. Andererseits bezeugt er damit, dass er die üblichen Schranken zwischen Gelehrten und den angeblich Ungebildeten (vgl. Apg 4,13) hinter sich gelassen hat (die ihn zur Zeit seiner Verfolgertätigkeit möglicherweise mit angetrieben hatten, vgl. 1Kor 1,18–29). Er betont stattdessen: Gott sieht die Person nicht an, d.h. Gott ist nicht parteiisch oder nachtragend, ein Gedanke, der im Neuen Testament außer bei Paulus (Röm 2,11) nur noch für Petrus (Apg 10,34) und im Jakobusbrief (2,1–9) bezeugt wird, d.h. genau die drei Personen, die hier zu gemeinsamer Beratung zusammen sind.[113] Sie alle wissen, besser vielleicht als alle anderen, dass sie nur darum angesehen sind, weil ihnen vergeben und von Jesus ein neuer Anfang gewährt worden ist. Man darf erwarten, dass Männer mit solchen Erfahrungen einen Weg finden, gemeinsam einer größeren Sache zu dienen und sich nicht nur der Pflege ihres eigenen Egos zu widmen, wie manche moderne Darstellungen dieses Konflikts vermuten lassen.

Paulus beschreibt darum Jakobus und die anderen Apostel hier durchweg positiv. Es liegt ihm daran, die grundsätzliche Einheit in der entscheidenden Frage nach der Beschneidung festzuhalten. Paulus anerkennt ferner die Stellung von Jakobus unter denen, die als »Säulen« angesehen wurden. Er hatte ihn ja schon bei seinem ersten Besuch getroffen, was eben auch bedeutet, dass Jakobus sich weder vor ihm fürchtete,

---

113 Jesus wird ein solches unabhängiges Urteil ebenfalls zugeschrieben (Mk 12,14 parr. Mt 22,16; Lk 20,21), sonst nur noch in Kol 3,25; Eph 6,9.

noch ihm misstraute oder sich gegen seine Zugehörigkeit zur Gemeinde aussprach – all dies Haltungen, wie sie die kurze Notiz in Apg 8,26 für andere voraussetzt. Ob sich hinter dem Bildwort der »Säulen« der Gemeinde eine spezielle Tempeltheologie verbirgt, wie von einigen angenommen, oder ob die Metapher eher allgemein im Sinne von »Stützen« zu verstehen ist, kann hier offenbleiben. Ziemlich eindeutig ist jedoch, dass mit »Säule« etwas Positives ausgedrückt wird: Neben ihrer tragenden architektonischen Funktion (eindrucksvoll dargestellt in Simsons letzter Tat in Richter 17,26–30) markieren sie im israelitischen Kult von alters her den Eingangsbereich zum Heiligen in der Stiftshütte und später beim Tempel.[114] Für die Verwendung der Säulenmetaphorik in der Jerusalemer Urgemeinde könnte am ehesten eine Vorstellung basierend auf Jeremia 1,18 ausschlaggebend gewesen sein:

> Siehe, ich mache dich heute zur befestigten Stadt, zur Säule aus Eisen und zu Mauern aus Bronze gegen das ganze Land, gegen die Könige von Juda, seine Fürsten, seine Priester und das Volk des Landes.

Die Standfestigkeit des Propheten Jeremia gegen das abtrünnige Volk und seine Führer wird im Bildwort von der eisernen Säule abgebildet. Der Prophet wird mit seiner Botschaft für die, die bereit sind auf ihn zu hören, zu einer Zufluchtsstätte, die einer »geistigen« Stadt gleicht und die besseren Schutz bietet als das seiner Zerstörung entgegen gehende Jerusalem.[115] In

---

114 Lev 26,32f.36f.; 1Kön 7,15ff. Der Ehrenplatz des Königs im Tempel ist ebenfalls bei ihnen (2Kön 11,14).

115 Auch in 1Tim 3,15 kann »Säule« auf Timotheus bezogen wer-

einer solchen Funktion konnte sich auch die Jerusalemer Gemeinde für das jüdische Volk gesehen haben. Bei dem bereits erwähnten Hegesipp findet sich eine Stelle, die man in Bezug zu dieser Galaterstelle verstehen kann, weshalb sie hier auch gleich besprochen werden soll.

3.2.3 Jakobus als »Bollwerk« bei Hegesipp

Die Stelle gehört zum längsten zusammenhängenden Zitat, das Eusebius von Hegesipp über Jakobus mitteilt.[116] Dessen erster Teil über den Titel des Jakobus als »Gerechter«, sein Enthaltsamkeitsgelübde und seine Fürbitte im Tempel wurde bereits zitiert (s. A 2.3.1). Daran anschließend fährt Hegesipp fort:

> Er (d.h. Jakobus) war ein ›Oblias‹, was im Griechischen *periochē tou laou* heißt, und war die Gerechtigkeit, von welcher die Propheten sprechen.

Diese Aussage des Hegesipp ist in ihrer Kürze einigermaßen rätselhaft, sie lässt sich aber doch mit einiger Gewissheit verständlich machen. Die griechische Wendung im Zitat ist am ehesten als »Festung/Bollwerk des Volkes« zu übersetzen. In diesem Sinn kommt das Wort *periochē* in der griechischen Überset-

---

den (anders als die LÜ, die das Wort auf »die Kirche des lebendigen Gottes« bezieht), der dann ermahnt wird, sich als eine solche im »Haus Gottes« zu bewähren. Die Verheißung, zu einer »Säule im Tempel Gottes« zu werden, gilt auch den Überwindern im Sendschreiben an die Gemeinde von Philadelphia (Offb 3,12). Auch an dieser Stelle ist das Bildwort der »Säule« mit der himmlischen Stadt Gottes, dem »neuen Jerusalem« verbunden, das der Rettungsort in der endzeitlichen Bedrängnis ist.

116 Eusebius, Kirchengeschichte II 23, 4–19.

zung des Alten Testaments, der Septuaginta, einige Male vor, allerdings nie mit der Ergänzung »für das Volk«. Die rätselhafte Bezeichnung »Oblias« für Jakobus ist wohl aus einer Verschreibung entstanden: Im Griechischen unterscheidet sich ΟΒΛΙΑΣ, das keine bekannte Bedeutung hat, nur durch einen Unterstrich am dritten Buchstaben von ΟΒΔΙΑΣ (»Obdias«). Das wiederum ist eine Variante von ΑΒΔΙΑΣ (»Abdias«), dem griechischen Namen des (kleinen) Propheten Obadja. Der Name Obadja bedeutet »Knecht Jahwes« und dies ist der Titel, den sich Jakobus in Jak 1,1 zu Beginn seines Briefes beilegt. Als »Knecht Gottes« ist Jakobus eine »Festung für das Volk«. Diese ungewöhnliche Formulierung ist wie der Name selbst an den ersten Vers des Obadjabuches angelehnt: Im hebräischen Original beginnt der Text damit, dass »ein *Bote* ausgesandt ist unter die Nationen« um sie zum Krieg herauszufordern (Ob 1). Die griechische Übersetzung übersetzt »Bote« mit *periochē*, weshalb manche annehmen, das Wort könnte auch »Bote« oder »Botschaft« bedeuten. Allerdings sind 24 der 25 Stellen in der Septuaginta eindeutig als »Festung« oder »Belagerungsring« zu übersetzen, so dass es naheliegt, dieselbe Bedeutung auch hier vorauszusetzen.[117] Die neue Übersetzung des griechischen Alten Testaments, »Septuaginta Deutsch«, übersetzt entsprechend: »Eine Botschaft habe ich vernommen vom Herrn her, und *Belagerung* hat er zu den Nationen gesandt.« In welcher Weise genau die von Hegesipp berichtete Tradition Jakobus als »Botschaft«, »Bollwerk«

117 EPIPHANIUS, Panarion 68.7, der ebenfalls den Beinamen Oblias bezeugt, nennt als Bedeutung »Mauer«, s. M. HENGEL, Jakobus der Herrenbruder – der erste »Papst«?, in: Paulus und Jakobus. Kleine Schriften III, WUNT 141, Tübingen 2002, 549–582 (556).

oder »Belagerung« verstanden hat, geht aus dem kurzen Fragment nicht eindeutig hervor, aber es ist klar, wie Eusebius diese Stelle verstanden hat: Für ihn blieb Jerusalem von der Zerstörung verschont, solange Jakobus lebte und für die Rettung der Stadt betete. Erst mit seinem Tod war auch das Schicksal der Stadt entschieden (s. unten C 4.2.1.2).

3.2.4 Jakobus und der Streit zwischen Paulus und Petrus in Antiochien (2,12)

Trotz der Übereinkunft zwischen den »Säulen« und Paulus und Barnabas in der Beschneidungsfrage kommt es zu einem weiteren Konflikt zwischen den Genannten, der unter der Überschrift »antiochenischer Zwischenfall« in der wissenschaftlichen Diskussion verhandelt wird. Auch hier variieren die Annahmen über Zeit und Umstände beträchtlich, je nachdem in welchem Verhältnis man Gal 2,11–15 zu Apg 15,1–21 sieht. Die für Jakobus entscheidenden Verse lauten:

> Als aber Kephas nach Antiochien kam, widerstand ich ihm ins Angesicht, denn er hatte sich selber ins Unrecht gesetzt: Bevor einige von Jakobus kamen, aß er zusammen mit den Heiden. Als sie aber gekommen waren, gab er nach und sonderte sich ab, weil er die aus der Beschneidung fürchtete. Und zusammen mit ihm verstellten sich auch die übrigen Juden, sodass selbst Barnabas mitgerissen wurde von ihrer Heuchelei.

Petrus (= Kephas), einige von Jakobus, selbst Barnabas – das ist eine eindrucksvolle Liste, der sich Paulus hier gegenüber gestellt sieht, aber nach seinem eigenen Bekunden gab er nicht nach, sondern argumentierte mit Petrus und verteidigte seinen Standpunkt (ab V. 14). Dieser zweite Streit geht nicht mehr um die Beschneidung, sondern um gemeinsame Mahlzeiten und damit zusammenhängend um die gemeinsame Feier des Abendmahls, d.h. das Zusammenleben und Zusammenwachsen der Gläubigen aus Juden und Heiden steht im Vordergrund. Es ist, wenn man so will, ein Folgeproblem, nachdem das Hauptthema der Beschneidung vom Tisch ist. Es ist vor allem diese Passage, die Jakobus für viele Protestanten in ein schlechtes Licht rückt. Fällt er hier nicht Paulus in den Rücken? Gefährdet er nicht den mühsam errungenen Kompromiss zwischen Paulus, Petrus und den Jerusalemer Brüdern? Aber bevor auf diese Vorwürfe eingegangen werden soll, lohnt es sich, zunächst einmal genau zu lesen, was eigentlich Paulus hier über Jakobus schreibt und was nicht. Auffällig ist, dass er Jakobus nicht direkt angreift oder ihm Vorwürfe macht, wie dies gegenüber Petrus und Barnabas der Fall ist. Er macht Jakobus allerhöchstens indirekt verantwortlich. Denn mehr als »Bevor einige von Jakobus kamen« schreibt er nicht. Die revidierte »Zürcher Bibel« von 2007 übersetzt dagegen: »Bevor nämlich einige Anhänger des Jakobus eintrafen […]« und geht damit eindeutig über den Text hinaus. Ob es Anhänger des Jakobus waren, oder seine Boten, oder nur solche, die sich lediglich auf ihn beriefen, ohne von ihm direkt beauftragt zu sein (dass es solche Vorfälle gab, zeigt Apg 15,24), ist hier nicht erkennbar. Nicht ganz eindeutig ist zudem, ob es mehrere oder nur einer war. Die handschriftliche Überlieferung lässt beide Möglichkeiten zu, und die Singularlesart ist relativ gut bezeugt.[118] Das Resultat dieser Einflußnahme unter Berufung auf Jakobus war jedenfalls ein zweifaches:

118 Vgl. E. E. Popkes, »Bevor einer von Jakobus kam …« – Anmerkungen zur textkritischen und theologiegeschichtlichen Problematik von Gal 2,12, NT 46 (2004), 53–64.

1. Petrus, Barnabas und die anderen Juden(christen) begannen wieder, getrennt von den Heidenchristen zu essen. Die Argumentation des Paulus setzt voraus, dass dies bis dahin nicht (mehr) der Fall war.

2. Paulus widersetzt sich dieser Trennung und greift dabei insbesondere Petrus öffentlich an, dem er vorwirft, gegen seine eigene Überzeugung zu handeln. Nach Gal 2,14 lebte Petrus in Antiochien vorher »in der Weise der Heiden(christen)«, d.h. ohne sich durch die jüdischen Speisegebote von der Tischgemeinschaft mit den Heidenchristen abhalten zu lassen, und diese – in den Augen des Paulus richtige Haltung – gab er nun auf. Mehr noch, nach Paulus zwingt er dadurch die Heidenchristen zu einer jüdischen Lebensweise, ausgedrückt durch das griechische Verb *ioudaïzō*. Dieses Verb kommt nur hier im Neuen Testament vor, darüber hinaus einige Male in einer Reihe von frühjüdischen Texten. Dabei ist der Kontext häufig die Beschneidung als Eintrittsbedingung ins Judentum.[119] Für Paulus geht es also nicht nur um die Tischgemeinschaft, sondern darum, dass mit einem Nachgeben in dieser Frage auch die *bereits erledigte* Frage nach der Beschneidung fast unvermeidlich wieder zur Debatte stünde. Das aber will er unter allen Umständen verhindern. Darum verteidigt er im Rest des Briefes sein Verständnis des Evangeliums, wonach es neben dem Glauben an Christus keine »Werke des Gesetzes« mehr geben kann, deren Befolgung zur Bedingung für die Zugehö-

---

119 Belege bei R. Deines, Das Aposteldekret – Halacha für Heidenchristen oder christliche Rücksichtnahme auf jüdische Tabus?, in: J. Frey u. a. (Hg.), Jewish Identity in the Greco-Roman World – Jüdische Identität in der griechisch-römischen Welt, AJEC 71, Leiden 2007, 323–395 (348 Anm. 81).

rigkeit zur eschatologischen Heilsgemeinde gemacht werden.

Der Brief wechselt nach 2,14 von der Beschreibung der Konfliktsituation und den historischen Umständen, die nötig sind, um ihn zu verstehen, zu der eigentlichen Darlegung und Verteidigung der paulinischen Position. Schärfer als Petrus und Barnabas, und auch deutlicher als Jakobus, sieht er, dass die Tora nicht teilbar ist. Wenn er in seinen späteren Briefen die heilsgeschichtliche und auch ethische Bedeutung der Tora positiver darstellen kann, dann deshalb, weil die Grundentscheidung zugunsten der Glaubensgerechtigkeit gefallen ist. So war er bereit, *nachdem* die Entscheidung gegen die Beschneidungsforderung gefallen ist, Timotheus um des Friedens und der missionarischen Möglichkeiten willen zu beschneiden, weil daraus kein Folgezwang abgeleitet werden konnte. Ebenso konnte er die Tora dann wieder positiv heranziehen, *nachdem* entschieden war, dass sie *nicht* der Maßstab ist, der das Miteinander von Juden und Heiden innerhalb der christlichen Gemeinden bestimmt.

3.2.5 Religiöse und politische Konflikte als Hintergrund des antiochenischen Zwischenfalls

Was Paulus im Galaterbrief nicht schreibt, ist ebenfalls ein Zweifaches: 1. Was war die Ursache für die Botschaft aus Jerusalem, auf die Tischgemeinschaft zwischen Juden- und Heidenchristen zu verzichten? Wenn Jakobus der Auftraggeber war – was waren seine Gründe? 2. Wie ging der Streit aus? Wie haben Petrus und Barnabas reagiert? Paulus schreibt nichts darüber, wie die Auseinandersetzung um diese Frage mit den Jakobusleuten bzw. Petrus und Barnabas ausgegangen ist. Gerade dieses Fehlen einer »Erfolgsmeldung« – dergestalt, dass sich Paulus und Barnabas von Paulus überzeugen ließen – ist der Grund dafür, dass die Mehrheitsmeinung in der exegetischen Forschung davon ausgeht, dass sich Paulus hier nicht durchsetzen konnte und es zu einem dauerhaften Bruch zwischen Paulus und Petrus, aber auch zwischen Paulus und der antiochenischen Gemeinde (die Ausgangspunkt seiner Missionsreisen war) und schlussendlich auch zwischen den Jerusalemern und Paulus gekommen ist.

3.2.5.1 Die politischen und sozialen Spannungen in Jerusalem

Zur ersten Frage nach den möglichen Gründen des Jakobus: Nach dem Tod des Herodesenkels Agrippa I. wurde sein Königreich mit der Hauptstadt Jerusalem wieder eine römische Provinz und einem römischen Statthalter unterstellt. Damit begann für die jüdische Bevölkerung in Israel die Phase gewaltsamer Konflikte mit Rom. Obwohl nur wenige Jahre nach dem Tod von Jesus, sind die vierziger Jahre des ersten Jahrhunderts von viel größeren sozialen und politischen Spannungen geprägt als es zur Zeit Jesu der Fall war. Bei allen Schwächen, die Augustus' Nachfolger Tiberius, der von 14–37 das römische Imperium regierte, ohne Zweifel hatte, bekundet der römische Historiker Tacitus über seine Regentschaft, dass in Judaä unter Tiberius Ruhe herrschte.[120] Unter seinem Nachfolger Gaius Caligula, der nur knapp 4 Jahre regierte, ehe er am 24. Januar 41 ermordet wurde, änderte sich dies. Dieser setzte zwar unmittelbar nach seiner Ernennung zum Kaiser Agrippa I. zum König in Judäa ein (wo er

---

120 Mit den berühmt gewordenen lateinischen Worten *sub Tiberio quies*, TACITUS, Historiae 5.9.1.

allerdings erst im Frühjahr 41 eintraf), aber davon abgesehen erlebten besonders die Juden in der Diaspora eine Reihe von dramatischen Ereignissen. Es begann mit einem Massaker in der ägyptischen Hafenstadt Alexandria, in der damals rund 50.000 Juden lebten, das als der erste Pogrom in die Geschichte einging.[121] Im Zentrum stand die Entweihung der Synagogen durch die Aufstellung von Kaiserbildern, d. h. religiöse und politische Loyalität wurden gegeneinander ausgespielt und dienten zur Begründung von Mord und Plünderung. Kurz darauf griffen die Unruhen auf die Küstenregion Israels über: Juden zerstörten einen Kaiseraltar in Jamnia, woraufhin der römische Kaiser Gaius Caligula im Sommer 39 den Befehl gab, sein Standbild im Jerusalemer Tempel aufstellen zu lassen. Das hatte nicht nur wütende Protestaktionen der jüdischen Bevölkerung provoziert, sondern auch eine wirtschaftliche Krise zur Folge, weil die Juden sich weigerten, ihre Felder zu bestellen. Auch in Antiochien kam es um 39/40 zu antijüdischen Ausschreitungen, in deren Folge viele getötet und zahlreiche Synagogen zerstört wurden. Der Konflikt entzündete sich überall am Kaiserkult, aber das war wohl eher ein willkommener Anlass, um in diesen griechischen Städten gegen die dort ansässigen Juden als Fremde und Andersgläubige vorzugehen. Zwar wurde durch die Ermordung Caligulas im Jahr 41 die Aufstellung

---

121 Einen ausführlichen Bericht darüber liefert der jüdische Philosoph und Augenzeuge des Pogroms, PHILO VON ALEXANDRIEN. Dieser nennt für Alexandria die Zahl von 1 Million jüdischer Einwohner (Gegen Flaccus 43), aber diese Zahl dürfte weit übertrieben sein; vgl. dazu P. W. VAN DER HORST, Philo's *Flaccus*. The First Pogrom, PACS 2, Leiden 2003 (zur Zahl jüdischer Einwohner s. 136 f.).

seines Standbildes im Jerusalemer Tempel abgewendet, doch weckten diese Vorgänge bei vielen die Erinnerung an die Zeit des Antiochus IV. Epiphanes, der im 2. Jahrhundert v. Chr. alles daran setzte, Israel allen übrigen Völkern gleich zu machen (1Makk 1,12–16; 2Makk 6,1 f.). Auch damals wurde der Tempel in Jerusalem entweiht und das jüdische Volk in seiner religiösen und nationalen Identität gefährdet.

Die Folgen dieser Spannungen, die nicht mehr nachließen, führten etwas über 20 Jahre später zum Ausbruch des jüdischen Aufstandes gegen Rom. Der erste der neuen römischen Präfekten nach dem Tod Agrippas I., Cuspius Fadus (44–46 n. Chr.), ließ mehrere Juden, die im Verdacht standen, zu den Aufrührern zu gehören, hinrichten. Während seiner kurzen Amtszeit nahmen die Spannungen zwischen der jüdischen und nichtjüdischen Bevölkerung zu und es kam zu gewaltsamen Aktionen. Einer der Orte, an dem es anhaltend Konflikte gab, war Caesarea, wo Kornelius stationiert war. Jede Form von Gemeinschaft zwischen Juden und Heiden in dieser politischen Konstellation konnte einen verdächtig machen. Der Nachfolger von Cuspius Fadus, Tiberius Julius Alexander (46–48 n. Chr.), war jüdischer Herkunft und Neffe des berühmten Philosophen und Exegeten Philo von Alexandrien. Er hatte sich vom jüdischen Glauben losgesagt und diente nun Rom. Als Statthalter kreuzigte er zwei Brüder namens Jakobus und Simon (Namen, die auch in der Jesusfamilie vorkommen!), die Söhne des Judas Galiläus waren, jenes berühmten Gründungsvaters der Aufstandspartei gegen Rom, der um 6 n. Chr. zum Widerstand gegen die heidnischen Besatzer aufrief. Unter dem Nachfolger von Tiberius Julius Alexander, Ventidius Cumanus, kam es zu weiteren bewaffneten Auseinandersetzungen: Zeloten überfielen

Römer, diese übten Vergeltung, indem sie die Dörfer plünderten, die den Aufständischen Zuflucht boten. Beim Passafest in Jerusalem 49 n. Chr. sollen nach den Angaben des Josephus bis zu 30.000 Menschen getötet worden sein.[122]

3.2.5.2 Jakobus als Gemeindeleiter zwischen den Fronten

Das war die Situation, in der Jakobus die Gemeinde in Jerusalem leitete, die zwischen alle Mühlsteine zu geraten drohte: Die Botschaft Jesu von der Feindesliebe und sein Wort über die Steuer an den Kaiser (»Gebt dem Kaiser, was des Kaisers ist«, Mk 12,17 parr. Mt 22,21; Lk 20,25) machte die Judenchristen innerjüdisch zumindest in den Augen der nationalistischen Partei zu Feinden des eigenen Volkes. Die Tatsache, dass mit Kornelius ein Mitglied der verhassten Auxiliartruppen zur christlichen Gemeinde gehörte (und er war wohl nicht der einzige), zeigt die Schwierigkeit, in der sich die Judenchristen Jerusalems und Judäas befanden. Wenn dann auch noch der römische Statthalter ein jüdischer Apostat war, kann man verstehen, dass ein Teil der jüdischen Gemeinschaft das Verhalten der Jesusanhänger ebenfalls als Abfall von Gott und als Gefahr für die jüdische Identität betrachtete und zum aktiven Widerstand dagegen aufrief. Die gemeinsamen Mahlzeiten mit Nichtjuden und das Aufgeben bzw. Aufweichen gerade jener Toravorschriften (Beschneidung, Speisevorschriften), die entscheidend für die jüdische Identität in Abgrenzung gegenüber der

---

122 Jüdischer Krieg II 224–227. Zu weiteren Details und Nachweisen s. M. Hengel, Die Zeloten. Untersuchungen zur jüdischen Freiheitsbewegung in der Zeit von Herodes I. bis 70 n. Chr., WUNT 283, Tübingen ³2011, 342–347; Hengel/Schwemer, Paulus, 279–286.

nichtjüdischen Welt waren, konnte darum nicht einfach nur als eine weitere innerjüdische Sonderlehre innerhalb der akzeptierten Grenzen des Judentums verstanden werden. Diese neue Gruppe wurde von vielen wohl eher als eine Bewegung wahrgenommen, die diese Grenzen einzureißen drohte.[123] Worum es Jakobus in dieser Situation offenbar ging (wenn er denn wirklich die Boten geschickt hat), war eine stärkere soziale Entflechtung von Judenchristen und Heidenchristen, um die jüdische Identität der Judenchristen und deren bleibende Zugehörigkeit zu ihrem eigenen Volk nicht aufs Spiel zu setzen. Vielleicht hatte er in der Tat ein zweigeteiltes Volk Gottes als Erfüllung der biblischen Verheißungen vertreten: Hier ein erneuertes Israel, das den Messias Jesus dem eigenen Volk verkündigt und als Beginn der Erlösung für ganz Israel unter dem jüdischen Volk wirkt, und dort eine Gemeinde aus ehemaligen Heiden, die über Jesus als dem jesajanischen Gottesknecht Anteil an den eschatologischen Hoffnungen Israels erhalten. Aufgrund von Apg 15,14–18 (s. unten) wird oft auch Gal 2,7–9 in diesem Sinn als die von Jakobus favorisierte Ekklesiologie verstanden.

Dazu kommt, dass viele Ausleger davon ausgehen, dass Jakobus der Überzeugung war, dass in jedem Fall für die Judenchristen die Tora weiter in ihrer bisherigen, traditionellen Form in Geltung blieb und Jakobus auch darum auf eine Trennung der beiden Gemeindeteile insistierte.[124] Denn je enger Juden

123 Auch die Konflikte zwischen Judenchristen und Juden in Judäa, die in 1Thess 2,14–16 angesprochen sind, fallen in diese Zeit. Der 1. Thessalonicherbrief wurde um das Jahr 50 herum abgefasst. Entweder 1Thess oder Gal sind die ältesten erhaltenen Paulusbriefe.

und Nichtjuden zusammenlebten (aus gemeinsamen Mahlzeiten konnten schnell auch gemischte Ehen werden), desto größer war die Gefahr, dass die Judenchristen in ihrem Toragehorsam nachlässig wurden, insbesondere wenn sie sahen, dass die Gläubigen aus den Völkern das scheinbar einfachere Los hatten. Hinter dieser Position steht die gewachsene Überzeugung der letzten 40 Jahre Jesusforschung, wonach Jesus keine Kritik an der Tora geübt habe, sondern sie selbst in jeder Weise gehalten und dies selbstverständlich auch von seinen (jüdischen) Nachfolgern erwartet habe. Dieselbe Haltung wird dann auch seinem Bruder unterstellt. Eine stärker heilsgeschichtlich orientierte Auslegungstradition sieht dagegen im Kommen und Wirken Jesu die Erfüllung von »Gesetz und Propheten« (Mt 5,17; vgl. 11,13 par. Lk 16,16), so dass die Funktion der Tora nach Tod und Auferstehung Jesu auch für Juden eine andere geworden ist. Geht man von letzterer Position aus, dann ist für die ersten beiden Generationen nach Jesus ein Ringen darum anzunehmen, welche Funktion die Tora unter den Bedingungen des angebrochenen Reiches Gottes einnehmen soll. Denn dass die Tora »heilig, gerecht und gut« (Röm 7,12) und Teil der Offenbarung Gottes an sein Volk ist, wird durch ihre Erfüllung nicht negiert, sondern intensiviert und transformiert. Was das im Einzelnen hieß, mussten die Nachfolger Jesu im Laufe der Zeit erst lernen, wobei ihnen Jesu eigene Gesetzespraxis und -auslegung Vorbild war. Dass Jakobus, dem Bruder des Herrn, hierbei ebenfalls eine Vorbildrolle zukam, ist unschwer vorstellbar.

---

124 Als Beispiel s. Böttrich, Petrus, 205; Hengel, Jakobus der Herrenbruder, 570–576.

3.2.6 Am Ende – Bruch oder Versöhnung?

Die zweite Frage über den Fortgang des Streits ist noch schwieriger zu beantworten. Der Ton des Paulus in den Versen 11–13 ist äußerst scharf, besonders im Hinblick auf Petrus. Aber auch hier kann gefragt werden, wie viel davon der besonderen Situation der Adressaten des Briefes geschuldet ist. Wenn selbst Petrus – eine der »Säulen« – in entscheidenden Fragen irren konnte (wofür auch die Evangelienberichte Beispiele geben) und ihm widersprochen werden musste, wie viel mehr dann jenen unbekannten Sendboten, die die Beschneidung von den Galatern forderten?

Die entscheidende Frage ist jedoch: Kam es über diesem Konflikt zu einem *bleibenden* Bruch zwischen Paulus auf der einen Seite und Petrus, Barnabas, Jakobus samt Jerusalem und Antiochien auf der anderen, wie es mehrheitlich vor allem in der protestantischen Exegese angenommen wird? Diese Hoch- wenn nicht sogar Überschätzung einer dauerhaften Spaltung zwischen den führenden Aposteln bei protestantischen Auslegern erklärt sich jedoch – zumindest auch – aus der eigenen Geschichte, als um der evangelischen Wahrheit willen während der Reformation die Spaltung der Kirche in Kauf genommen wurde. Für das protestantische Selbstverständnis ist es wichtig, sich dabei auf Paulus berufen zu können, der es im Galaterbrief mit Jakobus (dem »ersten Bischof«) und Petrus (dem »ersten Papst«) aufgenommen hat, damit die Wahrheit des Evangeliums nicht verleugnet werde.[125] Dieses trotzige »Ich kann nicht anders« ist ohne jeden Zweifel wichtig, und die Geschichte der

---

125 Zu diesen konfessionellen Blickwinkeln s. M. N. A. Bockmuehl, The Remembered Peter in Ancient Reception and Modern Debate, WUNT 262, Tübingen 2010, 61–70.

Kirchen ist ohne solchen notwendigen Streit nicht denkbar. Sehr viel weniger stark ausgeprägt ist in der reformatorischen Tradition dagegen die Fähigkeit und Bereitschaft zur Aussöhnung. Darum wird kaum erwogen, dass Paulus, Petrus und Barnabas, nachdem sie sich öffentlich gestritten hatten, sich eines Besseren besannen und nach einer einvernehmlichen Lösung suchten, die sowohl der theologischen Wahrheit, wie sie Paulus vertrat, als auch den konkreten gemeindlichen Anliegen Genüge tat, von denen sich Petrus und Barnabas möglicherweise auf Anraten oder Bitten des Jakobus hin leiten ließen.

Geht man von einer solchen »Versöhnungsthese« aus, dann bleibt vor allem die Frage zurück, warum Paulus diese Lösung des Konflikts in Antiochien den Galatern nicht mitteilte. Oder in anderen Worten: Warum verschweigt Paulus das Aposteldekret im Galaterbrief? Die Beantwortung dieser Frage ist eng verbunden mit der Frage der chronologischen Platzierung des Galaterbriefes im Zusammenhang mit den Informationen, die Lukas in der Apostelgeschichte bietet. Datiert man nämlich den Konflikt in Antiochien *vor* das in Apg 15 beschriebene Aposteltreffen, dann bedeutet dies, dass Paulus und Barnabas danach dennoch *gemeinsam* nach Jerusalem reisten, um die Sache dort mit allen Verantwortlichen zu besprechen. Dass es nach Lukas im Anschluss daran, bei der Vorbereitung zur zweiten Missionsreise, dann doch noch zu einer Trennung zwischen den beiden gekommen ist, wäre ein Hinweis darauf, dass die persönliche Beziehung trotz theologischer Übereinstimmung nicht mehr völlig geheilt wurde. Auch zwischen Petrus und Paulus wäre dann kein dauerhafter Graben aufgeworfen worden, ebenso wenig wie zwischen Paulus und Jakobus. In diesem Fall wäre also die in Jerusalem getroffene Übereinstimmung die gesamtkirchliche Antwort auf die in Antiochien aufgebrochenen Fragen nach dem gemeindlichen Zusammenleben von Juden- und Heidenchristen gewesen und hätte der jungen Kirche zumindest für eine Weile den Weg gewiesen. Das bedeutet nicht, dass mit diesem Kompromiss alle unbedingt völlig einverstanden gewesen sein mussten. Aber wenn man sich davon freimacht, dass Jakobus ein gesetzesstrenges Judenchristentum vertrat, das auch die Heidenchristen so weit als möglich (oder nötig) unter das Joch der Tora bringen wollte und Paulus andererseits eine »gesetzesfreie« Mission im Sinne des liberalen Protestantismus verfolgte, dann ist ein solcher Kompromiss um der Einheit der Gemeinde willen nicht ausgeschlossen.

Gleichwohl tendieren die meisten, die sich mit diesen Fragen beschäftigen, dazu, das Problem auf eine andere Weise zu lösen und im antiochenischen Konflikt einen Vorfall zu sehen, der die Einheit der Hauptfiguren des Urchristentums bleibend beschädigt hat, darin also gerade keinen »Unfall« zu sehen, »dessen Schaden schnell repariert worden ist.«[126] In diesem Fall wird dann zusätzlich häufig angenommen, dass der Streit in Antiochien erst einige Jahre *nach* dem

---

126 So die ansprechende Formulierung von Th. Söding, Apostel gegen Apostel. Ein Unfall im antiochenischen Großstadtverkehr (Gal 2,11–16), in: R. von Bendemann u. M. Tiwald (Hg.), Das frühe Christentum und die Stadt, BWANT 198, Stuttgart 2012, 92–113 (105). Anders z. B. Frey, Paulus und die Apostel, 226f., der von einem unheilbaren »Riß« ausgeht, so dass Paulus gezwungen war, seinen Weg unabhängig »nur noch mit dem Verweis auf seine einzigartige Berufungserfahrung« zu gehen. Zu beachten ist allerdings, dass dieser Beitrag seinen Ursprung in einem ökumenischen Gespräch über Apostelamt und Apostolizität hat (194 Anm. 9), d.h. in einem Kontext, in dem die evangelische Position akzentuiert werden sollte.

Apostelkonzil stattfand. Zwei exegetische Entscheidungen sind dabei leitend:

1. Gal 2,1–10 und Apg 15,1–18 beschreiben dasselbe Ereignis, das um 48/49 in Jerusalem und zeitlich *vor* dem antiochenischen Konflikt stattfand.

2. Das Aposteldekret, das auf Jakobus' Veranlassung hin abgefasst und an die Gemeinden geschickt wurde, ist ein davon zu trennender Vorgang, der sich erst *nach* dem antiochenischen Konflikt und ohne Beteiligung des Paulus ereignete. Es versucht, die in Antiochien aufgebrochenen Fragen zu klären, die beim eigentlichen Aposteltreffen ungeklärt geblieben waren, bzw. deren damals getroffene Lösung sich nicht bewährt hat.[127]

Zwischen dem eigentlichen Apostelkonvent, auf dem es nur um die Beschneidungsfrage ging, und dem Aposteldekret liegen demnach ungefähr vier Jahre. Erst Lukas hat diese zwei getrennten Ereignisse zu einem einzigen zusammengefasst, dabei aber den Konflikt in Antiochien als Auslöser für den »zweiten« Teil bewusst verschwiegen. Der Galaterbrief wäre dann erst um 55/56 geschrieben worden. Paulus verschweigt darin bewusst das Aposteldekret, das zu dieser Zeit schon im Umlauf war, weil er die Bestimmungen und die dahinter stehende Haltung ablehnte. Diese Lösung des Problems hat viel für sich, aber doch auch eine Reihe von Schwierigkeiten: Insgesamt sind Jakobus und Petrus im Galaterbrief trotz 2,11–14 positiv dargestellt (und eine positive Haltung zu ihnen legt sich auch aus 1Kor nahe), was gegen eine anhaltende Feindschaft spricht. Die Aufteilung von Apg 15 in zwei durch mehrere Jahre getrennte Ereignisse ist

127 So repräsentativ für viele HENGEL, Petrus, 121.

zwar nicht unmöglich, aber auch nicht unbedingt wahrscheinlich. Es wird also dabei bleiben, dass es in dieser Frage in der Forschung keinen Konsens gibt, weil in jedem Fall einzelne Daten – egal für welche Position man sich letztlich entscheidet – in die eine oder andere Richtung gepresst werden müssen, um ein stimmiges Bild zu erhalten. Der nächste Abschnitt ist darum eine Darlegung des Szenarios, das diesem Band – nach langem Zögern und mehrfachem Hin und Her – zu Grunde gelegt wurde.

3.3 Chronologie und Datierungsfragen

Ohne Einzelbegründungen geben zu können, ist als Ereignisfolge im Folgenden vorausgesetzt:

41 Ankunft von König Herodes Agrippa I. in Jerusalem.

um 43 Hinrichtung des Zebedaiden Jakobus; Verhaftung und wunderbare Befreiung des Petrus am Passafest; der Herrenbruder Jakobus ersetzt Petrus als Leiter der Jerusalemer Gemeinde (Apg 12,17).

43/44 Tod von Agrippa I. (möglich Herbst 43 bis Frühjahr 44).

44/45 Barnabas und Paulus in Jerusalem mit der Kollekte (Apg 11,27–30; 12,25); möglicherweise längerer Aufenthalt in der Stadt; auch Petrus kommt von dem »unbekannten Ort« zurück nach Jerusalem.

um 45 »Beschneidungskonvent« in Jerusalem, ca. 14 Jahre nach der Berufung des Paulus und damit dessen zweiter Jerusalembesuch; die Texte, die dazu gehören, sind Gal 2,1–10; Apg 11,30; 12,25 (für die Chronologie), die hierhergehörenden

Argumente finden sich in Apg 11,1–18 und 15,5–11. Zwar nennt Lukas als Anlass der Reise nur die in Antiochien für die Jerusalemer Gemeinde gesammelte Kollekte, aber unmittelbar davor hatte er über die Beratungen der Jerusalemer berichtet, ob Petrus mit der Taufe des unbeschnittenen Kornelius nicht zu weit gegangen sei (Apg 11,1–18), auch wenn es zunächst von den anderen »Aposteln und Brüdern« anerkannt worden war.

46/47 Erste Missionsreise von Barnabas und Paulus, zusammen mit dem Jerusalemer Johannes Markus (Apg 13–14); Gründung der Gemeinden, an die der Galaterbrief adressiert ist (sog. südgalatische Hypothese).

47/48 *Zwei* Konflikte sind im Entstehen: Die *Beschneidungsforderung* wurde erneut erhoben, diesmal in den Missionsgebieten von Paulus und Barnabas (Gal) und in Antiochien (Apg 15,1.5). Deren Urheber werden an keiner Stelle mit Jakobus verbunden und sind darum als die Jerusalemer Gruppe anzusehen, die den gefundenen Kompromiss auf dem »Beschneidungskonvent« unterlaufen will. Neue Nahrung haben ihre Befürchtungen möglicherweise durch die vorzeitige Rückkehr von Johannes Markus nach Jerusalem bekommen, der von den Erfolgen der beschneidungsfreien Mission berichtet haben dürfte. Denn nun ging es im Unterschied zu Kornelius nicht um einen Einzelfall, sondern um eine größere Zahl von Neugetauften. Davon abzusetzen, wenn auch nicht völlig davon zu trennen, ist der Konflikt um die *Tischgemeinschaft* innerhalb der Gruppe, die sich einig ist gegen die Beschneidungsforderung.

Diese Auseinandersetzung begann offenbar erst nach der Rückkehr von Paulus und Barnabas nach Antiochien.

48/49 Abfassung des Galaterbriefes zwischen dem antiochenischen Konflikt und dem »Schlichtungskonvent« in Jerusalem. Möglicherweise erfuhr Paulus von den Vorkommnissen in den galatischen Gemeinden in Antiochien, so dass er sein Werk von mehreren Seiten bedroht sah; das erklärt auch, warum er Barnabas nur einmal im Galaterbrief nennt, da er in der Frage der Tischgemeinschaft auf der – von Paulus aus gesehen – falschen Seite stand.

um 49 »Schlichtungskonvent« in Jerusalem mit dem Aposteldekret als Kompromiss; keine Toraverpflichtungen für die Heidenchristen, weder in Bezug auf Beschneidung noch auf die Speisen, aber Rücksichtnahme auf die innerjüdischen Loyalitäten der Judenchristen.

49–51 Mission des Paulus und Silas (unterwegs kam Timotheus dazu) in Makedonien und Achaia (2. Missionsreise) und von Barnabas mit Johannes Markus in Zypern (Apg 15,36–41).

Für die Ausgangsfrage, ob nämlich der antiochenische Zwischenfall das endgültige Zerwürfnis zwischen Paulus einerseits und Petrus, Barnabas und Jakobus andererseits darstellte, haben diese Datierungsfragen einiges Gewicht. Denn daraus folgt, dass alle Beteiligten nicht allzu lange nach dieser öffentlichen Auseinandersetzung sich in Jerusalem trafen, um diese Angelegenheit gemeinsam im Beisein von Jakobus und den anderen Aposteln zu klären. Doch darüber erfahren wir nichts mehr aus dem Galaterbrief, sondern sind auf den Bericht der Apostelgeschichte angewiesen.

3.4 *Jakobus als Wandermissionar? (1Kor 9,5)*

Noch eine weitere Notiz bei Paulus ist möglicherweise für das Verständnis von Jakobus von weitreichender Bedeutung. In einer Verteidigung seines Apostolats gegenüber den Korinthern, bei der es um die finanzielle Unterstützung der Apostel von Seiten der Gemeinden geht, unterstreicht Paulus seinen eigenen Anspruch mit den Worten: »Haben wir kein Recht um zu essen und zu trinken? Haben wir kein Recht eine Schwester als Frau mitzuführen wie auch die übrigen Apostel und die Brüder des Herrn und Kephas?« (1Kor 9,4f.). Wie nebenher erfährt man, dass offenbar einige Apostel ihre Missionsreisen zusammen mit ihren Frauen unternahmen. Das wird sonst nirgends im Neuen Testament erwähnt und erinnert erneut daran, dass wir von vielen alltäglichen Umständen der ersten Gemeinden nur dann etwas wissen, wenn es darüber Klärungsbedarf oder Streit gab. Für Gemeinden, die immer wieder von Aposteln besucht wurden, war es offenbar selbstverständlich, dass dieselben in der Regel mit ihren Frauen kamen, und es war offenbar ebenso selbstverständlich, dass sich die Gastfreundschaft und Unterstützung der ortsfesten Gemeinden für die reisenden Geschwister auf beide erstreckte. Angesichts der auch unter Paulus' Mitarbeitern und Unterstützern deutlich erkennbaren Bedeutung von Ehepaaren in der Missions- und Gemeindearbeit ist die Bemerkung über reisende Apostelehepaare ebenfalls keine Überraschung.[128]

---

128 Zu den apostolischen Familien s. Hengel, Petrus, 167–220. Zu den bekannten apostolischen Ehepaaren gehören Priscilla und Aquila (Apg 18,2ff.; Röm 16,3f.; 1Kor 16,19; 2Tim 4,19) sowie Andronikus und Junia (Röm 16,7). Vereinzelte Stimmen in der

Allerdings hat sich dies nicht ins kulturelle Gedächtnis eingeprägt, so dass man mit dem Hinweis auf diesen Vers auch versierte Bibelleser immer wieder überraschen kann. Ein wichtiger Grund für dieses kollektive Vergessen der Apostelfrauen ist ihre Abwesenheit in der kirchlichen Ikonographie. Apostelbilder schmückten vom 4. Jahrhundert an zahllose Kirchen, und beliebt sind die Szenen, in denen jeweils zwei Apostel (angelehnt an Mk 6,7, wonach Jesus seine Jünger »je zwei und zwei« aussandte) miteinander dargestellt werden.

Aber wie oft wurden die Apostel mit ihren Ehefrauen dargestellt? In den allermeisten Fällen sind nicht einmal deren Namen überliefert, und selbst in den phantasievollen späteren Apostelakten kommen sie selten vor.[129] Noch weniger als über die Apostelpaare wissen wir über die mitreisenden Ehefrauen der Jesusbrüder (bzw. Jesusverwandten). Paulus verwendet hier den Plural, »die Brüder des Herrn«, allerdings ohne weitere Angaben. Gehörte Jakobus dazu? Er ist immerhin der einzige, der im Neuen Testament – und zwar durch Paulus – als Einzelperson durch die Bezeichnung »Bruder des Herrn« gekennzeichnet wird (Gal 1,19). Er ist zudem der bekannteste der vier namentlich genannten »Brüder des Herrn« und darum werden die Korinther wohl auch an ihn gedacht haben, als sie diese Bemerkung lasen. War Jakobus also,

---

alten Kirche hielten selbst Paulus aufgrund von Phil 4,3 für verheiratet, der seine Frau jedoch nicht immer mit sich nahm, um freier für seinen Dienst zu sein, vgl. EUSEBIUS, Kirchengeschichte III 30,1, und für die Auslegungsgeschichte W. SCHRAGE, Der erste Brief an die Korinther (1Kor 6,12–11,16), EKK VII/2, Neukirchen 1995, 315f.

129 Vgl. HENGEL, Petrus, 210.213.

wie Petrus, verheiratet? Und war er gemeinsam mit seiner Frau auf Reisen, entweder um Gemeinden zu gründen oder, was wahrscheinlicher ist, um sie zu besuchen? Der Grund dieser Besuchsreisen dürfte weniger in der evangelistischen Verkündigung, als in der Augenzeugenschaft für das Leben Jesu bestanden haben. Aus den wenigen Notizen bei Paulus lässt sich erkennen, dass sein Status als Apostel immer da in Gefahr stand, wo er mit Petrus oder anderen Nachfolgern des irdischen Jesus konkurrieren musste.[130] Das aber setzt voraus, dass diese mit ihren persönlichen Erzählungen umherzogen.

Der englische Neutestamentler Richard Bauckham, der sich intensiv mit der Familie Jesu beschäftigt, meint dagegen, dass Paulus hier nicht an Jakobus gedacht habe, sondern an die anderen drei Brüder Jesu.[131] Die erwähnt er allerdings sonst nirgends (obwohl er von mehreren Brüdern wusste), und es gibt keinen Grund, warum ausgerechnet Jakobus hier ausgeschlossen sein soll. Das Argument, sein Einfluss in Jerusalem basiere darauf, dass er dauerhaft in der Stadt geblieben sei, ist nicht wirklich überzeugend. Der Text in 1Kor 9,5 besagt nichts über die Länge der Reisen, d.h. auch kürzere Besuchsreisen (im Unterschied zu Missionsreisen mit monate- oder jahrelangen Aufenthalten an einzelnen Orten) können hier gemeint sein. Gerade solche Reisen waren zudem relativ kostspielig, weil es keine Möglichkeit gab, lange genug an einem Ort zu bleiben, um sich Geld zu verdienen. Die Gemeinden waren also gezwungen, für den Unterhalt dieser Gäste aufzukommen.

130 Hengel, Petrus, 122–125.

131 Jude and the Relatives of Jesus, 58f.

3.4.2 Verkündigungsreisen von Jesusverwandten bei Julius Africanus

Ein Hinweis auf solche »Verkündigungsreisen« von Herrenverwandten findet sich im »Brief an Aristides« des gelehrten christlichen Autors Julius Africanus, der sich in Auszügen bei Eusebius erhalten hat.[132] Julius wurde in Jerusalem (oder Aelia Capitolina, wie es zu dieser Zeit hieß) geboren und lebte zeitweilig in Nicopolis (unweit des Ben Gurion-Airport an der Autobahn nach Jerusalem gelegen), einem Ort, der möglicherweise mit dem neutestamentlichen Emmaus (vgl. Lk 24,13–35) zu identifizieren ist.[133] Er war zu Beginn des 3. Jahrhunderts literarisch tätig und besaß ein ausgesprochen modernes historisch-kritisches Interesse. So hat er sich u.a. ausführlich mit den Widersprüchen zwischen den beiden Stammbäumen von Jesus bei Matthäus und Lukas beschäftigt und in diesem Zusammenhang auch Zugang zu judenchristlichen Traditionen aus dem Umfeld der Jesusfamilie gesucht. Dabei erfuhr er, dass Herrenverwandte von ihren Heimatorten aus Reisen unternahmen, auf denen sie die Familiengeschichte und -tradition erklärten: »Von den jüdischen Dörfern Nazareth und Kochava aus besuchten sie das übrige Land und interpretierten die ihnen vorliegende Genealogie.«[134]

Dieser eine Satz enthält zwei wichtige Hinweise: Zum einen, dass es in der weiteren Familie, aus der Je-

---

132 Eusebius, Kirchengeschichte I 7,2–16. Ausführlich diskutiert bei Bauckham, Jude and the Relatives of Jesus, 61f. und 355–366.

133 Vgl. zur Diskussion die Beiträge in K.-H. Fleckenstein, M. Louhivouri u. R. Riesner (Hg.), Emmaus in Judäa. Geschichte – Exegese – Archäologie, Biblische Archäologie und Zeitgeschichte 11, Gießen 2003.

134 Eusebius, Kirchengeschichte I 7,14.

sus kam, ein intensives Interesse an der eigenen Abstammung von David gab, die über eigene Aufzeichnungen dokumentiert und ziemlich sicher mit den Geschlechtsregistern in den biblischen Quellen in Beziehung gebracht wurden. Zum anderen, dass diese Abstammungsfrage Teil der Belehrung oder missionarischen Verkündigung war, die von den Herrenverwandten selbst im »übrigen Land« verbreitet wurde.

Ob man sich vergleichbare Reisen auch für Jakobus vorstellen sollte, lässt sich zwar nicht eindeutig sagen, eigentlich spricht aber mehr dafür als dagegen. Als führende Gestalt in Jerusalem ist Jakobus erst für die Zeit nach dem Martyrium des Zebedaiden Jakobus bezeugt, das frühestens auf 41/42 datiert werden kann. Über die Zeit davor wissen wir kaum etwas, aber wie Paulus könnte auch er zunächst in einem eschatologisch verstandenen »Großisrael« missionarisch tätig gewesen sein, ehe ihm von Petrus die Verantwortung für Jerusalem übertragen oder er gar erst nach Jerusalem zurückgerufen wurde.[135] Wie Paulus sich erst bewähren musste, ehe er von Jerusalem aus akzeptiert wurde, so möglicherweise auch Jakobus. Beide verbindet ihre frühere Ablehnung Jesu, und es ist ohne weiteres nachvollziehbar, dass die unmittelbaren Nachfolger Jesu diese erst nach der Auferstehung zum Glauben an den Messias Jesus Gekommenen nicht sofort mit Leitungsaufgaben betrauten.[136] Der bereits er-

135 Zum eschatologischen Großisrael, das weite Teile Syriens umschloss, s. M. HENGEL, Ἰουδαία in der geographischen Liste Apg 2,9–11 und Syrien als »Großjudäa«, in: Studien zum Urchristentum. Kleine Schriften VI, WUNT 234, Tübingen 2008, 191–211.

136 Zwar hat Paulus bei seinem ersten Jerusalembesuch drei Jahre nach seiner Bekehrung, als er für 15 Tage bei Petrus war, auch den Herrenbruder Jakobus getroffen (Gal 1,18f.), aber das be-

wähnte Text aus den Pseudoklementinen (s. A 2.2) über die Flucht des Jakobus von Jerusalem nach Jericho nach dem Anschlag auf sein Leben kann auf einen zeitweiligen Aufenthalt in Jericho und Umgebung hinweisen. Der Text selbst datiert die Flucht des Jakobus auf das Jahr 37, aber da Paulus hinter dem Anschlag gesehen wird, muss – wenn darin irgendeine historische Erinnerung verarbeitet ist – dieses Ereignis spätestens um 32/33 stattgefunden haben. Aber selbst nachdem Jakobus von Petrus in die Verantwortung für die Jerusalemer Gemeinde gerufen wurde (Apg 12,17), schließt diese Tätigkeit gelegentliche weitere Reisen nicht notwendig aus. Der Briefanfang des ihm zugeschriebenen Briefes »an die zwölf Stämme in der Diaspora« passt ebenfalls zu einem solchen weiten Horizont (Jak 1,1).

3.4.3 War Jakobus verheiratet?

Aussagen über das mögliche Verheiratetsein des Jakobus fehlen in allen verfügbaren Quellen, aber das gilt für die Mehrzahl der frühchristlichen Gestalten. Lediglich bei Epiphanius, in seinem Bericht über Ebion, den angeblichen Begründer der ebionitischen Häresie, die seiner Beschreibung nach judenchristliche Ursprünge mit gnostischen Elementen verband, findet sich der Hinweis, dass dieser *ursprünglich* die Ehe abgelehnt habe, »vermutlich wegen dem Herrenbruder Jakobus.«[137] Das ist aber alles andere als eindeutig und

---

deutet weder, dass dieser sich die ganze Zeit über in Jerusalem aufgehalten hat, noch, dass er damals bereits Leitungsaufgaben in der Gemeinde hatte.

137 Epiphanius, Panarion 30.2.6. Auch in 68.13 schreibt er, dass Jakobus unverheiratet geblieben war. Dasselbe behauptet er in diesem Zusammenhang aber auch von den beiden Zebedaiden, was insgesamt doch als sehr unwahrscheinlich gelten

bedeutet nicht viel mehr, als dass Epiphanius um 375 vermutete, dass Ebion (bei dem manche sogar bezweifeln, dass es eine Person dieses Namens überhaupt gab), der in der 2. Hälfte des 1. Jahrhunderts aktiv gewesen sein soll, eine Zeitlang die Ehe unter Verweis auf Jakobus ablehnte. Daraus kann man nur folgern, dass dieser rätselhafte Ebion der Meinung war, dass Jakobus nicht verheiratet war. Epiphanius weist das nicht als falsch ab, was er sonst im Hinblick auf andere Nachrichten aus dem Umfeld der Familie von Jesus sehr heftig tut, offenbar weil auch er überzeugt war, dass der Herrenbruder unverheiratet geblieben war. Das passt gut in die Zeit des 4. Jahrhunderts, besagt aber wenig bis gar nichts für den historischen Jakobus. Dass über eine Frau an seiner Seite oder gar Kinder nichts bekannt ist, besagt nicht, dass er keine hatte. Wie schon erwähnt, sind Nachrichten über Familienangehörige in den frühen Quellen äußerst selten. Umso wichtiger ist darum diese unpolemische Selbstverständlichkeit, mit der Paulus in 1Kor 9,5 von den verheirateten Brüdern Jesu schreibt.

Wenn also Paulus dabei auch an Jakobus gedacht haben kann, dann enthält dieser Vers nicht nur einen Hinweis auf sein mögliches Verheiratetsein, sondern auch auf eine missionierende Reisetätigkeit. Der Kontext bei Paulus legt es weiter nahe, dass er von Reisen auch in den griechischsprachigen Missionsgebieten ausgeht. Sehr wahrscheinlich hatten auch die Korinther schon Besuch von anderen Aposteln (von Petrus ist es aufgrund von 1Kor 1,11 f. ohnehin sehr wahrscheinlich), ob auch von Herrenverwandten, lässt sich

---

muss, vor allem, wenn man bedenkt, dass nach Epiphanius Jakobus über 40 Jahre alt war, als Jesus geboren wurde. Welchen Anlass hätte er gehabt, nicht zu heiraten?

nicht wirklich sagen.[138] Für die Argumentation des Paulus genügt es jedenfalls, dass die Korinther von solchen Besuchsreisen wussten. Gemeindebesuche in Kleinasien und Griechenland setzen jedoch Kenntnisse des Griechischen voraus: Entweder waren also die Apostel und Herrenverwandten in der Lage, sich auf Griechisch zu verständigen, oder sie mussten die gesamte Zeit über von Dolmetschern begleitet werden, die aus dem Aramäischen ins Griechische übersetzen konnten. Ersteres erscheint dabei plausibler, was jedoch weder Hilfe durch echte Zweisprachler noch eine erst im Laufe der Zeit zunehmende Vertrautheit mit der griechischen Sprache ausschließt. Anders ausgedrückt: Das Erlernen von Griechisch (und möglicherweise auch weiteren Sprachen) war die wichtigste Voraussetzung für die Völkermission, und nichts spricht dagegen, dass dies sehr früh intensiv von denen unternommen wurde, die sich diesem Auftrag von Jesus verpflichtet fühlten.[139] Auf Griechisch geschriebene Briefe von Herrenbrüdern, wie sie der Jakobus- und Judasbrief sein wollen, sind vor diesem Hintergrund jedenfalls weit weniger ungewöhnlich, als vielfach angenommen.

---

138 Vgl. dazu HENGEL, Petrus, 106–111.

139 Das Sprachenwunder am ersten (christlichen) Pfingsten lässt erkennen, dass die Sprachenfrage als Herausforderung erkannt worden war. Was der Heilige Geist im Anfangsgeschehen scheinbar mühelos bewirkte, nämlich, dass alle in ihrer eigenen Sprache die Botschaft der Apostel hörten (Apg 2,4–11), wurde die Norm christlicher Verkündigung. Die zu Gewinnenden mussten nicht erst eine fremde Sprache lernen um das Evangelium hören zu können, sondern die Missionare bemühten sich, »in fremden Zungen« zu sprechen, damit es alle hören können. Dass Lukas in der Apostelgeschichte das Wunder des Anfangs erzählt und dann vom Schweiß des Sprachenlernens

4. Jakobus in der Apostelgeschichte

4.1 *Die Vorbereitung: Familiengeschichten im Lukasevangelium*

Die Jakobusdarstellung des Lukas in der Apostelgeschichte ist im Evangelium bereits vorbereitet. Es empfiehlt sich darum, die Nachrichten über die Familie Jesu im Lukas-Evangelium noch einmal im Zusammenhang kurz Revue passieren zu lassen. Als erstes fällt auf, dass Lukas im Vergleich zu den beiden anderen Synoptikern ausführlich über Familienangelegenheiten berichtet. Da wird, beginnend mit Lk 1,26, erzählt, dass eine Jungfrau namens Maria mit einem Mann namens Josef, der aus dem Geschlecht Davids stammt, verlobt war, und dass diese beiden in Nazareth in Galiläa wohnten. Die Ankündigung der Geburt durch den Engel Gabriel wird breit erzählt und von Anfang an sind Maria und Josef als Menschen dargestellt, die Gottes Willen gehorsam sind, auch wenn er scheinbar Unmögliches ankündigt: Maria solle, ohne ehelichen Verkehr, schwanger werden und den Messias und Gottessohn gebären, dem sie den Namen Jesus geben solle. Der werde auf dem Thron seines Vorfahren Davids sitzen und über »das Haus Jakob« in Ewigkeit herrschen. Da sind in wenigen Worten die großen Namen von Israels Geschichte genannt: Jakob,

als Alltagspraxis schweigt, entspricht auch sonst seinem Stil und ist zudem typisch biblisch. Das Anfangsgeschehen wird oft hervorgehoben durch Zeichen und Wunder, während der Fortgang des Geschehens unter eher alltäglichen Bedingungen unerzählt bleibt. Die frühen Übersetzungen biblischer Texte in eine Vielzahl von lokalen Sprachen ist in der gesamten Antike einzigartig und ein viel zu wenig gewürdigtes Phänomen.

Josua (= Jesus), David, und damit Väterverheißung, Volkwerdung und Landnahme, Königtum und Messiaserwartung. Maria übernimmt es, die Mutter des Sohnes des Höchsten zu werden: »Siehe (ich bin) die Magd des Herrn. Mir geschehe nach deinem Wort« (Lk 1,38). Maria willigte mit diesem Satz ein, in das Erbe ihrer Familie einzutreten. Aber sie tut dies erst, als nach diesen großen biblischen Namen auch der von ihrer judäischen Verwandten Elisabeth genannt wurde, von deren Geschick und unerwarteter Schwangerschaft ihr der Engel berichtet (1,36f.). Dass Josef Marias Schwangerschaft mit Argwohn betrachtet hätte, wird im Unterschied zu Matthäus nicht einmal angedeutet. Mit diesen wenigen Andeutungen lässt Lukas erkennen, dass es sich bei der Jesusfamilie um einen Familienverband handelte, der auf das Kommen des Messias aus ihrem *eigenen* Geschlecht, der Nachkommenschaft Davids, wartete und mit den damit verbundenen Verheißungen, insbesondere des Jesajabuches, vertraut war. Jesus wurde nicht »zufällig« in diese Familie hineingeboren.

Josef machte sich, als das Gebot zur »Schätzung« kam,[140] mit der schwangeren Maria als seiner Verlobten auf den Weg nach Bethlehem. Wir erinnern uns: Im Protevangelium des Jakobus begleitet von seinen älteren Söhnen. Die Geburt im Stall, die Hirten als nächtliche Besucher, und das Erstgeburtsopfer im Tempel, das alles ist viel weniger dramatisch als bei Matthäus: kein Kinder mordender Herodes, keine Flucht nach Ägypten und dann ein Exil in Galiläa,

140 Dabei ist historisch am ehesten an eine Steuerregistrierung zwecks Grundbesitz zu denken, denn dazu mussten auch Frauen, zusammen mit ihrem gesetzlichen Vormund, an dem Ort persönlich erscheinen, wo sie steuerpflichtig waren.

Abb. 15: Anna unterrichtet ihre Tochter Maria in der Schrift. Diese mittelalterliche Bildtradition gibt eindrucksvoll dem Gedanken Ausdruck, dass die Herrenmutter auf ihre Aufgabe in der Familie vorbereitet wurde. Glasfenster aus dem 16. Jahrhundert in der St. Botolph-Kirche von Lullingstone Castle, Kent (GB).

sondern eine von Israels Ordnungen und messianischen Erwartungen geprägte Idealität prägt die Erzählung, für die Lukas indirekt Maria als Quelle angibt (2,19). Dass Maria diese Worte »in ihrem Herzen behielt«, erwähnt Lukas gleichlautend noch einmal in 2,51 nach dem Besuch in Jerusalem zum Passafest im 12. Jahr nach Jesu Geburt. Die dadurch gegebene Verklammerung von 2,19 bis 2,51 schließt das *Nunc dimittis* des greisen Simeon mit dem Ausblick auf die Passion (2,25–35) und das Zeugnis der Prophetin Hanna (2,36–38) ausdrücklich ein, so dass diese Weissagungen Teil der »Worte« sind, die Maria »in ihrem Herzen behielt«. Maria wird so nicht nur als Traditionsträgerin vorgestellt, sondern zugleich als eine, die an die Sendung ihres Sohnes glaubte und an die Verheißungen, die über ihn durch Elisabeth (Lk 1,41–45), Simeon und Hanna ausgesprochen wurden. Ihr eigener Lobgesang (1,46–55), das *Magnificat*, ist ja das erste (bzw. nach dem der Elisabeth das zweite) Bekenntnis zu Jesus überhaupt zu einer Zeit, als er noch nicht einmal geboren war.[141]

Der Bericht über den Besuch im Tempel deutet einen ersten Konflikt zwischen der Familie und Jesus immerhin an: Dem Vorwurf der Mutter, dass sie und sein Vater ihn »schmerzhaft« gesucht haben (2,48), begegnet Jesus mit dem Hinweis, dass er im Tempel als seinem eigentlichen Vaterhaus bleiben müsse. »Aber sie verstanden das Wort nicht, welches er ihnen sagte« (2,50) schreibt Lukas, aber es klingt wie eine Erinnerung Marias an damals. Darin lässt Lukas anklingen,

---

141 Wichtig dazu ist die Untersuchung von Ulrike Mittmann-Richert, Magnifikat und Benediktus. Die ältesten Zeugnisse der judenchristlichen Tradition von der Geburt des Messias, WUNT II/90 Tübingen, 1996.

dass Jesus auch innerhalb seiner Familie nicht immer auf Verständnis stieß. Darauf näher einzugehen lag jedoch nicht im Interesse des Lukas, aber verschweigen konnte und wollte auch er diese Spannungen nicht. Das aber bedeutet, dass wir beim Familienkonflikt auf gutem historischem Grund stehen, auch wenn ihn Lukas im Hinblick auf die Apostelgeschichte und die Rolle von Maria und den Brüdern Jesu darin nicht eigens hervorhebt.

In der Perikope über Jesu Predigt in seiner Heimatstadt Nazareth spielt die Familie bei Lukas dagegen, anders als bei Markus und Matthäus, keine Rolle. Der einzige Bezug ist der verwunderte Ausruf der Nazarether angesichts dieser »Worte der Gnade«, die sie aus seinem Munde hörten: »Ist dieser nicht Josefs Sohn?« (4,22). Lukas verzichtet entgegen seiner eigenen Vorliebe für solche Listen offenbar ganz bewusst darauf, an dieser Stelle Maria und die Geschwister Jesu namentlich aufzuzählen.[142] Er verzichtet ebenfalls auf die bei Markus und Matthäus den Vorgang abschließende Wendung »und sie nahmen Anstoß an ihm« (Mk 6,3; Mt 12,57). Darum musste Lukas auch die Begegnung von Jesus und seiner Mutter bzw. seinen Brüdern umgestalten, wie wir oben gesehen haben. Ihre Zugehörigkeit zur weiteren Gruppe der Jünger in der Apostelgeschichte ist darum ohne erzählerischen Bruch und ohne weitere Erklärung möglich.

---

142 Die Verschweigung der Namen der Jesusbrüder erfordert eine Erklärung, insbesondere weil Lukas eine ausgesprochene Vorliebe für Namen hat und diese gerne als Listen darbietet (Lk 3,1f.; 8,2f.; 24,10; Apg 1,13; 4,6; 6,5; 13,1; 20,4), dazu auffällig viele, teilweise recht nebensächliche Einzelpersonen mit Namen nennt (Lk 2,36; 23,26.50; Apg 9,10.11.33.36.43; 12,13.20 u. a.).

4.2 Die Familie Jesu als Teil der Urgemeinde von Anfang an

Die ersten 13 Verse der Apostelgeschichte bieten ein Summarium der Wirksamkeit Jesu, abgeschlossen mit seiner Aufnahme in den Himmel (Apg 1,11). Zeugen dafür sind die »Apostel« (1,2), die von den die Heimkehr des Sohnes begleitenden Engeln als »Männer Galiläas« angesprochen werden (1,11). Diese kehren nach diesem Ereignis nach Jerusalem in »das Obergemach« zurück, wo sie sich aufzuhalten pflegten. Doch bevor sich der Blick nach vorne richtet, nennt Lukas noch einmal die Namen der elf verbliebenen Jünger (1,13). Diese Liste enthält drei Personen mit dem Namen Jakobus: an dritter Stelle den Zebedaiden, dann Jakobus, den Sohn des Alphäus und Judas, den Sohn des Jakobus. Mit Petrus, Johannes und Jakobus stehen die drei Apostel an der Spitze, die – in genau dieser Reihenfolge – auch in den ersten zwölf Kapiteln der Apostelgeschichte namentlich eine Rolle spielen.[143] Der Zebedaide Jakobus wird außer in 1,13 (und summarisch, wenn von den Zwölf oder den »übrigen Aposteln« die Rede ist) nur noch in Apg 12,2 anlässlich seiner Hinrichtung durch Herodes Agrippa I. erwähnt, wo er als Bruder des Johannes eindeutig identifiziert wird. Doch lässt die Tatsache seiner Hinrichtung zusammen »mit einigen von der Gemeinde«, die namenlos bleiben, immerhin so viel erkennen,

143 Lukas bemüht sich zwar, Johannes nicht allzu sehr hinter Petrus zurückstehen zu lassen, aber dessen Führungsrolle ist dennoch überdeutlich erkennbar: Petrus fungiert als Sprecher der Zwölf (1,15; 2,14.37f.; 5,29) oder allein (5,3–9.15; 9,32–11,18; 12,3–17), und wo er gemeinsam mit Johannes auftritt (3,1–11; 4,13–19; 8,14–25), ist er ebenfalls der Sprecher (3,6.12; 4,8; 8,20).

dass er für Außenstehende ein erkennbarer und wohl auch wichtiger Exponent der Jesusgemeinde in Jerusalem war.

Die ersten Verse des ersten Kapitels der Apostelgeschichte, die durch die Nennung der Apostel in V. 2 und V. 13 einen klaren Rahmen haben, bilden so zugleich eine Klammer um die ersten 12 Kapitel, bei denen »die Apostel« und insbesondere Petrus im Mittelpunkt stehen. Nichts im Text von 1,1–13 lässt vermuten, dass bei diesen Begegnungen und Unterredungen mit dem Auferstandenen noch andere als die Apostel anwesend waren. Erstaunt liest man darum im nächsten Vers die knappe Notiz (1,14), dass außer nicht näher bestimmten Frauen (womit durchaus die der Apostel gemeint sein können) auch »Maria, die Mutter Jesu und seine Brüder« in Jerusalem im Kreis der Apostel gegenwärtig waren. Die Anwesenheit von Frauen überrascht dabei weniger, da sie von Lukas von Galiläa an im Gefolge Jesu beschrieben sind und dann auch unter dem Kreuz und bei der Auffindung des leeren Grabes eine prominente Rolle spielen.[144] Dass jedoch Maria, die Mutter Jesu, und seine Brüder zu diesem Kreis gehören, ist bei weitem nicht so deutlich vorbereitet. Denn trotz der Bedeutung Marias in den ersten beiden Kapiteln des Evangeliums kommen Jesu Mutter und seine Brüder mit Ausnahme von 8,19–21 im dritten Evangelium nicht mehr vor. Auch bleiben die Brüder Jesu bei Lukas namenlos. Gleichwohl gelingt es Lukas, mit dieser Einfügung die spätere Rolle des Jakobus ab 12,17 vorzubereiten. Denn so

144 Lk 8,1–3; 23,49.55f.; 24,10.22, vgl. a. 10,38–42. Eine Handschrift (D) ergänzt in Apg 1,14 zu »mit Frauen« noch »und Kindern«, d. h. ganze apostolische Familien wären dann von Anfang an in Jerusalem.

gehört er zu denen, die zumindest in Jerusalem von Anfang an (vgl. 1,21f.) dabei waren. Und er trägt, anders als bei Markus und Matthäus und wiederum anders bei Johannes (vgl. 7,3–5), nicht den Makel früheren Unglaubens.

4.3 Von der Peripherie ins Zentrum (Apg 12,17)

Trotz ihrer Nennung in Apg 1,14 spielen Angehörige der Jesusfamilie bis 12,17 keine aktive Rolle in der Jerusalemer Gemeinde. Hier sind vor allem die Zwölf mit Petrus an der Spitze aktiv. Als zweite Gruppe entstehen daneben die Sieben für den Griechisch sprechenden Teil der Gemeinde, unter denen Stephanus und Philippus ein besonderes Profil erhalten. Mit Saulus-Paulus und – weniger prominent – Barnabas werden zudem die zukünftigen Hauptakteure eingeführt und vorgestellt. Es bleibt den Lesern überlassen, sich in Gedanken die Jesusfamilie als Zeuge dieser Ereignisse vorzustellen. Was Lukas berichtet, sind nicht mehr als einzelne, für den weiteren Verlauf entscheidende Episoden, aber er ist nicht an einer umfassenden, systematischen Darstellung der Anfänge interessiert. Das wird deutlich, wenn man sich den chronologischen Rahmen vor Augen hält: Bis zu den dramatischen, in Apg 12,1ff. beschriebenen Ereignissen während der kurzen Herrschaft des Herodesenkels Agrippa I. (König von Judäa und weiterer jüdischer Gebiete 41–44), sind seit der Auferstehung Jesu mehr als zehn Jahre vergangen. In einiger Ausführlichkeit berichtet Lukas für diese ganze Zeitspanne jedoch lediglich von 16 Einzelereignissen, von denen sich zudem einige außerhalb Jerusalems zutrugen. Auch die Anzahl der aktiv handelnden Personen, die namentlich erwähnt werden, ist für eine solche Zeitspanne äußerst knapp. Es ist von daher nicht verwunderlich, dass Lukas den ersten Besuch des Paulus bei Petrus in Jerusalem, bei dem dieser auch Jakobus kennengelernt hatte (Gal 1,18f.), nur ganz knapp erwähnt (Apg 9,26f.). Es werden in dieser Zeit Zahlreiche, Bekannte und völlig Unbekannte, zu den Traditionsträgern in Jerusalem gekommen sein, um mehr über Jesus zu erfahren.

Die Apostelgeschichte bietet also noch nicht einmal annähernd ein vollständiges Bild von dem, was in dieser Zeit geschah, und doch erzählt Lukas genug um nachvollziehen zu können, wie das Evangelium innerhalb einer Generation von Jerusalem über die jüdische Welt hinaus Rom erreichte. Die Wendung zur aktiven Mission unter Nichtjuden bereitet sich in den ersten zwölf Kapiteln vor, aber erst mit Kapitel 13, dem Bericht über die erste Missionsreise von Barnabas und Paulus, wird sie planvoll betrieben. Diese Reise führt erstmals in ein Gebiet, das auch bei großzügiger Auslegung der Vorstellung des Heiligen Landes nicht mehr dazu gerechnet werden kann.[145] In der lukanischen Darstellung dienen darum die Kapitel Apg 10–15 der Klärung der für die zukünftige Identität der jungen Gemeinden entscheidenden Fragen nach Beschneidung und gemeinsamen Mahlzeiten. Mitten hinein in dieses Ringen platziert Lukas fast wie aus dem Nichts Jakobus in Kapitel 12. Es ist, als wollte er deutlich machen, dass die folgende Geschichte, und das heißt die Geschichte von Israel zu den Völkern, nicht erzählt werden kann, ohne darin auch an die Rolle des Jakobus zu erinnern.

145 Zu den Vorstellungen von der Ausdehnung des »Landes Israel« in dieser Zeit s. oben Anm. 135.

4.3.1 Von Petrus zu Jakobus (Apg 12,17)

Dass Lukas allerdings Geschichte anders erzählt als ein moderner Historiker, macht das Kapitel Apg 12 schnell deutlich: Den Auftakt bildet die Hinrichtung des Zebedaiden Jakobus und »einiger von der Gemeinde« (Apg 12,1f.). Dieses dramatische Geschehen wird in äußerster Knappheit in gerade einmal zwei Versen abgehandelt. Emotionen der davon Betroffenen werden nicht erwähnt. Lukas scheint vorauszusetzen, dass er über das Martyrium innerhalb der ersten Gemeinde mit dem ausführlichen Bericht über die Steinigung des Stephanus bereits alles zu wissen Nötige gesagt hat, so dass seine Leser die Details etwa über Klage und Bestattung (wie in Apg 8,2) ergänzen konnten. Statt der Gefährdung geht es Lukas um die wunderbare Rettung. Darum folgt auf den Tod des Zebedaiden Jakobus ein ausführlicherer Bericht über Verhaftung und Befreiung des Petrus, bei der ein Engel in das weltliche Treiben eingreift. Die Ausführlichkeit in diesem Teil ist auffällig. Selbst der Schreck der Türhüterin Rhode im Haus der Maria, der Mutter des Johannes Markus,[146] ist ihm eine ausführliche Notiz wert (12,12–15). Aber dann, plötzlich, am Ende dieser wortreichen Erzählung, fällt er in den enigmatisch-knappen Stil vom Anfang zurück, wenn er Petrus zum Abschluss sagen lässt: »Berichtet dieses dem Jakobus und den Brüdern.« Ebenso knapp und rätselhaft ist auch die Fortsetzung: »Und er (= Petrus) verließ (das Haus) und ging an einen anderen Ort« (12,17). In dem Moment, wo Petrus von der Jerusalemer Bühne abtritt (er ist nur noch einmal später beim Apostelkonvent er-

146 Durch diese zusätzliche Angabe ist eine Verwechslung mit dem in 12,2 genannten Apostel Johannes ausgeschlossen.

wähnt), schickt er eine Botschaft an »Jakobus und die Brüder«. Ob damit die anderen Brüder Jesu gemeint sind (wie in 1,14), oder ob an eine Art Gemeindeversammlung zu denken ist (wie in 1,15f. und 6,2f.), ist nicht eindeutig zu entscheiden. Möglich ist beides, aber wahrscheinlicher Letzteres: »Brüder« ist in der Apostelgeschichte häufig als Sammelbegriff für alle Jesusgläubigen an einem Ort oder deren Repräsentanten gebraucht.[147] Im Haus der Maria (12,12), wo dieses Geschehen stattfand, hatte sich nur ein Teil der Gemeinde versammelt, zu dem Jakobus offenbar nicht gehörte; das ist nicht ungewöhnlich, denn in Apg 2,46 ist ausdrücklich vorausgesetzt, dass sich die Jerusalemer Christen abends in verschiedenen Häusern zum gemeinsamen Essen trafen.

Wichtig ist aber noch ein anderes Detail: Am Ende von Kapitel 11 hieß es, dass die Gemeinde in Antiochien aufgrund einer Prophezeiung Geld durch Barnabas und Paulus nach Jerusalem bringen ließ. Apg 11,27–30 stellt dabei eine Art abschließende Notiz zur Situation in Antiochien dar, bevor der Blick sich endgültig auf Jerusalem und von da aus nach Westen und nach Rom richtet. Wieder bietet Lukas nur die allernötigsten Informationen in knappster Form: Christliche Propheten aus Jerusalem prophezeiten in der antiochenischen Gemeinde eine Hungersnot, von der Lukas angibt, dass sie unter Kaiser Claudius eintrat (regierte von 41–54). Die Antiochener beschlossen daraufhin, den judäischen Geschwistern finanzielle Unterstützung zukommen zu lassen, die durch Barnabas

147 In Apg 11,29 senden »die Jünger« in Antiochien ihre Spende an »die Brüder in Judäa«. Lukas gebraucht »Brüder« und »Jünger« häufig als Alternativausdrücke für die Jesusgläubigen an einem Ort (11,26).

und Paulus übermittelt wurde. Wann dies genau geschah, bleibt im Ungefähren. Die Empfänger derselben werden dagegen genau angegeben. Es sind die »Ältesten« (11,30). Das ist eine andere Bezeichnung für die Verantwortlichen in Jerusalem und hier zum ersten Mal für die christliche Gemeinde gebraucht.[148] Bisher waren die Zwölf das Leitungsgremium, das zusammen mit den »Brüdern« die Entscheidungen traf.[149] Damit deutet Lukas an, dass sich die Organisation der Jerusalemer Gemeinde verändert hatte. Mit dem Tod des Zebedaiden Jakobus und dem Versuch, auch Petrus zum Schweigen zu bringen, endete endgültig die Zeit der Apostel als Leiter der Jerusalemer Gemeinde.

4.3.2 Der Sturz des Agrippa und die »Inthronisation« des Jakobus

Das aber ist der Moment, in dem der Herrenbruder Jakobus aus dem Schatten gerufen wird. Mehr erzählt Lukas nicht. Vor allem nichts über die Gründe, die Petrus zu seiner Anweisung bewogen haben. Für eine Biographie über Jakobus lässt sich daraus jedoch so viel entnehmen, dass dieser in den rund zehn Jahren zwischen seiner Auferstehungsbegegnung und der »Berufung« durch Petrus so wichtig wurde, dass Petrus ihm diese Aufgabe zutraute. Noch etwas erscheint hier bedenkenswert: Durch seine Darstellung

---

148 In der jüdischen politischen Selbstverwaltung und im Rahmen der Leitung von Synagogen ist der Titel eines »Ältesten« seit alters in Gebrauch, vgl. z. B. Ex 3,16; 12,21; Dtn 19,12; Jos 8,33; 1Sam 8,4; Esra 5,9; Jes 3,14; Mk 8,31; Apg 4,5; 22,5. Für die Leitungsfunktion in Synagogen kann auf inschriftliche Belege verwiesen werden, s. HENGEL / SCHWEMER, Paulus, 370f.383–389.

149 Apg 11,1, als Kurzfassung der in 1,13f. ausführlich beschriebenen Gruppe.

macht Lukas deutlich, dass sich Jakobus in seine Rolle als eine der führenden Gestalten der Jerusalemer Gemeinde nicht selbst hineingedrängt hatte, er also gerade nicht aufgrund seiner Verwandtschaft mit Jesus Ansprüche anmeldete, sondern wartete, bis der Ruf an ihn kam.[150] Andere interpretieren die Haltung des Jakobus dagegen sehr viel negativer, sehen in ihm sogar die Ursache für die Verfolgung und Verhaftung des Petrus – mit Hilfe König Agrippas habe er seinen Hauptkonkurrenten im Kampf um die Leitung der Jerusalemer Gemeinde ausgeschaltet, um selbst sein gesetzesstrenges Regime aufziehen zu können.[151] Gegen eine solche negative Verzeichnung des Jakobus – bei der man ohnehin sehr viel in die Quellen hineinlesen muss – spricht in erster Linie die Art und Weise, wie Paulus von ihm spricht. Wäre er ein solch intriganter Hardliner gegen die heidenchristliche Mission und Petrus gewesen, wie es dieses negative Bild voraussetzt, dann hätte Paulus sich kaum so bemüht, den Kontakt zur Gemeinde in Jerusalem aufrecht zu erhalten.

Die Fortsetzung des Kapitels berichtet den Tod des Herodesenkels Agrippa, der sich in Caesarea in göttlichem Glanz dem Volk präsentierte, aber kurz darauf starb.[152] Damit illustriert Lukas, was Maria in ihrem Lobgesang zu Beginn des Evangeliums angekündigt

150 Die Absenderangabe des Jakobusbriefes drückt dieselbe Zurückhaltung aus.

151 Vgl. dazu D. R. Schwartz, Agrippa I. The Last King of Judaea, TSAJ 23, Tübingen 1990, 121 f. Zu einem ähnlich negativen Bild des Jakobus s. A 1.1.

152 Apg 12,19–23, ausführlicher beschrieben bei Josephus, Jüdische Altertümer XIX 343–352. Auch wenn es etliche Unterschiede zwischen den beiden Berichten gibt, stimmen sie in den Hauptsachen überein.

hatte: »Er zerstreut die hochmütig sind in ihres Herzens Sinn; er stößt die Mächtigen von (ihren) Thronen, und erhöht die Niedrigen« (Lk 1,51f.). Der unscheinbare Nachkomme Davids, der Bruder des Herrn, sitzt von nun an als sein »Knecht« (Jak 1,1) auf dem Thron Davids in Jerusalem. Das ist zwar kein »Thron« im eigentlichen Sinn, er steht weder in einem Palast noch im Tempel oder einer prunkvollen Kirche, sondern in den Jerusalemer Häusern, wo sich die Jesusgläubigen treffen. Da, wo zwei oder drei in seinem Namen zusammen sind, da ist der König selbst mitten unter ihnen. Da ist sein Reich schon da.

4.3.3 Die Vorbereitung der beschneidungsfreien Mission unter den Völkern

Lukas beendet diesen Teil seines Buches, der mit einem König begann, der die Jünger des Herrn verhaften und töten ließ, aber am Ende selbst vom »Engel des Herrn« geschlagen wurde, mit zwei wichtigen Hinweisen: »Das Wort Gottes nahm zu und breitete sich aus« (12,24), und Paulus und Barnabas kehrten nach Antiochien zurück, um von dort zur ersten Missionsreise aufzubrechen (12,25). Damit gestaltet Lukas eine perfekte Ringstruktur: In 11,30 treffen Paulus und Barnabas in Jerusalem ein, nach den dramatischen Geschehnissen kehren sie zurück (12,25). Und dazwischen erfolgte die Berufung des Jakobus. Das lässt vermuten, dass Lukas daran lag, Paulus und Barnabas als eine Art Zeugen während dieser dramatischen Vorgänge in Jerusalem gegenwärtig erscheinen zu lassen, so dass kein Riss zwischen den beiden missionarischen Zentren Jerusalem und Antiochien entstand. Noch vor ihrer Abreise fügt Lukas mit 12,24 das einen Abschluss markierende »Erfolgswort« ein[153], womit die Leser vom Jerusalemer Schauplatz für die Zeit der sogenannten ersten Missionsreise entlassen werden. Dieses »Erfolgs-« oder »Wachstumswort« ist als Hinweis darauf zu deuten, dass auch in Jerusalem während dieser erzählerischen Ausblendung die Gemeinde zunahm. Wenn aber Apg 12,17 so zu verstehen ist, dass die Verantwortung für die Jerusalemer Gemeinde auf Jakobus überging, dann ist hier indirekt angedeutet, dass die Gemeinde unter seiner Leitung weiter zunahm.

Der Gleichklang zwischen Jerusalem und Antiochien bestimmt dann auch die nächsten Kapitel: Barnabas und Paulus treten nach ihrer Rückkehr von Jerusalem ihre erste große Missionsreise von Antiochien aus an (13,1–3). Für den Fortgang wichtig ist dabei, dass zu den Begleitern von Barnabas und Paulus mit Johannes Markus zumindest anfangs auch ein Jerusalemer gehörte, der dann allerdings in seine Heimatstadt zurückkehrte (13,12f.), als die erste Bekehrung eines Nichtjuden durch Paulus und Barnabas geschah. Deren Reise endete, zumindest zunächst, wieder in Antiochien (14,26), doch der Frieden währte nicht lange: »Einige kamen herab von Judäa und lehrten die Gläubigen, dass sie nicht gerettet werden könnten, wenn sie nicht beschnitten wären nach der Sitte des Mose« (15,1).[154] Es war wohl, folgt man den Andeutungen des Lukas, Johannes Markus, der die Nachrichten einer erfolgreichen Heidenmission ohne Beschneidungsforderung nach Jerusalem gebracht hatte

153 Ähnlich in 6,7; 19,20, vgl. dazu M. Öhler, Barnabas, BG 12, Leipzig 2005, 229, s. auch ebd. 237 Anm. 52.

154 Ein Teil der handschriftlichen Überlieferung dieser Stelle (Codex D und Teile der syrischen und koptischen Tradition) ändert Vers 1 im Licht von Apg 15,5, wonach die Beschneidung nur der Anfang eines vollständigen Gesetzesgehorsams ist: »Wenn ihr euch nicht beschneiden lasst und gemäß dem mosaischen Ethos wandelt, könnt ihr nicht gerettet werden.«

und damit in manchen Kreisen heftige Reaktionen auslöste.

4.4 Zwischen Beschneidungsbeschluss und Apostelkonvent: Die abschließende Klärung der grundsätzlichen Fragen

Beschneidung ja oder nein. Das ist die entscheidende Frage im Mittelteil der Apostelgeschichte (Kapitel 10–15). Erst wenn diese Frage geklärt ist, kann die eigentliche Mission beginnen, erst dann wird aus den Jesusgläubigen aus Juden und Heiden eine neue Gemeinschaft, deren neuer Name, *Christianoi*, ebenfalls in diesem Teil erstmals erwähnt wird (11,26). Lukas gibt dieses komplizierte historische Geschehen in seinen Grundzügen richtig, wenn auch vereinfachend und stark selektierend, wieder. In den Anfangsjahren, als die meisten mit der baldigen Wiederkunft von Jesus rechneten, konnten die Verantwortlichen noch davon ausgehen, dass der Kontext der Jesusgruppe Israel ist und die Aufnahme von Heiden zeichenhafte Überschreitungen dieser Grenze darstellten, so wie es auch im Wirken Jesu einzelne Ausnahmen von der Regel gab, dass es um die »verlorenen Schafe des Hauses Israel« ging (Mt 10,6). Allerdings hatte schon die allererste Bekehrung eines Nichtjuden, Kornelius durch Petrus, und das damit verbundene gemeinsame Essen (11,3), in Jerusalem Besorgnis ausgelöst. Petrus, der wichtigste Jünger Jesu, musste sich für sein Vorgehen rechtfertigen, aber »die aus der Beschneidung« ließen sich fürs erste überzeugen: Gott hat auch den Heiden »die Umkehr ins Leben« eröffnet (11,18, s. auch 11,2).

Wie zögerlich diese Entwicklung weiter vorangetrieben wurde, geht aus Apg 11,19f. hervor: Einzelne der aus Jerusalem vertriebenen Jesusjünger wagten es, auch Nichtjuden mit der Heilsbotschaft vom Messias Jesus zu konfrontieren. Wieder entsteht eine enge Gemeinschaft zwischen den beiden Gruppen, wieder greift Jerusalem ein (11,22), und wieder akzeptieren die Jerusalemer, dass in diesen Ereignissen Gott selbst am Wirken ist (11,23). In den Entwicklungen bis zu Apg 11 konnte man die nichtjüdischen Jesusgläubigen noch als Gäste (und Ausnahmen) einer weitgehend jüdischen Gruppierung verstehen, die ihnen gegenüber auf die sonst übliche soziale Abgrenzung gegenüber Nichtjuden verzichtete. Die jüdische »Leitkultur«, so lässt es sich mit diesem vieldiskutierten Begriff am besten aussagen, wurde durch die »Fremden« nicht in Frage gestellt. In der Darstellung des Lukas ist das die erste Phase einer notwendigen Entwicklung.

Darauf folgt das bereits besprochene Kapitel 12 mit der Einführung des Jakobus in Vorbereitung seiner Rolle in Kapitel 15, gefolgt von der ersten *systematischen* Hinwendung zur aktiven Heidenmission (und nicht nur als Teil des missionarischen Wirkens im Rahmen der Synagogengemeinden). Das Resultat sind Gemeinden, in denen sich nicht mehr eine kleine Gruppe von nichtjüdischen Gläubigen einer mehrheitlich von den jüdischen Jesusanhängern bestimmten Gruppierung anschlossen, sondern es entstehen völlig neue Gemeinschaften, die primär von der Jesusbotschaft bestimmt sind. Für diese neuen Gemeinden können darum die traditionelle Jerusalem- und Torabezogenheit der jüdischen Diasporagemeinden und ihrer nichtjüdischen Besucher (Gottesfürchtige) nicht mehr – wie noch bei Kornelius – vorausgesetzt werden.

Damit stellte sich historisch erstmals die Herausforderung einer *neuen, gemeinsamen Identität,* in der Jesus als Israels Messias und Herr der ganzen Welt im Zentrum steht. Drei Möglichkeiten standen dabei offen, diese neue Gemeinschaft zu gestalten: Erstens konnten die Heidenchristen als Proselyten bewertet werden, das heißt, sie wurden durch ihre Bekehrung zum Gott Israels und seinem Messias Jesus Angehörige des Volkes Israel und hatten sich entsprechend außer zur Taufe auch zu Beschneidung und Toragehorsam zu verpflichten. Die zweite Möglichkeit bestand darin, auch innerhalb der Jesusgläubigen die Trennung zwischen Juden und Nichtjuden fortbestehen zu lassen: Dann hätte sich Gott neben Israel (vertreten durch die judenchristliche Gemeinde) ein weiteres Volk aus den Völkern erwählt, für das alleine die Botschaft Jesu verpflichtend ist, aber nicht die Beschneidung und die damit verbundenen Toraverpflichtungen. Diese beiden Gottesvölker wären dann zwar vereint im Glauben an den Messias Jesus, bildeten aber weitgehend getrennte soziale Verbünde. Für Paulus konnte es dagegen nur ein »Israel Gottes« geben, denn im Messias Jesus zählt nach seinem Verständnis des Evangeliums weder die Beschneidung noch die Vorhaut, sondern ob jemand eine »neue Kreatur« geworden ist (Gal 6,15f., vgl. Eph 2,8–18).

Auch für Lukas, sich hierin Paulus anschließend, ist entscheidend, dass am Ende der in Apg 10–15 geschilderten Entwicklung *ein Volk aus Juden und Heiden* vorhanden ist, das Gottes Namen in der Welt repräsentiert. Das Zusammenlaufen der beiden bisher getrennten und stark verschiedenen Verheißungslinien für Israel und die Völker kulminiert in Apg 15. Dabei kommt es Lukas vor allem darauf an, die für den Fortgang der weltweiten Mission entscheidende Beschneidungs- und Essensfrage zum Abschluss zu bringen. Darum verbindet er den Beginn von Kapitel 15 deutlich mit der Kornelius-Episode aus den Kapiteln

10–11. Dort ging es zwar auch um das gemeinsame Essen mit Nichtjuden, die zentrale Frage war jedoch schon dort die nach der Beschneidung. Dieser Bezugspunkt geht allerdings verloren, wenn man nur die Lutherbibel vor sich hat, denn wörtlich übersetzt lauten diese Verse:

Als aber Petrus hinaufkam nach Jerusalem, kritisierten ihn *die aus der Beschneidung* und sagten: Du bist hineingegangen zu *Männern, die eine Vorhaut haben,* und hast mit ihnen zusammen gegessen.

Das entscheidende Problem ist also nicht das gemeinsame Essen, sondern die darin sichtbar werdende Frage der Gemeinschaft von Beschnittenen und Unbeschnittenen, oder noch präziser: die Gemeinschaft derer, die zum Halten der ganzen Tora verpflichtet sind (was sich in der Beschneidung als »Eintrittsgebot« in das Bundesverhältnis manifestiert) und denen, die dazu – als Nichtjuden – nicht verpflichtet sind. An dieser Frage entschied sich das Geschick der ersten Jesusbewegung.

4.5 Das Schlichtungstreffen (»Apostelkonzil«) in Apg 15

Der beste »erzählerische Zeitpunkt«, um diese Frage endgültig zu klären, ist in der Tat nach dem Ende der ersten Missionsreise, nachdem zum ersten Mal gemeinsame Gemeinden aus Juden und Heiden gegründet worden waren. Lukas konfrontiert darum Barnabas und Paulus bei ihrer Rückkehr nach Antiochien mit einer aus Judäa eingetragenen Streitfrage. Nun liegt die Forderung, die bei Kornelius erst im Hintergrund stand, klar auf dem Tisch. Ohne Beschneidung

»nach dem Brauch des Mose« (15,2), so argumentierten die Judäer, »könnt ihr« – das sind die antiochenischen Heidenchristen und darüber hinaus die Christen in den neu gegründeten Gemeinden der ersten Missionsreise – »nicht gerettet werden« (15,1). Um den entstandenen Streit zu schlichten (15,2) und die dadurch ausgelöste Verunsicherung (vgl. 15,24) zu überwinden, schickt die Gemeinde eine Delegation, bestehend aus Paulus, Barnabas und einigen anderen nach Jerusalem »zu den Aposteln und Ältesten« (15,2.4). Lukas, dem nicht an Streitigkeiten gelegen ist, der aber die notwendigen Konflikte dennoch nicht verschweigt, betont, dass diese Delegation schon auf ihrem Weg durch Phönizien und Samaria wohlwollende Aufnahme in den dortigen »Gemeinden« fand. Diese sollte man sich nicht allzu groß vorstellen; es dürfte sich um kleine Hausgemeinden gehandelt haben. Positiv ist zunächst auch die Aufnahme im Kreis der Jerusalemer Gemeinde. Erst nachdem dieses gegenseitige Wohlwollen gebührend dargestellt ist, wird die den Streit auslösende Fraktion näher als gläubig gewordene Pharisäer beschrieben. In ihnen die »Helfershelfer des Jakobus« zu sehen, hat im Text keinen Anhalt und widerspricht vollständig der im selben Kapitel berichteten Haltung des Jakobus.[155] Diese Gruppe beharrt auf der Notwendigkeit der Beschneidung und dem Halten »des Gesetzes von Mose« (V. 5). Das Ziel ihres Beharrens ist, wie Vers 1 schon angegeben hat, dass auch die neubekehrten Nichtjuden »gerettet werden« können, was so viel bedeutet wie die Freisprechung im Endgericht und die Teilhabe an dem

155 So u. a. STAUFFER, Petrus und Jakobus, 369 Anm. 53. Er hält auch die »Geheimagenten« in Gal 2,4 für Anhänger des Jakobus.

von Jesus erwirkten zeitlichen und ewigen Heil. Lukas spricht diesen Pharisäern ihr ehrliches Bemühen also nicht ab. Zugleich bereitet er damit das Folgende vor. Es geht um das Gerettetwerden, aber der Weg dazu ist nicht länger die Tora, sondern der Glaube an Jesus.

Petrus ergreift zuerst das Wort und er nennt die entscheidenden Kriterien: »Die Botschaft des Evangeliums« gilt nach dem Willen Gottes auch den Heiden, die sie im Glauben annehmen, was ihnen Gott als »Herzenskenner« durch die Gabe des Heiligen Geistes bezeugt. Evangelium, Glaube, Heiliger Geist – das sind die Kennzeichen des neuen Gottesvolkes. Mit dem dreimaligen Hinweis auf den Glauben[156] hält Petrus als einziges Kriterium für Juden *und* Heiden fest: »Wir glauben gerettet zu werden durch die Gnade des Herrn Jesus in derselben Weise wie auch jene« (V. 11). Den Heidenchristen darüber hinaus noch das Joch der Tora[157] auf den Nacken zu legen (V. 10) stellt ihm geradezu eine Versuchung Gottes dar. Mit diesem abschließenden Satz des Petrus lässt Lukas keinen Zweifel an seiner eigenen theologischen Position, denn dieses »wir« des Petrus involviert auch die Leserinnen und Leser. Es ist ein Zustimmung forderndes »wir«, das Bekenntnischarakter hat. Durch die Wiederaufnahme von »Gerettetwerden« in V. 11 legt Lukas zudem eine Klammer um die Verse 1–11, die nur so verstanden werden kann, dass alle Versuche, das »Gerettetwerden« an die Beschneidung und damit

156 Das Verb *pisteuein* »glauben« kommt zweimal in V. 7 und 11 vor, das Substantiv *pistis* »Glaube« in V. 9. Der Wortstamm *pist-* kommt als einziger in der Petrusrede dreimal vor und ist damit betont. Zur universalen Heilsbedeutung Jesu in der Apostelgeschichte s. außerdem 3,11; 4,12; 13,38 f.

157 Dazu K. MÜLLER, Tora für die Völker, SKI 15, Berlin 1994, 151–155, der den rabbinischen Sprachgebrauch analysiert.

verbunden die Einhaltung der Tora zu knüpfen, abgewiesen worden sind.[158] Das nachfolgende Schweigen der Versammlung signalisiert Einverständnis, da Lukas ansonsten bei Nichtzustimmung zu Redebeiträgen regelmäßig von anschließenden Reaktionen berichtet.[159] Der Kontrast zu 15,7a ist sicherlich gewollt: vorher (lautes) Gezänk, danach hörbereites Schweigen.

Nur ganz kurz lässt er danach Barnabas und Paulus auftreten (V. 12), was aber keine Geringschätzung derselben impliziert. Ihre missionarischen Erfolge sind in den Kapiteln 13–14 ja bereits ausführlich geschildert worden, außerdem haben sie darüber auf dem Weg nach und in Jerusalem selbst berichtet. Auf eine Wiederholung ihrer Argumente kann darum verzichtet werden. Was Lukas zusammenfassend erwähnt, ist die Übereinstimmung mit Petrus in der Argumentation: Die sichtbaren Folgen der Evangeliumsverkündigung durch die Erweise des Heiligen Geistes und die damit verbundenen Zeichen und Wunder werden als Gottes Bestätigung gewertet, dass nun auch die nichtjüdischen Völker als Mitglieder der einen Heilsgemeinde berufen sind.

---

158 Das bestätigt auch die übrige Darstellung der Apostelgeschichte, in der – trotz der positiven Haltung zum Tempel und zu jüdischer Glaubenspraxis – nirgends das Einhalten der Beschneidung oder anderer Toravorschriften soteriologische Bedeutung hat.

159 Vgl. Apg 5,13ff.33; 7,54; 17,32; 22,22; außerdem 19,33f. Für zustimmendes Schweigen s. 11,18.

Abb. 16: Das Apostelkonzil als Glasfenster am Kölner Dom. Stehend von links nach rechts sind Petrus, Paulus und Jakobus im zentralen Bildfeld dargestellt.

Nachdem Paulus und Barnabas ihren Bericht beendet haben, ist es Jakobus, der das Wort ergreift. Es ist seine erste Erwähnung seit dem knappen Hinweis in 12,17. Es ist überhaupt sein erstes profiliertes Auftreten im Rahmen der Apostelgeschichte. Seine Rede bildet mit 122 Wörtern im griechischen Wortlaut die längste in dieser Perikope.[160] Sie knüpft direkt an die des Petrus an und gibt durch nichts zu erkennen, dass unmittelbar davor eigentlich Barnabas und Paulus gesprochen haben. Das zeigt, dass diese Reden die historischen Vorgänge in stilisierter Weise wiedergeben, aber keine Sitzungsprotokolle bieten. Die Jakobusrede würde sich zudem ganz vorzüglich als Antwort auf die Rede des Petrus in der Jerusalemer Verhandlung nach der Taufe des Kornelius eignen (als Fortsetzung nach Apg 11,18). In jedem Fall ist der Rückverweis auf diese frühere Verhandlung von Lukas gewollt. Das bestärkt die Vermutung, dass er diese beiden Verhandlungen als Rahmen gestaltet, in dem die entscheidenden Fragen von Beschneidung und Tischgemeinschaft abschließend durch eine Rede des Jakobus geklärt werden.

Was lässt sich aus dieser Rede über Jakobus erkennen? Oder, vorsichtiger formuliert, wie charakterisiert Lukas Jakobus durch diese Rede? Denn für diese gilt, wie für alle Reden in der Apostelgeschichte (und der antiken Geschichtsschreibung generell), dass sie keine genauen Mitschriften sind. Geschichtsschreibung in der Antike diente nicht in erster Linie dem Festhalten von Fakten, sondern der existentiell-his-

160 Die des Petrus umfasst 89 Wörter, die pharisäische Partei sowie Barnabas und Paulus werden nur indirekt zitiert.

torischen Orientierung für die Lesenden. Wer Geschichtsbücher las, wollte etwas über sich und die eigene Zeit verstehen. Geschichtswissen war Orientierungswissen, und entsprechend sind die historischen Darstellungen. Sie berichten so, dass die Lesenden Bescheid wissen konnten über das, was sie betraf. Das gelang aber nur, wenn das Berichtete mit dem wirklichen Geschehen und den Erfahrungen der Lesenden in Einklang gebracht werden konnte. Geschichtsschreibung hielt sich also an das, was wirklich geschehen war, präsentierte es aber so, dass in den scheinbar zufälligen Einzelereignissen eine sinnvolle Entwicklung erkannt werden konnte, die den Lesenden Orientierung bot. Reden waren dabei ein besonders geeignetes Mittel, das Handeln und die Haltung einer Person zu erklären und diese Reden sind darum »wahr«, selbst wenn sie nicht genauso gehalten worden sind. Schon allein die Kürze aller neutestamentlichen Reden lässt erkennen, dass sie keine stenographischen Nachschriften sind. Das hat nichts mit Fälschung, Erfindung oder Betrug zu tun. Es ist schlicht die dem menschlichen Bedürfnis angepasste Form der historischen Zusammenfassung und Bilanzierung. Und so erteilt Lukas nun Jakobus das Wort:

Brüder, hört mich! Simeon hat erzählt, wie Gott erstmals (oder: von Anfang an) darauf bedacht war, sich aus den Heiden ein Volk für seinen Namen zu gewinnen. Damit stimmen die Worte der Propheten überein; so steht geschrieben (Amos 9,11 f.): ›Danach werde ich umkehren und ich werde die eingefallene Hütte Davids wieder aufbauen, ja, ihre Trümmer werde ich wieder aufbauen und sie [die Hütte] wiederherstellen, damit die Übriggebliebenen unter den Menschen den Herrn suchen und alle Völker, über denen mein Name ausgerufen worden ist, spricht der Herr, der dieses tut. Seit alters her ist dieses kundgemacht.‹

Deswegen urteile ich, dass die nicht belästigt werden sollen, die sich aus den Völkern zu Gott hinwenden, sondern ihnen brieflich mitzuteilen, sich zu enthalten von den Verunreinigungen der Götzen(bilder) und von der Unzucht, vom Erstickten und vom Blut.

Abb. 17: Moderne Jakobus-Ikone, geschrieben von Andrea Bergamini (2013) für die hebräischsprachige katholische Jakobusgemeinde in Jerusalem. Jakobus ist als Bischof im Zentrum dargestellt, das Schriftband enthält den hebräischen Text von Amos 9,11 f.

4.6.1 *Die heilsgeschichtliche Perspektive der Rede des Jakobus*

Die Rede ist deutlich in zwei Teile gegliedert, die jeweils durch eine Aufmerksamkeit fordernde und Autorität vermittelnde Selbstaussage markiert sind: »Hört mich« (V. 13) und »Deswegen urteile ich« (V. 19). Der erste Teil (V. 14–18) zieht aus dem bisher Gesagten ein Fazit, der zweite (V. 19–20) ist eine sich daraus ergebende Handlungsanweisung. Abgeschlossen wird diese mit einer Begründung, die ebenfalls nicht ganz einfach zu verstehen ist (V. 21).

4.6.1.1 *Die Erwählung der Heiden*

Einleitend anerkennt Jakobus, auf Petrus zurückgreifend, in feierlicher Sprache die göttliche Erwählung eines Volkes »aus den Heiden für seinen Namen«. In einzigartiger Weise überträgt Jakobus dabei die Bezeichnung Israels als das erwählte Volk Gottes (griechisch *laos*) auf die Kirche aus den Heiden.[161] Was Petrus, Paulus und Barnabas über die Erfahrungen des Geistes und der Krafttaten Gottes berichtet hatten, lässt Lukas durch *Jakobus* als Erwählungshandeln Gottes qualifizieren. Die – unbeschnittenen – Christen werden durch diese Aussage als »Gottesvolk« anerkannt. Und zwar von Jakobus, der nicht nur die förmliche Anerkennung ausspricht, sondern dieses Geschehen zudem in die Verheißungsgeschichte Israels und insbesondere der Davidsverheißung stellt. Erfah-

161 Für *laos* als bevorzugte Bezeichnung für Israel bei Lukas (von den 142 Vorkommen des Wortes finden sich 84 im lukanischen Doppelwerk, vgl. grundlegend Lk 1,17.77; 2,10) s. G. Wasserberg, Aus Israels Mitte – Heil für die Welt. Eine narrativ-exegetische Studie zur Theologie des Lukas, BZNW 92, Berlin 1998, 124–126.

rung und Schrift bezeugen so gemeinsam, dass in dem Haus, das Gott erneut dem »David« baute, neben dem Rest des einen Volkes auch die »Übriggebliebenen« der Völker Wohnung finden.[162] Es ist offensichtlich die Autorität des Jakobus, der es Lukas zutraut, selbst die gläubig gewordenen Pharisäer (Apg 15,5), die eine andere Haltung vertraten, zu überzeugen.

4.6.1.2 Die wiedererrichtete »Hütte Davids«

Die von Jakobus zitierte Stelle aus dem Buch Amos über die wieder errichtete »Hütte Davids« folgt der griechischen Übersetzung, die gegenüber dem hebräischen Original eine interessante Interpretation bietet. Der hebräische Text von Amos 9,12 verheißt der restaurierten Davidsdynastie die erneute Inbesitznahme von Edom »und dazu aller Nationen, über denen mein Name ausgerufen ist«, d. h. über den nächsten Nachbarn hinaus (Edom) ist eine universal ausgeweitete Herrschaft der Davididen im Blick. Die Septuaginta verändert diesen Eroberungsuniversalismus in einen Bekehrungsuniversalismus: »Edom« wird als »Adam«, »Mensch«, interpretiert und statt Objekt der Davididen zu sein, sind die »Menschen« nun Subjekt: »An jenem Tag werde ich aufstellen die eingefallene Hütte Davids […], sodass die Übriggebliebenen der Menschen und alle Völker, über denen mein Name ausgerufen ist, (sie) [die Hütte Davids] aufsuchen werden, spricht der Herr, der dies macht« (Übers. LXX.D). Hinter dieser Verheißung steht die Hoffnung, dass die Herrschaft Gottes durch den von ihm erwählten König und seine Nachkommen nicht nur für

162 In Amos 9,9f. geht der Heilsansage über das in Trümmern liegende Haus Davids die Gerichtsansage und damit eine Scheidung in Israel voraus.

Israel, sondern für die ganze Welt zum Segen wird. Diese Universalisierung der Königsherrschaft Gottes über Israel hinaus ist im Alten Testament schon deutlich erkennbar und die griechische Übersetzung liest sie darum mit einem gewissen Recht auch in solche Texte hinein, bei denen ursprünglich nur Israel im Blick war. Zugrunde liegt allen diesen Hoffnungen die Zusage Gottes an David, ihm ein Haus zu bauen und einen Thron aufzurichten, der ewig Bestand hat:

»Wenn sich deine Tage vollenden und du dich zu deinen Vorfahren legst, werde ich nach dir deinen Nachkommen (Singular), der von dir abstammt, auftreten lassen, und ich werde sein Königtum befestigen. Er wird meinem Namen ein Haus bauen, und für alle Zeiten werde ich den Thron seines Königtums fest stehen lassen. Ich werde ihm Vater sein, und er wird mir Sohn sein. […] Und dein Haus und dein Königtum sollen für alle Zeiten Bestand haben vor dir; dein Thron soll allezeit fest stehen.«[163]

Der »Thron Davids« wurde als Folge dieser Verheißung zum »Inbegriff für die von Gott erwählte Königsherrschaft Davids und der Davididen in Jerusalem«, durch den sich auch »die Königsherrschaft JHWHs auf Erden« verwirklichen sollte.[164] Durch den Niedergang der Davididen (eindrucksvoll besungen in Ps 89), der schon durch Salomo eingeleitet wurde, wurde aus dem »Haus« und »Thron« eine zerfallene »Hütte«, die darauf wartete, dass Gott seine Zusagen erneuert und wieder ein Davidide auf dem Thron in

163 2Sam 7,12–16 (Zürcher Bibel 2007).

164 H.-J. Fabry, Art. *kisse'*, ThWAT 4 (1984), 247–272 (259 f.), mit Verweis auf 1Chr 28,5; 2Chr 9,8.

Jerusalem als messianischer Herrscher nicht nur über Israel, sondern über die ganze Welt sitzt.

Von der »Hütte Davids« ist sonst im griechischen Alten Testament nur noch einmal die Rede, in Jes 16,5. Der hebräische Text redet an dieser Stelle jedoch vom »Zelt Davids«, ein Ausdruck, der sonst nicht belegt ist. Die griechischen Übersetzer verbanden die Jesaja-Stelle durch ihre Übersetzung mit Amos 9,11. Das war leicht möglich, da die im Hebräischen unterschiedenen Worte für »Zelt« (*'ohel*) und »Hütte« (*sukkah*) in den allermeisten Fällen mit demselben griechischen Wort (*skēnē*) übersetzt wurden. Und so gibt es im griechischen Alten Testament zwei Stellen, die von der *skēnē David* sprechen. Die Übersetzer von Amos und Jesaja waren offenbar der Meinung, dass es sich um parallele Aussagen handelt und haben dies durch ihre angleichende Übersetzung zum Ausdruck gebracht. Das ist umso verständlicher, als es an beiden Stellen um das Verhältnis Israels zu seinen Nachbarn geht, nur dass bei Jesaja von Moab, bei Amos von Edom die Rede ist. Bei Jesaja wird erwartet, dass die Entflohenen aus Moab in Jerusalem Asyl finden werden: »Die Versprengten Moabs werden bei dir zu Gast sein«, und zwar zu einer Zeit, wenn der »Unterdrücker« und »Verwüster« aus dem Land verschwunden ist (V. 4), denn dann »wird fest aufgerichtet werden ein *Thron* durch Gnade, und auf ihm wird sitzen in Wahrheit im *Zelt* (hebr.) / in der *Hütte* (griech.) Davids, der richtet und das Recht sucht und nach Gerechtigkeit trachtet.« Die Hütte oder das Zelt Davids stehen für einen Neuanfang, von dem auch die Nachbarvölker profitieren können. Repräsentiert ist dieser durch den Thron Davids und so geht der Weg wie in Amos 9,11 von der Hütte zum Thron.

Im Hebräischen ist die Beziehung zwischen den beiden Wörtern noch eindrucksvoller, denn durch einen Buchstabendreher wird aus der »Hütte« (*sukkah*) ein »Thron« (*kisse'*): Stellt man die ersten beiden Buchstaben des hebräischen Wortes für »Hütte« um, dann erhält man daraus »Thron«. Solche Umstellungen sind in der jüdischen Auslegung nicht ungewöhnlich, und die »wiedererrichtete Hütte« kann damit exegetisch mit dem »wiedererrichteten Thron« in Beziehung gesetzt werden.[165] Jakobus gebraucht also das Amoszitat, um das Hinzukommen von Nichtjuden zum Gottesvolk zu begründen, wobei die »wiederaufgerichtete Hütte Davids« einen verhüllten Verweis auf den Thron Davids darstellt. Diesen Ort sollen die suchen, »über denen mein Name genannt ist« (Apg 15,17, vgl. Jak 2,7). Die eschatologische Wallfahrt nach Jerusalem ist also nicht mehr am Tempel oder an der Tora orientiert (vgl. Micha 4,1f.; Jes 2,2f.), sondern am Thron Davids und dem, der darauf sitzt.[166]

---

165 Der letzte Buchstabe, *He* bzw. *Alef*, ist für den Wortklang unerheblich und im späteren Hebräisch bzw. Aramäisch sind beide Buchstaben an manchen Positionen im Wort austauschbar. Da ursprünglich nur die Konsonanten geschrieben wurden, sahen sich beide Wörter sehr ähnlich: KS' bzw. SKH. Die Umstellung von Konsonanten (Metathesis) als Wortspiel ist bereits im AT bezeugt, vgl. Jes 61,3b, wo es Aufgabe des Gesalbten Gottes ist, den Trauernden in Zion »Schmuck (*pᵊ'ēr*, P'R) zu geben statt Schmutz (*'ēfer*, 'PR)«, d.h. auch hier werden die ersten beiden hebräischen Buchstaben, *Pe* und *Alef*, verdreht. In der späteren rabbinischen Literatur finden sich zahlreiche Exegesen aufgrund solcher Buchstabenumstellungen innerhalb eines Wortes. Sie sind oft eingeleitet mit der Wendung: »Lies nicht [was dasteht] sondern [die umgestellte Buchstabenfolge]«.

166 Interessanterweise findet sich eine vergleichbare Auslegung von Am 9,11f. auch in zwei Texten aus Qumran, in denen ebenfalls »Thron« und »Hütte« Davids exegetisch miteinander in Verbindung gebracht wurden: Damaskusschrift (CD) VII 14–21 und 4QFlorilegium I 10ff.

4.6.2 Eine Gemeinde aus Israel und den Völkern

Dieser kurze Textabschnitt bei Lukas ist die einzige Stelle, die uns Einblick gibt, wie Jakobus die Schrift auslegte (der Brief enthält keine eigentliche Textauslegung). Vergleicht man dies mit anderen jüdischen Auslegungen dieser beiden Amos-Stellen, dann wird deutlich, dass es messianische Erwartungen und exegetische Bemühungen um den »Thron« und die »Hütte« Davids gab. Man kann darum annehmen, dass auch die davidische Familie, der Jesus und Jakobus entstammten, biblisch-exegetische Traditionen besaß, aufgrund deren Entscheidungen über die eigene Gemeinschaft getroffen wurden. Und für Jakobus bedeutet dies, dass die Erneuerung Israels (Apg 15,16) zugleich die heilsgeschichtliche Eingliederung »der Übriggebliebenen unter den Menschen« miteinschließt. Die Wiedererrichtung der »zerfallenen Hütte Davids« ist für ihn bereits geschehen, wobei offen bleiben kann, was er darunter genau versteht: Die Auferstehung Jesu als dem »Sohn Davids«, wie manche Ausleger annehmen, oder die Wiedererrichtung der königlichen Herrschaft eines Davididen über das erneuerte Israel durch die Herrschaft des erhöhten Jesus vom Himmel aus (deren irdische Entsprechung dann ein anderer Davidide auf dem »Thron« der Jerusalemer Gemeinde wäre). Dazu kommen gleichberechtigt die Gläubigen aus allen Völkern, über denen Gottes »Name genannt worden ist«.

Diskutiert wird, wie oben (s. 3.2.5.2) bereits erwähnt, ob Jakobus mit dieser zweiteiligen Aussage auch ein zweigeteiltes Gottesvolk intendiert, d. h. dass die Identität von Juden und Heiden durch ihre Zugehörigkeit zu Christus nicht einfach aufgehoben wird, sondern unter veränderten Bedingungen bestehen bleibt. Manches spricht dafür, dass Jakobus eher in die erstgenannte Richtung wirkte, um die von ihm geförderte und praktizierte Mission innerhalb des jüdischen Volks angesichts der zunehmenden Spannungen nach dem Tod von König Agrippa I. nicht durch eine zu enge Gemeinschaft mit den Heidenchristen zu kompromittieren. In diesem Klima der Einschüchterung bis hin zum Mord waren solche Verbindungen zum mindesten rufschädigend und im Extremfall lebensgefährlich. Jakobus war also in der schwierigen Situation, einerseits die Gemeinschaft mit den Heidenchristen und ihren vollberechtigten Anteil an Israels Hoffnungen, seinen Heiligen Schriften und seinem Messias festzuhalten, aber gleichzeitig die genuin jüdische Identität der Jesusgläubigen zu wahren, die von zwei Seiten bedroht war: Innerjüdisch durch die Ausgrenzung von Seiten derer, die in Jesus nicht den Messias sahen, und von außen durch die Gemeinschaft mit Nichtjuden im Glauben an eben diesen Jesus, auf deren Opfergaben die Jerusalemer Gemeinde möglicherweise in nicht geringem Maße angewiesen war.[167] Was Jakobus in dem abschließenden Teil seiner Rede vorschlägt – vier Forderungen an die Heidenchristen – ist darum zunächst vor diesem Hintergrund zu verstehen.

---

167 Das bezeugt sowohl Paulus (Gal 2,10; 2Kor 8–9) als auch die Apostelgeschichte (11,29f.). Auch die dringende Ermahnung zur innergemeindlichen Solidarität im Jakobusbrief gehört hierher (2,15–17), wenn man in dem Brief ein echtes Schreiben des Herrenbruders aus dieser Zeit sieht.

(Apg 15,19–20) Deswegen urteile ich, dass die nicht belästigt werden sollen, die sich aus den Völkern zu Gott hinwenden, sondern ihnen brieflich mitzuteilen, sich zu enthalten von den Verunreinigungen der Götzen(bilder) und von der Unzucht, vom Erstickten und vom Blut.

Diese sogenannten »Jakobusklauseln« sind – zusammen mit den Forderungen, die man hinter dem antiochenischen Konflikt vermutet – für viele das stärkste Argument innerhalb der neutestamentlichen Jakobustexte, im Herrenbruder doch einen gesetzesstrengen »Hardliner« zu sehen, der von der Tora her denkt (obwohl er zuvor einen der Propheten und gerade nicht die Tora zitiert hat). Auf die volle Annahme der Christen aus den Völkern und die Ablehnung der Beschneidung, womit auch die damit verbundene Verpflichtung auf die ganze Tora fallengelassen ist, folgt nun doch noch, so scheint es, das große »Aber«. Eine Mehrheit der Exegeten sieht in den Jakobusklauseln nämlich eine auf der Tora basierende Mindestanforderung entsprechend den in Lev 17,7f.10–13; 18,6–23 formulierten Geboten, die Nichtisraeliten einzuhalten hatten, wenn sie im Land Israel dauerhaft leben wollten. Das würde bedeuten, dass Jakobus davon ausging, dass für Judenchristen die ganze Tora verbindlich bleibt, während für die Heidenchristen nur diese vier Forderungen aus der Tora gelten. Entscheidend bei dieser Annahme ist, dass Jakobus aufgrund der Tora bestimmt, wie das von Gott restitutierte Gottesvolk seine innere Ordnung und seine Verpflichtungen gegenüber der Welt gestaltet. Zudem bedeutet dies, dass die Heidenchristen lediglich eine Art Gaststatus in Israel haben. Eine solche Annahme ist jedoch nur möglich, wenn man den Bericht des Lukas für geschönt hält. Diese häufig vertretene Annahme basiert vor allem auf der tief sitzenden Vorstellung, dass Jakobus besonders gesetzesstreng war. Es gibt jedoch auch andere Lösungen, um das Aposteldekret zu verstehen.[168]

Es ist wahrscheinlich das unbewusste und tief sitzende (neu-)protestantische Vorurteil gegen alle rituellen und kultischen Formen religiöser Praxis, die manchmal dazu führt, auch schöpfungsethisch begründete Verhaltensnormen als »unevangelisch« zu bezeichnen, weil sie angeblich die so hoch gehaltene »evangelische Freiheit« beeinträchtigen, die einer positiven Würdigung von Jakobus im Wege stehen. Dabei richtete sich die Distanz zu den vier Dekretbestimmungen traditionellerweise nicht gegen »Götzendienst« und »Unzucht«. Hierin gab es einen christlichen Konsens weit über alle Konfessionen, Zeiten- und Ländergrenzen hinweg, der erst seit wenigen Jahrzehnten in einigen liberalen westlichen Kirchen in Frage gestellt wird. Die Gründe liegen dabei jedoch nicht in einem besseren Verständnis der biblischen Texte, sondern in ihrer Zurückstellung zugunsten eines vorgeblich liebevollen Inklusivismus, der biblisch betonte – weil nach biblischem Verständnis von Gott gesetzte – Unterschiede zu überwinden trachtet. Ein Teil der handschriftlichen Überlieferung ersetzte schon im Altertum die Bestimmungen über »Ersticktes« durch eine negative Form der Goldenen Regel (vgl. Mt 7,12) und verstand unter »Blut« nicht das Essen von Blut, sondern das Vergießen von Menschen-

168 Mehr zu diesen Fragen und den damit verbundenen Diskussionen bieten Deines, Aposteldekret; M. Öhler (Hg.), Aposteldekret und antikes Vereinswesen, WUNT 280, Tübingen 2011.

blut. Das ist jedoch ziemlich sicher nicht die ursprüngliche Textfassung, sondern der Versuch einer ethisierenden Korrektur dessen, was als zu »ritualistisch«, vielleicht auch als zu »jüdisch« angesehen wurde.

Für Jakobus, zumindest so wie ihn Lukas hier darstellt, gibt es dagegen Unterscheidungen, die auch den Heidenchristen zugemutet werden können, weil sich in ihnen etwas von Gottes Schöpferwillen abbildet, und sie gerade darum von allen Menschen erwartet werden können. Konkret geht es dabei um drei Bereiche: 1. Die exklusive Verehrung des einen Gottes Israels, der als Schöpfer Anspruch auf Anerkennung und Loyalität aller Menschen hat; 2. die menschliche Sexualität als der ethische Bereich, in dem der Mensch am engsten Anteil an Gottes schöpferischem Handeln hat; und schließlich 3. die Vermeidung von Blutgenuß in jeder Form, wobei auch hier das Hoheitsrecht des Schöpfers über das Blut als Träger menschlichen und tierischen Lebens im Hintergrund stehen dürfte.

4.7.1 Götzendienst

Die Ablehnung von Götzendienst konkretisiert sich im Alltag im Meiden des Essens von Opferfleisch, d. h. Fleisch, das von den Göttern gewidmeten Opfertieren stammt. Darum ist bei der Wiederholung der Dekretbestimmungen in Apg 15,29 statt vom »Götzendienst« vom »Götzenopfer« die Rede. Denn praktisch und sichtbar (auch für Außenstehende) wurde die Verehrung der Götter in erster Linie durch das Opfer. Verbunden damit waren festliche Mahlzeiten, bei denen das Opferfleisch – oft in den Tempeln selbst – gegessen wurde. Das gemeinsame Essen als sozusagen Gast des Gottes oder der Göttin, denen der Tempel geweiht war, stiftete ein Loyalitätsgefüge zwischen Gast und Gastgeber und band die Teilnehmenden damit in eine

Art Gemeinschaft mit der betreffenden Gottheit. Das ist nach biblischem Verständnis die Verehrung falscher Götter und damit eben Götzendienst. Paulus mag hier in Teilen großzügiger gedacht haben, aber im Grunde laufen auch seine Anweisungen im Brief an die Römer darauf hinaus, aus Rücksichtnahme auf die im Glauben an Jesus noch weniger Gefestigten auf jeden Anschein einer Partizipation am Götzenopfer zu verzichten.[169] Als jemand, der in der nichtjüdischen Großstadt Tarsus aufwuchs, war Paulus die Konfrontation mit der alltäglichen »heidnischen« Religionsausübung gewohnt und sie stellte für ihn keine Verführung oder Gefährdung seiner Überzeugungen dar. Jakobus dagegen ist in einem kleinen galiläischen Dorf aufgewachsen und die Herausforderung einer heidnischen Großstadt gehörte nicht oder – falls die obige Annahme zu 1Kor 9,5 richtig ist – nur sehr begrenzt zu seinen Lebenserfahrungen. Zudem richtet sich die Anweisung des Aposteldekrets an kleine Gruppen von Gläubigen, für deren Identitätsbildung es noch keine klare Form gab. Lediglich die Erfahrungen der jüdischen Diasporagemeinden boten biblisch begründete Anknüpfungspunkte.

4.7.2 Unzucht

Das griechische Wort für »Unzucht«, *porneia,* umfasst in der biblischen Tradition alle Formen von Sexualität, die dem Schöpfungswillen Gottes widersprechen, der den Menschen im Zueinander von Mann und Frau und im Hinblick auf die Möglichkeit der Fortpflan-

169 Detaillierte Informationen zu den Aspekten des Opferfleisches und den Mahlzeiten in Tempeln bei V. Gäckle, Die Starken und die Schwachen in Korinth und in Rom, WUNT 2.200, Tübingen 2004, 115–182.272–279.287–291.

zung geschaffen hat. Aus jüdischer Perspektive war die heidnische Welt von einer ungezügelten Sexualität geprägt, die sich keine Grenzen auferlegte. Das ist zwar keine sachgemäße Wahrnehmung, da die Hochhaltung ehelicher Treue und Verbundenheit auch in der griechisch-römischen Tradition eine große Rolle spielte. Entscheidender Unterschied zur biblisch-jüdischen ist jedoch, dass eheliche Treue und praktizierte Heterosexualität nur eine Option unter anderen darstellte. Daneben oder stattdessen standen eine Vielzahl weiterer Möglichkeiten zur Verfügung; zudem war sexuelles Verhalten weitgehend von der religiösen Bindung losgelöst, so dass die beiden Bereiche nicht unmittelbar etwas miteinander zu tun hatten, wie dies als biblisches Erbe im Judentum, Christentum und Islam der Fall ist, wo religiöses Bekenntnis und sexuelles Ethos eng miteinander verbunden sind.[170] Was im Aposteldekret positiv erwartet wird, ist darum am ehesten eine Sexualmoral, die in Übereinstimmung mit den biblischen Geboten steht, wobei diese biblische Norm in der Regel als in Übereinstimmung mit der Natur gesehen wird. Von den jüdischen Autoren dieser Zeit, vor allem Philo und Josephus, lässt sich eine gute Vorstellung davon gewinnen, was sie den »Heiden« als ihre typischen Laster auf diesem Gebiet vorwarfen und selbst dagegen als Ideal ansahen. Die Themen reichen dabei von Verwandtenehen bis zum sexuellen Umgang mit Tieren, aber auch Hei-

---

170 Es ist auffällig, dass sich im Jakobusbrief keine sexualethischen Mahnungen finden, dagegen regelmäßig in den Briefen des Paulus. Den Adressaten des Jakobusbriefes waren die diesbezüglichen biblischen Gebote vertraut und Teil ihres »Gottesdienstes«, für die heidenchristlichen Adressaten der paulinischen Gemeinden galt dies jedoch nicht.

raten nur um der Mitgift willen fallen bei Josephus unter Unzucht. In seiner Verteidigung des jüdischen Glaubens schreibt er einleitend zu den Ehegeboten, dass das Gesetz nur eine Weise des Verkehrs zwischen Mann und Frau kennt, nämlich den »gemäß der Natur« und mit dem Ziel von Nachkommenschaft (Contra Apionem II 199). Allein darum geht es zunächst im Aposteldekret. Entscheidend ist die Einschärfung eines in dieser Hinsicht untadeligen Lebenswandels, um – wie im Hinblick auf den Götzendienst – alle Verdachtsmomente, die angesichts des engen Zusammenlebens von Juden und Heiden in der christlichen Gemeinde entstehen konnten, von vornherein zu entkräften. Die neuen Gläubigen aus einem nichtjüdischen religiösen Umfeld mussten lernen, dass Sexualität ein von Gottes Willen und Fürsorge umschlossener Bereich ist, in dem nicht nur die Beziehung zu den Mitmenschen, sondern auch zu sich selbst und zu Gott Ausdruck findet (vgl. dazu besonders 1Kor 6,12–20).

4.7.3 Die Vermeidung von Blut

Auch der Verzehr von Blut und damit verbunden von Fleisch, bei dem das Blut im Leib erstickt ist (Aas), widerspricht der von Gott dem Menschen gebotenen Ordnung, indem das Blut die unverfügbare Materie des Lebendigen ist, die sich Gottes schöpferischem Geist verdankt (Gen 9,3f.). Viele Ausleger sehen darin dagegen eine Bestimmung, dass es hier um das Verbot von nichtgeschächtetem Fleisch geht, das heißt um Fleisch, dessen Gewinnung nicht nach dem jüdischen Religionsgesetz erfolgte. Dieses verlangt, dass zum Verzehr bestimmte Tiere nur mit einem Schnitt durch die Halsschlagader getötet werden dürfen, um ein möglichst vollständiges Ausbluten zu ermöglichen.

Bei einem solchen Verständnis wird jedoch nicht beachtet, dass es keine Hinweise darauf gibt, dass die heute übliche Schächtpraxis zur Zeit des Jakobus überhaupt schon praktiziert wurde. Die ältesten diesbezüglichen jüdischen Quellen stammen frühestens vom Ende des 2. Jahrhunderts, während die dem Neuen Testament zeitgleichen Quellen Philo und Josephus lediglich den biblischen Wortlaut kommentieren. Demnach geht es bei der Enthaltung von »Ersticktem« zunächst nur um den Verzicht auf den Genuss von Fleisch, das ohne Blutvergießen bzw. ohne menschliche Intention verfügbar wurde, womit von den alttestamentlichen Stellen her konkret das von selbst eingegangene Tier (*nevela*) oder das durch ein anderes Tier Getötete (*trefa*) gemeint ist (Lev 17,13.15f). »Blut und Ersticktes« (Apg 15,29, umgekehrte Reihenfolge in 15,20) gehören also zusammen, wobei das Verbot des Blutes die umfassendere Bestimmung ist, während »Ersticktes« am ehesten als eine Präzisierung des Blutverbotes anzusehen ist. Die jüdischen Texte lassen erkennen, dass auch von Heiden ein Verhalten erwartet wird, welches diese Grenzen respektiert.

4.7.4 Das Ergebnis – Der Brief an die Gemeinden

Dass es beim Aposteldekret um Respektieren von Grenzen zur Ermöglichung eines gedeihlichen Miteinanders von Judenchristen und Heidenchristen und nicht um »Gesetze« im Sinne von Toravorschriften geht, lässt sich auch anhand anderer Details erkennen. Das zeigt sich besonders in der Fassung, die die Bestimmungen haben, in der sie an die Gemeinden geschickt werden (Apg 15,22–29):

Daraufhin beschlossen die Apostel und Ältesten zusammen mit der ganzen Gemeinde, Männer aus ihren Reihen auszuwählen, um sie nach Antiochien zu senden zusammen mit Paulus und Barnabas, nämlich den Judas, der auch Barsabbas genannt wurde, und Silas. Das waren angesehene Männer unter den Brüdern. Durch deren Vermittlung schrieben sie:

»Die Apostel und die Ältesten senden ihren Gruß als Brüder den Brüdern aus den Völkern in Antiochien, Syrien und Kilikien. Da wir gehört haben, dass einige von uns – die wir nicht abgesandt haben – losgezogen sind und euch durch Worte aufgewühlt und eure Seelen verwirrt haben, erschien es uns richtig, als wir einmütig beisammen waren und eine Wahl getroffen haben, Männer (als Boten) zu euch zu schicken zusammen mit unseren geliebten Barnabas und Paulus, Menschen, die ihr Leben für den Namen unseres Herrn Jesus Christus eingesetzt haben. Wir haben also abgesandt Judas und Silas, die euch mündlich dasselbe mitteilen werden. Denn es gefiel dem Heiligen Geist und uns, euch keine zusätzliche Last aufzulegen, sondern nur diese Notwendigkeiten: Sich fernzuhalten von Opferfleisch, Blut, Ersticktem und von Unzucht. Wenn ihr euch davor bewahrt, handelt ihr recht. Lebt wohl!«

Daraus geht hervor: Auch wenn der Vorschlag auf Jakobus zurückgeht, so ist der Beschluss doch einer, der von allen, Aposteln, Ältesten und der ganzen Gemeinde, getragen wird. Als Begründung wird nicht auf die Tora verwiesen, sondern auf die Erfahrung der Missionare und auf das Wirken des Heiligen Geistes. Dazu werden alle Versuche zurückgewiesen, unter Berufung auf Jerusalemer Autoritäten weitergehende Forderungen in Bezug auf Beschneidung und gesetzliche Bestimmungen von den »Geschwistern aus den Völkern« einzufordern. Die Schlusswendung »wenn ihr euch davor bewahrt, handelt ihr recht« passt ebenfalls eher zu dem empfehlenden Charakter des Schreibens. In der jüdischen Weisheitsliteratur findet sich häufig eine ganz ähnliche Formulierung für das dem Nächsten angemessene, hilfreiche und rücksichtsvolle Verhalten.[171] Auch an Jak 2,8 ist hier zu erinnern: Wer das Liebesgebot aus Lev 19,18 hält, »handelt recht«.

Unabhängig davon, wie man den Inhalt des Dekrets im Einzelnen bestimmt – der Zweck ist nach der Darstellung des Lukas nicht eine *verbindliche Rechtsordnung*, sondern eine *freiwillige, gleichwohl nachdrücklich empfohlene Verpflichtung*. Es geht hier also nicht um heilsnotwendige Bestimmungen. Denn nach Lukas ist der Glaube die von allen anerkannte Grundlage des Heils (Apg 15,7.9). Die Begründung für die Dekretbestimmungen ist am ehesten in dem abschließenden Satz zu finden, den Lukas den Jakobus hier sagen lässt (Apg 15,21):

> Denn Mose hat seit vielen Generationen in jeder Stadt solche, die ihn verkündigen in den Synagogen, weil er an jedem Sabbat vorgelesen wird.

Jakobus verweist darin auf die Tora und ihre Verbreitung auch außerhalb von Israel. In jeder größeren Stadt gibt es eine Synagogengemeinde, in der wöchentlich aus der Tora vorgelesen wird. Das bedeutet, dass nicht nur die jüdische Gemeinde weiß, was Gott will, sondern dass auch viele Nichtjuden eine ungefähre Vorstellung davon haben, wie das Loyalitätsverhältnis zum Gott Israels aussieht. Sie wussten um den exklusiven jüdischen Monotheismus und auch um die – im Vergleich zur Umwelt – sehr strengen

---

171 Prov 3,27 f; Sir 12,1 f; 14,13, vgl. a. Hiob 24,21.

Vorschriften in Bezug auf Sexualität, sozialen Umgang mit Nichtjuden und Speisen. Darauf galt es Rücksicht zu nehmen, besonders, wenn sich die missionarische Arbeit auch weiterhin an Angehörige des jüdischen Volkes richtete. Der Glaube an Jesus sollte Juden nicht von der Zugehörigkeit zu ihrem eigenen Volk trennen – darauf kommt es Jakobus entscheidend an. »Schlechter Umgang verdirbt gute Sitten« (1Kor 15,33) schreibt Paulus. Und da für eine erfolgreiche Mission das Ansehen der Gemeinde und ihrer einzelnen Mitglieder in der Gesellschaft wichtig ist, erinnert Jakobus daran, dass die Heidenchristen zwar die Tora nicht zu halten brauchen, aber doch die aus jüdischer Sicht grundlegenden menschlichen Ordnungen. Auf diese Weise hoffte er, den Spannungen zwischen den jüdischen Jesusgläubigen und den anderen Juden entgegen zu wirken.

4.7.5 Zusammenfassung

Zusammenfassend ergibt sich für das Jakobusbild dieses Kapitels, dass Lukas bei aller Hervorhebung des Herrenbruders diesen nicht als Alleinherrscher »mit autokratischer Machtvollkommenheit« darstellt,[172] sondern als eine Leitungspersönlichkeit, die auf Argumente hört, mit der Heiligen Schrift zu argumentieren versteht (wobei er aus den prophetischen Büchern und nicht der Tora zitiert) und an einem Ausgleich zwischen den Konfliktparteien interessiert ist. Dieser Ausgleich ist jedoch nicht einfach eine Mittelposition, sondern steht sachlich eindeutig auf der Seite des Petrus, der in diesem Kapitel Hauptanwalt der beschneidungs- und gesetzesfreien Mission unter Heiden und

---

172 So STAUFFER, Petrus und Jakobus, 371.

Juden (vgl. 15,11) ist. Gerettet werden können Juden und Heiden einzig durch die Gnade Christi. Wo Lukas dagegen Jakobus einen Ausgleich suchen lässt, da geht es um das Miteinander- und Zusammenleben von Christen mit bzw. unter Juden. Die durch die Tora kodierten jüdischen Empfindlichkeiten, die ihnen den Umgang mit Nichtjuden erschwerten, sollten respektiert werden, damit die Zugehörigkeit der Judenchristen zu *ihrem* Volk und ihr Zeugnis für Jesus unter ihrem eigenen Volk weiterhin möglich ist.

4.8 Die letzte Begegnung von Jakobus und Paulus

Mit dem Aposteldekret und dem Beginn von Apg 16 sind für Lukas die großen theologischen Fragen über Beschneidung und Gemeinschaft mit Heidenchristen als innerchristlicher Prozess abgeschlossen. Von nun an finden die Auseinandersetzungen einerseits mit dem römischen Reich und dort herrschenden geistigen und politischen Kräften statt, und andererseits mit dem Teil des jüdischen Volkes, der sich Jesus verschlossen hat und nun aktiv die christliche Mission und die entstehenden Gemeinden bekämpft. Die letzte Reise des Paulus, zuerst nach Jerusalem und dann über Caesarea nach Rom als Gefangener, bringt beide Konfliktlinien noch einmal in einer dramatischen Geschichtenfolge zusammen. In diesen Teil fällt dann auch die letzte Begegnung zwischen Paulus und Jakobus. An ihr entscheidet sich, ob der gefundene Kompromiss tragfähig war oder nicht. Darum ist es wichtig zu sehen, wie Lukas die letzte Begegnung dieser beiden großen Gestalten des Urchristentums erzählerisch vorbereitet.

4.8.1 Die Entwicklung nach dem Schlichtungskonvent

Nach dem Apostelkonzil berichtet Lukas von der zweiten Missionsreise des Paulus. Erstaunlicherweise ist so ziemlich das erste, was er mitteilt, dass Paulus den Timotheus, einen jungen Christen, den er unterwegs kennenlernte und als Mitarbeiter mit sich nehmen wollte, vorher beschnitten hatte. Als Grund gibt Lukas an, »wegen der Juden, die an diesen Orten lebten« und darum wussten, dass seine Mutter Jüdin war (16,3). Da die Volkszugehörigkeit im Judentum über die Mutter vermittelt wird, galt dies auch für Timotheus. Die Beschneidungsfreiheit für Heidenchristen bedeutete also nicht, dass Juden nun auch nicht mehr beschnitten werden sollten. Im Gegenteil: Um des Friedens mit den vor Ort lebenden Juden willen nahm Paulus die von den Eltern des Timotheus versäumte Beschneidung vor. Paulus ist also von derselben Haltung bestimmt, die nach der obigen Analyse auch Jakobus motivierte: Rücksicht auf die Juden, unter denen man lebte und das Evangelium verkündigte.

Im Anschluss daran berichtet Lukas, dass Paulus und Silas (und nun wohl auch Timotheus) in den Städten, in denen sie wirkten und die Gemeinden besuchten, die Beschlüsse des Jerusalemer Treffens »überlieferten, um sie zu beachten« (16,4). Dadurch hebt Lukas die Bedeutung derselben hervor, sie sind Teil der christlichen Überlieferung, hinter der die Autorität des Jakobus sowie der Jerusalemer Apostel und Ältesten steht. Aber er lässt sie von Paulus vertreten und schließt diese Notiz mit dem Hinweis auf die Festigung der Gemeinden im Glauben und deren außerordentliches Wachstum. Damit deutet Lukas an, dass das zustande gekommene Abkommen zwischen Jakobus, Petrus und Paulus von Gott bestätigt wurde.

In Korinth trifft Paulus auf das aus Rom vertriebene judenchristliche Ehepaar Aquila und Priszilla. Hineinverwoben in den Text über den Aufenthalt in Korinth ist die merkwürdig knappe Notiz über ein Gelübde des Paulus, das ihn zwang, sich die Haare scheren zu lassen und – so der Eindruck, den Lukas erweckt – ihn zu einem Kurzbesuch nach Jerusalem führte, ehe er dann nach Antiochien weiterzog (18,18.22, vgl. 18,6: diese Passage ist möglicherweise mit dem Gelübde zu verbinden). Die Historizität dieser lukanischen Nachricht, für die es keine Bestätigung aus den Briefen des Paulus gibt, ist umstritten, aber ihre enigmatische Kürze spricht eher für einen historischen Kern. Lukas konnte sich an dieser Stelle zwar kurz fassen, aber darauf verzichten konnte er nicht, weil die Episode für das Verständnis der letzten Begegnung von Paulus und Jakobus außerordentlich wichtig ist.

Es folgt die sogenannte dritte Missionsreise, deren Abschluss die Reise nach Jerusalem bildet, die im ersten Drittel des Jahres 57 n. Chr. stattfand. Sie ist Teil des Wir-Berichts und enthält zahlreiche Einzelheiten, die auf eine Beteiligung des Lukas als Reisebegleiter schließen lassen. Aber Lukas ist bei weitem nicht der einzige Begleiter. Aus Apg 20,4 f. geht hervor, dass hier eine relativ große Gruppe aus Juden- und Heidenchristen gemeinsam (wozu dann auch gemeinsame Mahlzeiten gehörten) unterwegs nach Jerusalem war. Eine solche Reisegruppe stellt ein eindrucksvolles Beispiel für das wachsende Zusammengehören von Juden- und Heidenchristen dar. Damit bildet sie das von Jakobus in Apg 15,17 beschriebene Bild der zweiteiligen Heilsgemeinde ab: Die Übriggebliebenen aus Israel kommen zusammen mit den von Gott gerufenen Heiden nach Jerusalem. Es ist die Rückkehr aus dem Exil für Israel und zugleich die eschatologische Wallfahrt der Heiden zum Zion. Sie sind es, über die »der Name des Herrn genannt ist« und sie werden von Paulus gebracht, damit sie die Gaben der Völker nach Jerusalem bringen. Das Ziel ist aber nicht der Tempel, auch nicht die Tora, sondern Jakobus.

Nach der Ankunft in Palästina verbringen sie einige Tage in Caesarea bei Philippus und kommen dann in Begleitung weiterer Christen aus Caesarea nach Jerusalem, d. h. die Gruppe umfasste mindestens ein Dutzend, eher wohl bis zu 20 Personen. Untergebracht werden sie als Gäste im Haus des Mnason von Zypern, einem »Jünger aus der Anfangszeit«. Dieses gemeinsame Quartier bei einem altehrwürdigen Christen zeigt, dass Tischgemeinschaft auch in Jerusalem zu dieser Zeit zwischen Judenchristen und Heidenchristen praktiziert wurde, auch wenn das möglicherweise von einem Teil der Gemeinde abgelehnt wurde. Der »Eifer für das Gesetz«, das geht aus 21,20 deutlich hervor, hat nicht nur das jüdische Jerusalem, sondern auch die Gemeinde angesteckt. Allerdings deutet nichts in der Darstellung darauf hin, dass dieser nationalistische, fremdenfeindliche Zelotismus von Jakobus unterstützt oder gefördert würde, noch dass Lukas mit ihm sympathisierte, im Gegenteil: »Apg 20,21 ff. macht deutlich, daß nach Lukas Jakobus und seine Ältesten die Ansicht jener ›Myriaden‹ von judenchristlichen ›Eiferern für das Gesetz‹ nicht teilten und einen Bruch vermeiden wollten.«[173] Es war aber ein Faktor, mit dem Jakobus rechnen musste und auf den er Rücksicht zu nehmen bereit war.

---

173 Hengel, Jakobus der Herrenbruder, 576.

4.8.2 Der Besuch bei Jakobus

Wie schon bei der Ankunft der antiochenischen Delegation zum Apostelkonzil ist auch diesmal das Besuchsritual in Jerusalem zweitgeteilt (vgl. Apg 15,4.6). Am ersten Tag gab es offenbar eine Art informellen Besuch, der aber so verlief, dass die Delegation von den »Brüdern herzlich aufgenommen wurde«.[174] Erst einen Tag später führt Paulus die ihn begleitende Gruppe zu Jakobus. Es ist ein spannender Moment, das spürt man dem Wir-Bericht ab: »Er ging mit uns hinein zu Jakobus.« Zu Jakobus – mehr zu sagen war nicht nötig. Dieser ist jedoch nicht allein, sondern begleitet von den Ältesten. Aus dieser Schilderung wird immer wieder eine besondere »monarchische« Autorität des Herrenbruders herausgelesen, indem hier eine Art Audienz in einem bischöflichen Thronsaal vorgestellt wird.[175] Das ist allerdings eine Projektion späterer Traditionen, vor allem der Pseudo-Klementinen und verschiedener Apostelordnungen, auf den historischen Jakobus bzw. das Jakobusbild der Apostelgeschichte. Die Vorstellung, dass Jakobus in einer Art Audienzsaal und mit gehöriger Distanz Paulus und seine Delegation empfängt, lässt sich aus 21,18 beim

---

174 Apg 21,17, vgl. Röm 15,31, wo Paulus die römische Gemeinde um ihre Fürbitte angeht, damit er »bewahrt bleibe vor den Ungläubigen in Judäa (d. h. den nichtchristlichen Juden)« und sein »Dienst für die Heiligen in Jerusalem gut aufgenommen« würde. Dahinter verbirgt sich nicht die Furcht vor Jakobus, wie manche annehmen, sondern ein Gespür dafür, dass die demonstrative Verbundenheit von Juden- und Heidenchristen, die in der gemeinsamen Gabe zum Ausdruck kommt, in einem politischen Reizklima statt zu helfen zu neuen Verwerfungen führen kann, wie es dann ja auch gekommen ist.

175 Vgl. E. Stauffer, Zum Kalifat des Jakobus, ZRGG 4 (1952), 193–214 (201–204), Hengel, Jakobus der Herrenbruder, 573f.

besten Willen nicht herauslesen. Schließlich trifft Paulus Jakobus nun schon mindestens zum dritten Mal, was man auch als Hinweis auf eine tragfähige persönliche Beziehung verstehen kann. Außerdem ist Jakobus in keiner Weise als eine Art Alleinherrscher dargestellt. Es waren die Jerusalemer »Brüder«, welche die angereisten Gäste »gerne aufnahmen« (21,17), außerdem kommen die »Ältesten« zu dem Treffen dazu. So wie Paulus zusammen mit den Gemeindedelegierten auftritt, so sind um Jakobus die Ältesten (zu ergänzen ist: der Jerusalemer bzw. judäischen Gemeinde[n]) versammelt.

Noch einmal und zwar zum letzten Mal in der Apostelgeschichte stehen sich, ähnlich wie beim Apostelkonvent, Gläubiggewordene beider »Völker« als Repräsentanten des einen eschatologischen Heilsvolks gegenüber. Hier vollendet sich in der Darstellung des Lukas, was im ersten Kapitel seines Evangeliums begonnen hat, weshalb der betont feierliche Ton dieses Treffens durchaus berechtigt ist. Beide Gruppen bilden *zusammen* die von Jesus als dem eschatologischen Davidssohn wiederaufgerichtete »Hütte Davids«. Ihr (un)sichtbarer Ausdruck ist der »Thron Davids«, auf dem der Davidide Jakobus sitzt. Damit sind die Verheißungen erfüllt, die der Engel Gabriel der Maria gab (Lk 1,31–33). Entscheidend ist dabei nicht, ob Jakobus wirklich auf einem »Thron« saß. Entscheidend ist, dass mit der Errichtung der Heilsgemeinde »die Hungrigen mit Gütern gefüllt werden« (Lk 1,53), die Gewalttätigen ihre Legitimität bei Gott verloren haben (Lk 1,51–52) und Gott gegenüber seinem »Knecht Israel« seine Barmherzigkeit und gegenüber Abraham sein Segensversprechen für alle Völker wahr gemacht hat (Lk 1,54–55).

Dieses eindrucksvolle Bild ist zugleich die letzte namentliche Erwähnung des Jakobus in der Apostelgeschichte, der danach völlig ins Kollektiv des Jerusalemer Presbyteriums zurücktritt. Die Beschreibung der »Tausenden«, die zum Glauben gekommen waren, die Vermittlung der Apostasie-Vorwürfe, die über Paulus in Jerusalem im Umlauf waren und als Reaktion darauf der Rat in Bezug auf die Auslösung der Nasiräer, selbst noch die nachklappende Erwähnung des Aposteldekrets in 21,25: all das ist als ein »Wir-Bericht« der Ältesten gestaltet. Man kann und soll wohl auch hinter diesen Aussagen noch die Stimme des Jakobus hören, aber es bleibt zu beachten, dass Lukas ihn gerade nicht herausstellt oder gesondert erwähnt. Wenn man hier spekulieren will, dann darüber, dass Lukas möglicherweise vorsichtig andeutet, dass Jakobus in diesem Kreis nur noch begrenzt Einfluss ausüben konnte und der radikalere Flügel um die zelotischen Pharisäer (Apg 15,5) die Oberhand gewonnen hatte.

Im Zentrum steht von da an jedenfalls nur noch Paulus als (gescheiterter?) Mittler zwischen den Gläubiggewordenen aus Juden und Heiden (V. 20.25).[176] Es bleibt ihm überlassen, in dieser Versammlung zunächst detailliert zu erzählen, was Gott durch ihn »unter den Heiden getan hat«. Wieder hat, wie beim Apostelkonvent, der Verweis auf Gottes Handeln entscheidendes Gewicht. Auffällig ist, dass Lukas Paulus

---

176 Vgl. dazu G. Theissen, Paulus – der Unglücksstifter. Paulus und die Verfolgung der Gemeinden in Jerusalem und Rom, in: E.-M. Becker u. P. Pilhofer (Hg.), Biographie und Persönlichkeit des Paulus, WUNT 187, Tübingen 2005, 228–244 (231–238). Auch Theißen sieht keinen grundsätzlichen Gegensatz hier zwischen Jakobus und Paulus (s. besonders 236).

hier von seiner *diakonia*, seinem »Dienst« sprechen lässt, und damit genau dasselbe Leitwort aufnimmt, das Paulus in Röm 15,31 angesichts seiner bevorstehenden Reise nach Jerusalem gebraucht. Will man zwischen den Zeilen lesen, dann ist dies der Moment, wo Paulus die Kollekte der Kirche aus den Völkern der Jerusalemer Gemeinde zu Füßen legt. »Als sie es gehört hatten, priesen sie Gott« (Apg 21,20a). Ist dieser kurze Halbsatz nur als pflichtschuldiges Abhaken eines Programmpunktes und damit in gewisser Weise als eine Brüskierung zu sehen, oder impliziert der Lobpreis die Anerkennung der paulinischen Heidenmission? Vergleicht man 21,20a mit 11,30, der Übergabe der antiochenischen Spende einige Jahre zuvor, dann ist hier eindeutig eine positive Aufnahme des paulinischen »Dienstes« impliziert, auch wenn dann relativ schnell der Blick auf die Gemeindesituation in Jerusalem gelenkt wird. Denn in Apg 11,30 (und 12,35) ist zwar von einem Überbringen der Spende die Rede, aber keinerlei Reaktion von Jerusalemer Seite. Öffentlich bekundete Dankbarkeit gehört nicht zum erzählerischen Repertoire des Lukas, darum sollte man aus der relativen Nichterwähnung in Apg 21,19f. keine allzu weitreichenden Schlüsse ziehen.[177] Dass es zur Übergabe der Spendengelder kam, lässt Lukas zudem Paulus selbst in Apg 24,17 vor dem römischen Statthalter Felix aussagen: »Nach mehreren Jahren bin ich gekommen, um Almosen für mein Volk zu überbringen und zu opfern.«

177 Dasselbe gilt von Apg 2,44f.; 4,32–37. Bei diesen Berichten über die Gütergemeinschaft in der Anfangszeit und insbesondere bei der Übergabe der Spende des Barnabas fehlt ebenfalls jede »dankbare« Reaktion von Seiten der empfangenden Apostel.

4.8.4 Streit um Paulus

Der zweite Teil des Besuchberichts (21,20b–26) konzentriert sich auf die über Paulus umlaufenden Gerüchte, die dann zu seiner Verhaftung im Tempel führten, womit Lukas zugleich erzählerisch den Schlußteil seines Werkes vorbereitet, in dem Paulus als Gefangener um Christi willen von Jerusalem nach Rom gebracht wird. Vorgeworfen wurde Paulus, er lehre unter den Diasporajuden »Abfall von Mose«, das Nichtbeschneiden ihrer Kinder (ein Einwand, den Lukas mit dem Hinweis auf die Beschneidung des Timotheus durch Paulus bereits widerlegt hat) und die Nichtbeachtung der Sitten des jüdischen Ethnos. Letzteres traf für Paulus wohl in Teilen zu, aber dennoch ist es hier nichts anderes als ein Vorwand sich zu entrüsten, weil man sich über ihn entrüsten wollte. Viele Juden in der Diaspora (wie auch in Israel selbst) werden die jüdischen Sitten mal mehr, mal weniger intensiv gehalten haben. Wer jedoch im Rahmen einer religionsgesetzlich gegründeten Glaubensgemeinschaft einen anderen der »Missachtung jüdischer Sitten« anklagen wollte, der konnte immer etwas finden, so wie dies heute bei Christen in muslimischen Ländern der Fall ist, die der Lästerung des Korans oder des Propheten Mohammeds angeklagt werden können. Darum sollte Paulus tun, was die Jerusalemer (nicht Jakobus) ihm rieten, nämlich öffentlich demonstrieren, dass er das Gesetz hält. Dass Paulus sich auf diesen ›deal‹ einließ, ist, wie könnte es anders sein, heftig umstritten. Dass es in erster Linie Jakobus war, der ihn dazu drängte, sagt Lukas jedoch gerade nicht und kann darum guten Gewissens bestritten werden.

Was damals wirklich in Jerusalem geschehen ist, wissen wir nicht. Das einzige, das wir haben, ist der Bericht des Lukas. Dieser übergeht die eigentliche An-

Abb. 18: Die Verhaftung des Paulus im Tempel, Tapisserie (1535/1540), nach einem Entwurf von Pieter Coecke van Aelst (1502–1550), Kunsthistorisches Museum Wien.

nahme der Kollekte, von der er zwar weiß (vgl. Apg 24,17), die er aber aus bestimmten Gründen nicht direkt beim Namen nennen will. Stattdessen lässt er Paulus die kostspielige Nasiräer-Auslösung übernehmen, damit alle erkennen können, dass die Gerüchte über ihn falsch sind und er nicht gegen die Einhaltung der Tora ist und selbst in Übereinstimmung mit ihr leben konnte (wobei für Paulus dies wohl eher ein freiwilliges Unterordnen, aber nicht länger mehr eine heilsnotwendige Verpflichtung darstellte). Eine vergleichbare öffentliche Bekundung von jüdischer Loyalität durch die Übernahme der Kosten für die Auslösung von Nasiräern hatte schon einige Jahre früher durch Agrippa I. entweder 38 oder 41 n. Chr. stattgefunden.[178] Die relativ hohen damit verbundenen Kosten entstanden in erster Linie durch die Opfer, die in Num 6,13–21 zum Abschluss des Nasiräats vorgeschrieben sind. Jeder Nasiräer musste drei Opfertiere und dazu noch frugale Gaben darbringen: Ein einjähriges fehlerloses (männliches) Schaf als Brandopfer, ein ebensolches weibliches als Sündopfer und einen Widder als Dankopfer.[179] Von diesen Opfergaben wurden die ersten beiden vollständig verbrannt. Das größte und teuerste jedoch, das Dankopfer, bekam zum kleineren Teil der Priester, zum größeren der Opfernde, der es – als Gemeinschaftsmahl mit von ihm eingeladenen Gästen – innerhalb des Tempels zu verzehren hatte. Von den frugalen Opfern wurde ebenfalls nur ein kleiner Teil verbrannt, einen weiteren Anteil erhielt auch hier der Priester, während das Übrige Bestandteil der gemeinsamen Opfermahlzeit war. Man kann also argumentieren, dass zumindest ein Teil des Geldes all denen zugute kam, die an der Opfermahlzeit teilnahmen. Mit etwas Phantasie kann man sich also die Jerusalemer Gemeinde im Tempel vorstellen, wie sie gemeinsam eine Dankfeier abhielt (inwieweit im Vorhof der Heiden auch die heidenchristlichen Besucher daran teilhaben konnten, ist eine interessante, aber unbeantwortbare Frage), bei der die Heidenchristen die Kosten tragen und damit zumindest indirekt die Gastgeber sind. Die Verhaftung des Paulus am Ende der siebentägigen Frist (Apg 21,26 f., vgl. Num 6,9 f.) geschah möglicherweise während die-

178 JOSEPHUS, Jüdische Altertümer XIX 294.

179 Vgl. dazu HENGEL / SCHWEMER, Paulus, 386.

ser symbolischen Feier bzw. während der Vorbereitung derselben. Damit kann angedeutet sein, dass sich der Tempel erneut dem Auftrag seines Tempelherrn, eine »Gebetsstätte für alle Völker« (Mk 11,17) zu sein, verweigerte. Lukas schließt seine Darstellung mit dem Hinweis, dass Paulus aus dem Tempel abgeführt und danach die Tempeltore verschlossen wurden (Apg 21,30). Es ist denkbar, dass er damit zugleich das Ende der Bedeutung des Tempels für die christliche Gemeinde implizierte, der fünf Jahre später den Tod des Jakobus sah, und etwas mehr als 13 Jahre später in Flammen aufging.

4.8.5 Das Festhalten am Jerusalemer Kompromiss

An den Vorschlag der Jerusalemer, das Opfer für die vier Nasiräer zu bezahlen, ist seltsam nachklappend die nochmalige Erwähnung der Bestimmungen des Aposteldekrets angefügt (21,25). Dies wird vielfach als Indiz dafür gewertet, dass Paulus erst zu diesem Zeitpunkt von den Dekretbestimmungen erfuhr und diese darum nicht Teil der Vereinbarungen des Apostelkonzils sein könnten.[180] Man kann den Vers zwar so verstehen, dass die Jerusalemer (die dann allein hinter dem »wir« von V. 25 stehen) Paulus hier erstmals über das Dekret informierten. Wenn Lukas die Sache so darstellen wollte, dann hätte er sich allerdings äußerst ungeschickt angestellt und sich selber widersprochen. Denn nicht nur erwähnt er ja ausdrücklich die Anwesenheit des Paulus bei den Verhandlungen in Jerusalem und seine namentliche Nennung in dem Schrei-

180 S. oben 3.2.6. Wir erinnern uns: Ein Großteil der Ausleger nimmt an, dass der antiochenische Konflikt erst nach dem Apostelkonzil stattfand und die Dekretbestimmungen ohne Wissen und Mitwirkung des Paulus festgelegt wurden.

ben an die Gemeinden (15,25), sondern er lässt Paulus und Silas (einen der Jerusalemer Abgesandten) auch zusammen die zweite Missionsreise unternehmen und das Dekret an die besuchten Gemeinden übergeben (Apg 16,4f.). Darum ist das »wir« in 21,25 ein Paulus einschließendes und der Satz am ehesten plusquamperfektisch zu verstehen: »In Bezug auf die gläubig gewordenen Heiden hatten wir ja geschrieben, dass sie sich unserem Urteil nach bewahren sollten vor [...]« Gemeint ist diese Erinnerung an das Apostelkonzil dann als Hinweis des Lukas, dass mit der Auslösung der Nasiräer und dem öffentlich demonstrierten »Halten des Gesetzes« durch Paulus eben gerade *kein* Präzedenzfall für die Heidenchristen geschaffen worden ist, als ob diese nun auch in der Weise des Paulus handeln müssten. Die erneute Zitierung ist sozusagen die Bestätigung dafür, dass die damaligen Abmachungen weiterhin bestehen bleiben. Dass Lukas hier Paulus nicht als brüskiert und bloßgestellt erscheinen lassen will, ist zudem dadurch nahegelegt, dass er ihn schon in Korinth eine Art Nasiräergelübde ablegen ließ (18,18), so dass der Leser nicht den Eindruck bekommen kann, dass dieses Verhalten Paulus aufgezwungen worden wäre. Auch in den nachfolgenden Verteidigungsreden des Paulus lässt er diesen wiederholt seine positive Stellung zur jüdischen Lebensordnung aussagen (22,12.17; 23,4f.6b; 24,14–18a; 28,17).

Für das Bild des Jakobus aber gilt: Er ist in der Tat von Lukas als die Gestalt geschildert, die das Band zwischen Kirche und dem Volk Israel nicht zerreißen lassen will. Er steht für das Bemühen, die christliche Gemeinde ihre Verwurzelung in Jerusalem und ihre Verbundenheit und Verpflichtung Israels gegenüber nicht vergessen zu lassen. Beide Zeugen Christi erleiden in den sechziger Jahren des ersten Jahrhunderts den Märtyrertod, Jakobus von jüdischer, Paulus von römischer Hand. Beide Ereignisse werden von Lukas nicht mehr erwähnt, obwohl er darüber ziemlich sicher informiert war. Auch hier kann über seine Gründe nur gemutmaßt werden. Es ist noch einmal daran zu erinnern, dass wir insgesamt zu wenig wissen, um Auslassungen von – nach unseren Maßstäben – wichtigen Details befriedigend erklären zu können. Das gilt auch gegenüber dem immer wieder erhobenen Vorwurf gegen Jakobus der Jerusalemer Gemeinde, dass sie für Paulus nach seiner Verhaftung »keinen Finger« rührten.[181] Was die Gemeinde unternahm oder nicht, auch was sie unter den gegebenen Umständen hätte unternehmen können, ist nicht klar. Wie beim Tod des Zebedaiden nichts über Trauer und Bestattung erzählt wird, weil dies bereits im Zusammenhang mit dem Stephanusmartyrium berichtet wurde, so kann auch hier vorausgesetzt werden, dass die Gemeinde, wie damals für Petrus, nun auch für Paulus betete. Dazu kommt, dass Lukas auch die Reisebegleiter von Paulus mit keinem Wort mehr erwähnt, zu denen er, Lukas, ja selbst zählte. Will er damit dann auch sagen, dass diese, dass er selbst, Paulus verlassen hätten? Wohl kaum. Stattdessen richtet sich für Lukas nun alles Interesse darauf zu erzählen, wie sich die Prophetie über die Verhaftung des Paulus erfüllte (vgl. Apg 21,10–14) und dieser dadurch als Zeuge des Evangeliums nach Rom gelangte. Zudem ermöglichte diese Verhaftung auch die Erfüllung dessen, was der erhöhte Jesus dem Hananias in Damaskus über Paulus gesagt hatte: »Dieser ist mir ein auserwähltes Werkzeug, um meinen Namen

181 Stauffer, Petrus und Jakobus, 371.

vor Völker und Könige und die Kinder Israels zu tragen« (Apg 9,15).

5. Der Jakobusbrief als Quelle für den historischen Jakobus

Wer eine Biographie des Paulus schreibt, der fängt in der Regel mit seinen Briefen an, weil darin der Apostel »im Original« zu lesen ist. Erst dann wird die Apostelgeschichte als älteste Sekundärquelle zur Ergänzung herangezogen.[182] Wäre es darum nicht angemessen gewesen, auch dieses Porträt des Jakobus mit dem Brief des Jakobus zu beginnen? Eigentlich ja. Dem entgegen steht jedoch, was im Einleitungsteil schon angedeutet wurde: Die Mehrheitsmeinung innerhalb der neutestamentlichen Wissenschaft sieht in dem Brief des Jakobus kein Schreiben des Herrenbruders, sondern ein sogenanntes Pseudepigraphon, d. h. ein Schreiben unter falschem Namen, das – weil pseudepigraphische Schreiben in der Regel erst nach dem Tod des fingierten Autors geschrieben wurden – irgendwann zwischen 80 und 120 (mehrheitlich gegen Ende des 1. Jahrhunderts) von einem unbekannten Ort aus an die christlichen Gemeinden innerhalb des römischen Reiches versandt wurde.[183] Dieses Urteil bedeutet im Grunde nichts anderes, als dass der einzig sichere Ausgangspunkt für die historische Einordnung dieses

---

182 So etwa Reinmuth, Paulus.

183 Die Diskussion ist dargestellt bei U. Schnelle, Einleitung in das Neue Testament, UTB 1830, Göttingen [3]1999, 402; Eine interessante Überlegung bietet Kari Syreeni, Did Luke Know the Letter of James?, Svensk Exegetisk Årsbok 78 (2013), 173–182.

Schreibens die Überzeugung ist, dass der Herrenbruder dieses Schreiben *nicht* verfasst hat. Die Gründe für die Bestreitung der Echtheit lassen sich in textinterne und -externe aufteilen. Letztere sind vor allem die relativ späte Bezeugung und Kanonisierung des Jakobusbriefes. Interne sind dagegen das relativ hohe griechische Sprachniveau, das man einem galiläischen Handwerkersohn nicht zutrauen mag, und das fehlende Interesse des Briefes an den »für das Judenchristentum zentrale[n] Themen wie die Frage der Beschneidung, die Reinheitsgebote, der Sabbat, der Tempel, das Volk Israel sowie das Verhältnis zum Heidenchristentum«, also den Themen, die man üblicherweise mit dem gesetzesstrengen Judenchristentum des historischen Jakobus in Verbindung bringt.[184]

Wenn aber der einzige Name, der eine Zuordnung erlaubt, als Verfasserfiktion angesehen wird, dann ergeben sich zwar eine Fülle von Möglichkeiten, die auch alle mehr oder weniger plausibel klingen; sie basieren jedoch alle auf einem unabhängig von dem eigentlichen Text (hier dem Jakobusbrief) gewonnenen Vorverständnis von Jakobus bzw. der Geschichte des Urchristentums. Unerklärlich bleibt dann letztlich, wie dieser in allem doch recht unspektakuläre Brief eines unbekannten Verfassers an eine unbekannte Empfängergruppe auf ebenfalls weithin unbekannten Wegen seinen Platz im neutestamentlichen Kanon fand. Spätestens zu diesem Zeitpunkt wurde der Brief als ein Schreiben des Jakobus anerkannt, und seine Stellung an der Spitze der katholischen Briefe verweist darauf, dass man dabei an den Herrenbruder dachte.

---

184 R. Feldmeier, Der Jakobusbrief, in: Grundinformation Neues Testament, hg. v. K.-W. Niebuhr, UTB 2108, Göttingen 2000, 338f.

Die Reihenfolge der Briefe innerhalb dieser Sammlung orientiert sich an der Aufzählung der »Säulen« in Gal 2,9, indem auf den Jakobusbrief die beiden Briefe des Petrus und dann die drei Johannesbriefe folgen. Dass die Sammlung mit dem Judasbrief abschließt, ist ein weiteres bemerkenswertes Element: Nach dem Verständnis derer, die für diese Einteilung der katholischen Briefe verantwortlich sind – worüber wir historisch nahezu nichts wissen –, bilden zwei Schreiben aus der Jesusfamilie den Rahmen um die Briefe zweier Hauptapostel.[185]

Lässt man sich von diesen unbekannten Briefsammlern und ihren historischen Urteilen leiten, dann ergibt dies nicht nur ein vertieftes Verständnis von Jakobus, sondern auch ein verändertes von Jesus. Denn ein griechisches Schreiben aus der Hand seines Bruders wirft nicht nur Licht auf seinen Verfasser, sondern eben auch auf den berühmteren Bruder. Wenn Jakobus schreiben konnte, und das auch noch in einem leidlich eleganten, rhetorisch geprägten Griechisch, dann hat das weit reichende Konsequenzen für unsere Vorstellung von der Familie, in der Jesus aufgewachsen ist. Zudem ist es ja nicht nur dieser eine Bruder von Jesus, der als potentieller Autor im Neuen Testament auftaucht. Auch der Judasbrief beansprucht, von einem Herrenbruder verfasst worden zu sein. Dessen Autor gibt sich in der Absenderangabe als »Knecht Jesu Christi« und »Bruder des Jakobus« zu erkennen

---

185 Über das Potential der neutestamentlichen Briefsammlungen für das ökumenische Gespräch s. K.-W. Niebuhr, Die Apostel und ihre Briefe. Zum hermeneutischen und ökumenischen Potential des Corpus Apostolicum im Neuen Testament, in: H. Omerzu u. E. D. Schmidt (Hg.), Paulus und Petrus, ABG 48, Leipzig 2016, 273–292.

Abb. 19: Jakobusminiatur aus dem Siegburg Lektionar (12. Jahrhundert). Das Schriftband enthält Jak 1,17 in Latein.

(Jud 1), womit nach einhelliger Meinung nur Jakobus der Herrenbruder gemeint sein kann.[186] Daraus ergibt sich das Bild eines literarisch gebildeten Brüderpaars, das wohl von Jerusalem aus — unter Annahme, dass

186 SCHNELLE, Einleitung, 429; P. POKORNÝ u. U. HECKEL, Einleitung in das Neue Testament. Seine Literatur und Theologie im Überblick, UTB 2798, Tübingen 2007, 712f.

es wirklich die Brüder Jesu waren, die diese Briefe schrieben, ist Jerusalem der wahrscheinlichste Abfassungsort – mit den neugegründeten, mehrheitlich griechischsprachigen Gemeinden »in der Diaspora« (Jak 1,1) in Kontakt traten, um diese zu belehren (Jud 3f.17; Jak 3,1f.). Die Verfasserfrage des Jakobus- und Judasbriefes bekommt auf diese Weise ungeahntes Gewicht, weil Jesus dann ein weiterer Bruder aus dieser Familie ist, der zwar selber nichts geschrieben hat, aber als Lehrer galt, dessen Worte und Taten schon sehr früh in Wort und Schrift weitergegeben wurden. Ein solches schreib- und schriftkundiges Familienbild steht allerdings konträr zu allem, was man über den historischen Jesus – und damit über Jakobus – und sein Heranwachsen als Zimmermannssohn in dem unbedeutenden Dorf Nazareth zu wissen meint. Verfolgt man diese Überlegungen dennoch weiter, einfach weil die Fülle der Hinweise auf eine ausgeprägte gelehrte Familientradition im Neuen Testament so deutlich sind, dann stellt sich die Frage, ob nicht Jesus und seine Geschwister in einer Familie aufwuchsen, die nicht nur die biblischen Traditionen pflegte, sondern darüber hinaus auch dafür Sorge trug, ihren Kindern u. a. griechische Sprachkenntnisse zu ermöglichen?[187]

187 Einschränkend ist zu bemerken, dass griechische Sprachkenntnisse nicht notwendig zum familiären Bildungsideal zu gehören brauchen, da Jakobus und Judas für ihre Schreiben auch auf die Hilfe von griechischsprachigen Gemeindegliedern zurückgegriffen haben können.

5.1 *Bildungstraditionen in der Jesusfamilie*

Fragen nach der Bildung von Jesus bzw. seiner Briefe schreibenden Brüder werden in der Forschung nur selten diskutiert, weil vor allem die deutschsprachige Exegese weithin von der Pseudepigraphie der beiden Briefe überzeugt ist. Irgendwelche Rückschlüsse aus diesen Schreiben auf die Jesusfamilie sind damit ausgeschlossen. Es bleibt lediglich als Frage, was spätere Autoren veranlasst haben könnte, ausgerechnet die Herrenbrüder Jakobus und Judas als Pseudonyme für ihre Briefe zu wählen. Zumindest für diese standen Stil und Inhalt der Briefe offenbar in keinem Widerspruch zu dem, was sie über Jesus und seine Familie wussten oder sich wenigstens vorstellen konnten. Das kann zweierlei bedeuten: Entweder sind unsere Vorstellungen von dem, was man einer (bzw. dieser bestimmten) galiläischen Handwerkerfamilie bildungsmäßig zuzutrauen bereit ist, falsch, oder es sind diese anonymen Autoren, die von der historischen Wirklichkeit der Jesusfamilie keine Ahnung (mehr?) hatten bzw. über diese Zusammenhänge überhaupt nicht nachdachten.

5.1.1 *Lesen und Schreiben*

Die Schwierigkeit, die Briefe des Jakobus und Judas als »Familienbriefe« zu verstehen, zeigt sich am deutlichsten daran, dass in der Jesusforschung kontrovers diskutiert wird, ob Jesus *überhaupt* in nennenswertem Umfang lesen und schreiben konnte, wobei vor allem Letzteres vielfach verneint wird. Am ehesten ist man gewillt, ihm eine »Craftsman's Literacy« zuzubilligen.[188]

188 CH. KEITH, Jesus' Literacy. Scribal Culture and the Teacher

Damit ist gemeint, dass er genug Lesekenntnisse besaß, um seinem Beruf als Handwerker nachzugehen, also etwa eine Rechnung, Bestellung, Formular oder eine Liste lesen und möglicherweise auch in diesem Rahmen schreiben konnte, aber damit sind keinerlei literarischen oder schriftauslegenden Lese- und noch weniger Schreibkenntnisse verbunden. Und wenn das schon für Jesus gilt, dann, so wird stillschweigend vorausgesetzt, ebenso – wenn nicht sogar noch mehr – für seine Brüder. Dass die Evangelien Jesus Lesekenntnisse zuschreiben (Lk 4,16f.) und ihn in einer – wenngleich schwierig zu interpretierenden – Szene auch schreibend darstellen (Joh 8,6), wird oft als nachträgliche Retusche der Evangelisten angesehen, die ihn rückblickend in das Bild eines schriftkundigen Lehrers umgeformt hätten. Das ist allerdings nicht wirklich überzeugend.[189] Denn im Grunde spricht nichts gegen, aber viel für eine sprachliche und an den Traditionen Israels orientierte Bildung von Jesus und seinen Brüdern. Jesus wird mit großer Selbstverständlichkeit als »Lehrer« bzw. »Rabbi« angesprochen, und das ist auch, was Jakobus von sich behauptet (Jak 3,1). Das bedeutet nicht, dass diese Titel notwendig mit einem festen Ausbildungsgang verbunden waren, aber es gibt auch keinen Grund, den darin enthaltenen Bildungsbezug zu ignorieren. Die Episode

---

from Galilee (LNTS 413), London 2011, 114–116; s. außerdem SCHRÖTER, Jesus von Nazaret, 39.

189 Vgl. dazu DEINES, Messiasanspruch, 75–95. Einen umfassenden Bericht über Elternhaus, Synagoge und Schulen als die gegebenen Bildungsorte im ersten Jahrhundert bietet RIESNER, Jesus als Lehrer, WUNT II/7, Tübingen ^{3}1988, 224–245; zur Hausgemeinschaft und Familie als einem entscheidenden Element religiöser Prägung und Erziehung in griechisch-römischen, jüdischen und frühchristlichen Haushalten s. ÖHLER, Das ganze Haus.

über den zwölfjährigen Jesus im Tempel (Lk 2,41–52) wird zwar in der Regel als »Legende« ohne jeden historischen Wert behandelt,[190] aber das darin gezeichnete Bild ist weit weniger befremdlich, wenn man Jesus im Rahmen seiner ganzen Familie sieht, wie es insbesondere Lukas darstellt. Demnach bestehen verwandtschaftliche Beziehungen zwischen der Jesusfamilie und der priesterlichen Familie von Johannes dem Täufer und regelmäßige Tempelbesuche in Jerusalem sind Teil des familiären Alltags. In der pseudepigraphischen Schrift »Die Testamente der zwölf Patriarchen« ermahnt der sterbende Levi, der Stammvater von Israels Priestern, seine Nachkommen: »Lehrt aber auch eure Kinder das Lesen (wörtlich: Buchstaben), damit sie Einsicht haben für ihr ganzes Leben, indem sie ununterbrochen das Gesetz Gottes lesen« (TestLevi 13,2). Das verweist zunächst zwar nur auf die erhöhte Bedeutung, die Lesekenntnisse speziell für Priesterfamilien besaßen, lässt aber darüber hinaus erkennen, dass es gruppen- und familienspezifische Bildungstraditionen gab. Eine solche ist nun aber gerade für eine traditionsbewusste davidische Familie mit familiären Kontakten zur Priesterschaft von vornherein wahrscheinlich. Es gibt also Einiges, das auf ein schriftkundiges, bildungsorientiertes Umfeld der Jesusfamilie hindeutet.

5.1.2 Familienspezifische Bildungstraditionen

Ein gutes Beispiel für eine gruppenspezifische Bildungstradition wird zudem durch den Pharisäer und »Zeltmacher« Paulus repräsentiert: Er verdiente, wie die Jesusfamilie, seinen Unterhalt als Handwer-

---

190 SCHRÖTER, Jesus von Nazaret, 77; F. BOVON, Das Evangelium nach Lukas (Lk 1,1–9,50), EKK III/1, Neukirchen-Vluyn 1989, 155.

ker. Gleichwohl bestreitet niemand, dass er darüber hinaus eine gediegene, pharisäisch-schriftgelehrte Ausbildung besaß (Gal 1,14; Apg 22,3; 24,14; 26,4f.), was offenbar damit zusammenhängt, dass er aus einer traditionsbewussten pharisäischen Familie stammte (Phil 3,5). Auch die Familie des bekannten rabbinischen Schriftgelehrten Hillel kann hier genannt werden. Obwohl die Famile später sehr reich und einflussreich wurde, war der Dynastiegründer Hillel ein armer Lohnarbeiter, der zur Zeit des Herodes aus Babylonien nach Jerusalem eingewandert war. Über den Beruf des Jakobus wissen wir nichts, aber selbst wenn er, wie sein Bruder Jesus oder Paulus, ursprünglich ein Handwerk für den Lebensunterhalt ausübte, bedeutet dies nicht, dass er daneben nicht auch noch eine familienspezifische Schriftausbildung besaß. Wenn wir es in der Jesusfamilie mit Nachkommen Davids zu tun haben, dann ist es sogar wahrscheinlich, dass die biblischen Erwartungen über den Messias durch eine entsprechende innerfamiliäre Unterweisung aktiv gepflegt wurden. Die intensive und spezifische Schriftanwendung, wie sie bei Jesus, aber auch bei Jakobus und Judas (und anderen Angehörigen dieses Familienclans im Neuen Testament) erkennbar ist, lässt die begründete Annahme zu, dass in ihrer Herkunftsfamilie die biblischen Erwartungen des kommenden »Sprosses« bzw. »Sohnes« aus dem Haus Davids aktiv gepflegt und an die nachfolgenden Generationen durch eine entsprechende Unterweisung auch vermittelt wurden. In dieser Familie lebte die Hoffnung, dass der verheißene Messias als eines ihrer eigenen Kinder geboren würde.[191]

---

191 Das habe ich ausführlicher dargestellt in DEINES, Messiasanspruch.

Angesichts der universalen Perspektive der messianischen Erwartung, die ja nicht nur Israel und das jüdische Volk betraf, sondern alle Völker »bis an die Enden der Erde«, erscheint es darüber hinaus möglich, dass auch das Erlernen von Griechisch Teil dieser vorbereitenden Ausbildung war.[192] Ein solches Bildungsprogramm war gewiss nicht typisch für alle Handwerkerfamilien in Galiläa, aber schließlich waren auch nicht alle galiläischen Handwerkerfamilien Nachkommen Davids und Träger von biblischen Verheißungen. Eine Bemerkung wie in Apg 4,13, wonach Petrus und Johannes in den Augen der Jerusalemer Führerschaft »ungelehrt und (theologische) Laien« waren, findet sich jedenfalls nirgends in Bezug auf die Familie Jesu: weder auf Jesus noch Jakobus (oder den Täufer); dasselbe gilt für die Bemerkung, dass Petrus an seinem galiläischen Dialekt zu erkennen war (Mt 27,73). Auch dazu fehlen vergleichbare Aussagen über Jesus oder andere Angehörige der Jesusfamilie, obwohl beispielsweise die Verhörszenen vor dem hohepriesterlichen Tribunal bzw. vor Pilatus dazu Anlässe geboten hätten.

192 Interessanterweise sind nun gerade für die spätere Familie Hillels glaubwürdige Nachrichten überliefert, die bezeugen, dass Griechischkenntnisse intensiv gepflegt wurden, s. M. Hengel, Zum Problem der »Hellenisierung« Judäas im 1. Jahrhundert nach Christus, in: Judaica et Hellenistica. Kleine Schriften I, WUNT 90, Tübingen 1996, 1–90 (55.64). Auch für Paulus ist Zweisprachigkeit ziemlich sicher, wobei er möglicherweise das Hebräische bewusst lernen musste, da er in Tarsus aufgewachsen war und erst als Kind oder Jugendlicher nach Jerusalem zum Studium kam.

5.2 *Die fehlende »Gesetzlichkeit« als Einwand gegen die Verfasserschaft durch Jakobus*

Ein häufig zu lesendes Argument gegen eine Abfassung durch Jakobus ist die fehlende »Gesetzlichkeit« bzw. betonte »Torafrömmigkeit«, die man meint mit dem Herrenbruder verbinden zu müssen. Denn wenn genau diese Elemente im Brief fehlen, kann dieser nicht von ihm geschrieben sein. Klassisch formuliert Gerd Theissen dieses Argument:

> Der historische Jakobus stritt […] für die Ritualgebote wie Beschneidung, Speisegebote, Sabbatheiligung und die Abgrenzung vom Götzendienst (vgl. Gal 2,1–14; Apg 15). Für den ›Jakobus‹ des Briefes aber besteht das Gesetz in ethischen Forderungen. Nirgendwo erwähnt er explizit rituelle Gebote. Der Jakobus des Briefes müsste sich bei seinem Gesetzesverständnis in diesen rituellen Fragen mit Paulus verständigen können. Der historische Jakobus und der Briefautor können nicht derselbe sein.[193]

Es gibt im Neuen Testament aber gar keine Aussage des Jakobus zum Sabbat, in der Beschneidungsfrage stand er, wie wir gesehen haben, auf Seiten von Paulus und derer, die sich *gegen* die Beschneidungspflicht für Heiden aussprachen (und dass Juden weiterhin die Beschneidung praktizierten, setzt auch Paulus voraus). Die Abgrenzung vom Götzendienst ist jüdisch und christlich eine Selbstverständlichkeit und wurde

---

193 G. Theissen, Die pseudepigraphische Intention des Jakobusbriefes. Ein Beitrag zu seinen Einleitungsfragen, in: P. von Gemünden, M. Konradt, u. ders., Der Jakobusbrief. Beiträge zur Rehabilitierung der »strohernen Epistel«, Beiträge zum Verstehen der Bibel 3, Münster 2003, 54–82 (55).

auch von Paulus praktiziert, wenn auch mit teilweise anderer Begründung. Dass die strittigen Fragen im Hinblick auf gemeinsame Mahlzeiten im Sinne einer Verpflichtung auf die »Ritualgebote« insgesamt (und möglicherweise noch nicht einmal auf die Speisegebote im engeren Sinne) zu verstehen sind, wurde in den voranstehenden Kapiteln wiederholt in Frage gestellt. Damit gilt, dass der historische Jakobus und der Jakobus des Briefes – gegen Theissen – durchaus derselbe sein können, wovon darum im Folgenden auch ausgegangen wird.[194]

5.3 Die zweifelhafte Stellung des Briefes im neutestamentlichen Kanon

Oben (A 1.4) wurde bereits erwähnt, dass noch im 4. Jahrhundert einige Autoren Zweifel an der Echtheit des Jakobusbriefes und damit an seiner Zugehörigkeit zum neutestamentlichen Kanon äußerten. Ein Grund dafür ist, dass er in der Literatur des 2. und 3. Jahrhunderts nahezu keine Spuren hinterlassen hat und offenbar ein wenig in Vergessenheit geriet. Dabei sollte allerdings nicht übersehen werden, dass der Jakobusbrief nicht gerade zu den originellsten Schreiben im Neuen Testament gehört. Seine ethischen Weisungen finden sich auch in den Evangelien, besonders

---

194 Gute Beispiele für ein Verständnis des Jakobusbriefes als pseudepigraphisches Schreiben (auf die im Folgenden *nicht* mehr eingegangen wird) sind u. a. TH. KLEIN, Bewährung in Anfechtung. Der Jakobusbrief und der Erste Petrusbrief als christliche Diaspora-Briefe, NET 18, Tübingen 2011; M. KONRADT, »Jakobus der Gerechte.« Erwägungen zur Verfasserfiktion des Jakobusbriefes, in: J. Frey u. a. (Hg.), Pseudepigraphie und Verfasserfiktion in frühchristlichen Briefen, WUNT 246, Tübingen 2009, 575–597.

dem des Matthäus, und waren darum entbehrlich für Gemeinden, die dieses umfassendere Werk besaßen; Jakobus' Kritik an den Reichen und die Betonung der Sorge für die Armen findet sich auch bei Lukas. Zudem erlaubt die Zuschreibung an Jakobus und damit verbunden ein relativ frühes Abfassungsdatum, die inhaltliche Nähe zum Römerbrief, dem 1. Petrus- und dem Judasbrief sowie einzelnen Schriften aus den apostolischen Vätern als Einflüsse des Jakobusbriefes zu werten.[195] Dieser wäre dann nicht so sehr in Vergessenheit geraten als in späteren Schriften aufgegangen, in denen seine Anliegen in vertiefter Form fortwirkten, wobei er selbst allmählich aus dem Blick geriet. Interessant ist in diesem Zusammenhang, was eine der späteren Apostellisten im Eintrag über den Evangelisten Matthäus behauptet:

> Der Evangelist Matthäus war von Jerusalem und dort schrieb er das Evangelium vom Herrn in hebräischer Sprache. Er veröffentlichte es durch die heiligen Apostel, und als Jakobus, der Bruder des Herrn, es übersetzte, entschlief er in Hierapolis in Parthien und wurde dort begraben.[196]

---

195 Ausführlich begründet bei Th. Zahn, Einleitung in das Neue Testament, Leipzig ^{3}1906/1907 (Ndr. Wuppertal 1994), 88–98. Zum schon von Luther gebrauchten Gegenargument, dass nämlich diese auffälligen Parallelen ein Hinweis darauf sind, den Jakobusbrief als spätes Schreiben zu werten, s. oben Anm. 14.

196 Der Text gehört zu den sog. Apostel- und Jüngerkatalogen, die kurze biographisch-legendarische Notizen von zweifelhaftem historischen Wert in der hier zitierten Art für die zwölf Apostel sowie für die 72 in Lk 10,1 Genannten sowie einiger weiterer Jüngerinnen und Jünger auflisten. Die in Griechisch und Latein erhaltenen Zeugnisse, die bekannten christlichen Autoren wie Epiphanius und Hippolyt zugeschrieben wurden, finden sich in Theodor Schermann, Propheten- und Apostellegen-

Dass man sich Jakobus als Übersetzer des Matthäusevangeliums ins Griechische vorstellte, zeigt, dass schon spätantike Leser eine gewisse Nähe zwischen dem Jakobusbrief und dem Matthäusevangelium erkannt hatten. Wenn zudem die Meinung bestand, dass Jakobus das Matthäusevangelium auf diese Weise autorisiert hatte, in dem vollständiger enthalten ist, was in seinem Brief nur knapp entfaltet ist, dann wurde derselbe schlicht entbehrlich. Dazu kommt, dass das Milieu, an das Jakobus seinen Brief adressiert hatte, wenn die hier gemachte Annahme zutrifft, wirkungsgeschichtlich nach 70 und endgültig nach 135 nur noch einen schwindenden Einfluss auf die Entwicklung in der nun weitgehend heidenchristlich werdenden Kirche besaß.

Abb. 20: Ausschnitt einer fünfteiligen Altarpredella von Andrea di Bartolo (1389–1429), die Christus und die zwölf Apostel zeigt. Hier dargestellt sind (von links nach rechts) Matthäus, Philippus und Jakobus minor.

den nebst Jüngerkatalogen des Dorotheus und verwandter Texte, TU 31/3, Leipzig 1907.

5.4 Datierung und Anlass des Briefes

Aus Gründen, die hier nicht im Detail angeführt werden können (eine ausführliche Begründung findet sich in der englischen Ausgabe), wird im Folgenden ein frühes Datum vorausgesetzt (zwischen 45 und 50), so dass der Jakobusbrief zusammen mit dem Galaterbrief die beiden ältesten neutestamentlichen Dokumente darstellen. Eine solche, manche würden wohl sagen, »extreme« Frühdatierung des Jakobusbriefes, ist früher häufiger vertreten worden, inzwischen aber weitestgehend aus der deutschsprachigen Diskussion verschwunden.[197] In den krisenhaften Jahren, rund 15 bis 20 Jahre nach Jesu Tod und Auferstehung, richtete er sich – dem Vorbild Jeremias folgend (Jer 29) – mit diesem Brief als Send- oder Hirtenschreiben von Jerusalem in erster Linie an die von dort vertriebenen oder geflohenen Gläubigen, um sie angesichts ihrer schwierigen Situation geistlich zu stärken und zu gegenseitiger Hilfe anzumahnen. Zugleich stellt sich Jakobus diesen Flüchtlingsgemeinden als neuer Vorsteher der Jerusalemer Gemeinde vor, so dass der Kontakt zwischen der Muttergemeinde und »ihrer« Diaspora er-

197 Zu älteren Vertretern dieser Ansicht s. Schnelle, Einleitung, 401; eine eindrückliche Liste von Datierungsvorschlägen, die vom Jahr 40 bis 150 n.Chr. reichen, bietet D. C. Allison, A Critical and Exegetical Commentary on James, ICC, New York 2013, 28f. Von den 44 Autoren, die er auflistet, sind es immerhin 13, die den Brief in die Zeit zwischen 40 und 50 datieren. Allison selbst nimmt eine Abfassung um 100 oder später an, da s. E. der Brief die Kenntnis von Römer und dem ersten Petrusbrief voraussetzt. Abhängigkeitsverhältnisse sind jedoch selten eindeutig und so können Römer und der erste Petrusbrief auch als frühe Bezeugungen für Jakobus angenommen werden. Spätestens mit dem Judasbrief ist er innerneutestamentlich eindeutig bezeugt.

halten bleibt. Mit der Anrede der Vertriebenen als »die zwölf Stämme in der Zerstreuung« verdeutlicht er, dass er in den Adressaten, allen äußeren Widrigkeiten zum Trotz, dennoch das restaurierte Israel des messianischen Davidssohnes sieht, die wiedererrichtete »Hütte Davids« (Apg 15,16). Vergleichbare Briefe, von Priestern oder führenden Pharisäern von Jerusalem aus an jüdische Gemeinden gesandt (»Diasporabriefe«), sind aus der jüdischen Literatur der Zeit bekannt, so dass das Verhalten des Jakobus nicht ungewöhnlich ist.[198] Zudem ist auch das Schreiben mit dem Aposteldekret auf seine Initiative und Anregung hin von Jerusalem aus an die damaligen Glaubensgeschwister »aus den Völkern« (Apg 15,23) in Antiochien, Syrien und Kilikien geschickt worden. Abgefasst war es ebenfalls in Griechisch und erhalten blieb es nur, weil Lukas es in Apg 15,23–29 in voller Länge zitiert.

5.4.1 Die Situation der Briefempfänger

Hinweise innerhalb des Briefes über die Situation der Briefempfänger sind die Nennung der »Zerstreuung« (Diaspora) in 1,1, womit die Prüfungs- bzw. Versuchungssituation zusammenhängt, in der die Angeredeten sich befinden und die sie in Gefahr bringt, vom Glauben ab- und damit der Sünde und dem (geistlichen) Tod anheimzufallen (1,2–15; 5,19f.). Da dieses Thema Anfang und Ende bestimmt, liegt darauf besonderes Gewicht; es gibt zugleich Einblick in den Seelsorger Jakobus: Es geht ihm darum, »die Seelen« d.h. die vor Gott gestellte und von Gott zur Ver-

198 K.-W. Niebuhr, Der Jakobusbrief im Licht frühjüdischer Diasporabriefe, NTS 44 (1998), 420–443.

Antwort-ung geforderte unvergängliche menschliche Existenz »zu retten« (1,21; 5,20). Das verbindet ihn mit seinem Bruder, in dessen Verkündigung ebenfalls ganz zentral die Frage gestellt wird: »Was nützt es einem Menschen, die ganze Welt zu gewinnen, wenn seine Seele dabei verloren geht?« (Mk 8,36). »Seelen retten« ist theologisch nicht mehr in Mode, aber darauf kam es Jesus, Jakobus (und Paulus und allen anderen neutestamentlichen Autoren) entscheidend an. Das war ihnen vordringlicher als soziale, politische oder ökonomische Gerechtigkeit. Das kann man gerade bei Jakobus lernen, der gerne für ein solches Tat-Christentum in Anspruch genommen wird.

Es stellt sich also die Frage: Was sind die Umstände, die Jakobus veranlasst haben könnten, an seine »Brüder und Schwestern« zu schreiben, die sich in einer solchen Fremdlingssituation befanden, dass sie in der Versuchung standen, ihren Glauben preiszugeben? Materielle Not und Bedrückung durch mächtige Reiche spielten dabei offenbar eine wichtige Rolle. Weiter lässt der Brief erkennen, dass es Streit untereinander und böses Reden gegeneinander gegeben hat, die – falls man 4,1f. wörtlich nehmen will (was aber angesichts der sonstigen rhetorischen Strategie des Briefes nicht zwingend ist) – bis zu Mord und Totschlag führten. Aus der Warnung in 3,1, dass nicht jeder danach drängen solle, ein Lehrer zu werden, lässt sich auf Lehrstreitigkeiten schließen, die zu der misslichen Lage beigetragen haben, in der sich die Briefempfänger befinden.

5.4.2 Der vollkommene Gottesdienst

Der eigentliche Anlass für den Brief findet sich im zweiten Vers: Die »vielfältigen Glaubensprüfungen« (die Lutherübersetzung übersetzt hier mit »Anfechtungen«) sind als Ausgangspunkt ernst zu nehmen. Die Flüchtlinge aus Jerusalem stehen unter äußerem und möglicherweise auch innerem Druck, sich der offiziellen Meinung anzupassen, die in Jesus einen religiösen Verführer oder einen gefährlichen Messiasanwärter sieht. Darum stellt ihnen Jakobus »das vollendete Werk (*to ergon teleion*)« (1,4) vor Augen und spornt sie an, auf dem Weg zu diesem Ziel nicht nachzulassen, sondern bis zum Ende durchzuhalten (vgl. 1Thess 5,23).

Dazu verdeutlicht Jakobus seinen jüdischen Glaubensgenossen, dass die neue Weise des Gottesdienstes, die aus dem Glauben an Jesus erwächst, in der Fokusierung auf Gottes Willen um nichts hinter der bisherigen Torafrömmigkeit zurücksteht (die nächste Parallele hierzu ist in der Bergpredigt, Mt 5,20). Das lässt sich beispielsweise an Jak 1,26f. zeigen, wo es um den angemessenen »Gottesdienst« (griech. *thrēskeia*) geht. Das hier gebrauchte Wort ist im Neuen Testament selten (nur noch Apg 26,5 und Kol 2,18), aber ansonsten weit verbreitet. Es »bezeichnet die praktische Verehrung (eines) Gottes, wie sie geboten ist«, wobei kultische und rituelle Verpflichtungen eingeschlossen, wenn nicht sogar »zuerst gemeint« sind. In jüdischen Texten kann »das gesetzestreue Leben« summarisch mit *thrēskeia* bezeichnet werden.[199] In Apg 26,5 gebraucht es Paulus, um damit seine besondere pharisäische Frömmigkeit zusammenzufassen. Jakobus verwendet diesen Begriff offenbar nicht ohne Grund, denn damit assoziiert er die Frage nach dem, was jüdische Leser traditionell unter dem rechten Gottesdienst verstehen, nämlich die ganze Tora mit Tem-

---

199 Burchard, Der Jakobusbrief, HNT 15/1, Tübingen 2000, 91f.

pel, Sabbat, Festen, Beschneidung und Reinheitsfragen. In seinem Brief fasst er den rechten Gottesdienst nun aber überraschend knapp und konkret zusammen: Wer eine »reine und makellose« Frömmigkeitspraxis anstrebt, der orientiere sich an zwei Dingen: Haltet eure Zunge im Zaum und kümmert euch um die Witwen und die Waisen. Beides war möglicherweise sehr viel konkreter gemeint, als wir das heute nachempfinden können.

5.4.2.1 Witwen und Waisen

Witwen und Waisen sind die unerwähnten Konsequenzen der Martyrien von Stephanus, Jakobus und anderen. Auch die zurückgelassenen Angehörigen derer, die fliehen mussten, sind in besonderer Weise auf die Solidarität ihrer Glaubensgeschwister angewiesen. Die Sorge um die Bedürftigen, die sich durch den ganzen Brief durchzieht, ist für die Jerusalemer Gemeinde und ihre Diaspora ein existentielles Problem. In dieser für die Gemeinden durch politische Konflikte, wirtschaftliche Einbrüche und soziale Unruhen angespannten Situation, in der Glaubensflüchtlinge aufzunehmen und zu versorgen waren, kann Jakobus durchaus die Meinung begegnet sein: Wir glauben an den Herrn Jesus, aber wir müssen um das eigene gesellschaftliche bzw. politische Überleben kämpfen und können es uns darum nicht leisten, auch noch die Flüchtlinge zu versorgen. Dass eine solche Haltung möglicherweise mit dem Verweis auf den Glauben, der allein rettet, zu stützen versucht worden ist, kann man zumindest vermuten. Das würde erklären, warum Jakobus darauf insistiert, dass Glaube ohne Werke tot ist (2,26) und sich durch das Tun vollendet (2,22). Im Grunde ist Jak 1,27 (aber auch 2,2f.15f.) eine konkrete Anwendung der goldenen Regel aus der

Bergpredigt: Auch da fasst Jesus »Gesetz und Propheten« in der Aufforderung zusammen, dem anderen das zu tun, was man sich selbst in einer Notlage wünscht (Mt 7,12).

5.4.2.2 Zungensünden und unberufene Lehrer

Dass Jakobus diese Aufforderung zu fürsorglichem Handeln untereinander mit der scharfen Warnung vor allen Zungensünden verbindet (was in dieser ausgeprägten Form sonst im Neuen Testament nicht begegnet), die sich wie ein zweiter roter Faden durch den ganzen Brief zieht, erhält durch die zeitgeschichtlichen Umstände ebenfalls ein gewisses Profil: Schon in Apg 6,1 war berichtet worden, dass es bei der Versorgung der Witwen, die zur jungen Gemeinde in Jerusalem gehörten, Schwierigkeiten gab. »Es erhob sich ein Murren«, weil die hebräischsprachigen Witwen besser versorgt würden als die Griechisch sprechenden.[200] Bei den Letzteren waren mit Sicherheit mehr Zuwanderer darunter, während die Hebräisch sprechenden wohl mehrheitlich einheimisch waren. Parteilichkeit, einseitige Bevorzugungen, kulturelle und sprachliche Unterschiede – die Flüchtlingsbewegungen der letzten Jahre, die die Not dieser Menschen bis vor unsere Haustüren brachten, helfen uns, hier ein realistisches Bild zu gewinnen. Die Apostel und Anhänger Jesu waren keine Profis in Bezug auf sozial-diakonische Arbeit. Sie wurden von ihrem eigenen missionarischen Erfolg überrascht und überrannt. Es kam zu Be-

200 Zum »Murren« s. Phil 2,14 (zusammen mit »Zweifel« im Kontext einer Aussage, bei der es darum geht, »sich selbst das Heil zu bewerkstelligen«, 2,12). In 1Petr 4,9 steht die Aufforderung, »gastfrei ohne Murren« zu sein, d.h. auch da ist die Versorgung anderer im Blick, die einem zu viel werden kann.

schwerden, Anschuldigungen, Gerüchten, Behauptungen und Gegenbehauptungen – eine solche Lage braucht nicht lange, um zu eskalieren. Auch in den Paulusbriefen finden sich zahlreiche Spuren innergemeindlicher Streitigkeiten zwischen »Starken« und »Schwachen«, zwischen Vermögenderen und den Bedürftigeren, zwischen Juden und Nichtjuden.

Die auffällige Betonung der Zungensünden bekommt durch die Warnung in Jak 3,1, »Werdet nicht alle Lehrer«, zusätzliches Gewicht und passt ebenfalls hervorragend in die Zeit zwischen 40 und 50 (das betonte »wir« in 3,1–3.6.9. ist auffällig).[201] Auslöser des Aposteltreffens war nach Apg 15,1f., dass »einige« oder »gewisse« (griechisch *tines*) pharisäisch-christliche Lehrer aus Judäa »die Brüder lehrten«, sich beschneiden zu lassen. In Gal 2,12 werden diejenigen, die »von Jakobus« nach Antiochien kamen, ebenfalls als »einige« oder »gewisse« (*tinas*) bezeichnet. Auch das von Jerusalem aus mit dem Aposteldekret versandte Schreiben verweist in Apg 15,24 auf »einige/gewisse (*tines*) von uns«, die mit ihren Worten/Lehren die Gemüter der Gläubigen verwirrten. Verfolgt man diese Spur weiter, ist man erstaunt, wie zahlreich die Belege im Neuen Testament sind, die auf unberufene Lehrer oder Wundertäter verweisen. Offenbar fühlten sich in dieser Anfangszeit viele in guter oder böser Absicht zu einem solchen prophetischen oder charismatischen Lehrerdienst berufen.[202] Viele, die Jesus erlebt hatten, zogen mit ihrem Wissen umher und nicht

201 Ansonsten ist die erste Person sehr selten, vgl. noch 1,18; 4,15; 5,17.

202 Josephus erwähnt in seinen Jüdischen Altertümern XVIII 81 einen judäischen Flüchtling, der sich in Rom als Lehrer des mosaischen Gesetzes und seiner Weisheit ausgab.

alle von ihnen verfolgten dabei lautere Motive. Die sich verschlechternden wirtschaftlichen Bedingungen in Judäa können das ihre dazu beigetragen haben, dass viele Unberufene hofften, als »Lehrer« oder Wandermissionare ein Auskommen zu finden. Auch dieses Szenario verweist eher auf die Frühzeit der Jesusbewegung, als es noch keine fest umrissenen Lehr- und Gemeindestrukturen gab, auch wenn sich das Phänomen der freien Lehrer bis weit ins 2. Jahrhundert verfolgen lässt.[203] Auch in den Paulusbriefen sind falsche Lehrer und Lehrmeinungen von Anfang an ein wichtiges Thema, und der Jakobusbrief fügt sich gut in dieses unruhige Bild der Anfangszeit ein.

Abb. 21: Es ist kaum anzunehmen, dass Jakobus über diese Widmung erfreut gewesen wäre (gesehen in der Nähe von Nottingham, UK). Sein Brief warnt vor allem allzu zuversichtlichen Geschäftemachen.

203 Vgl. A. F. Zimmermann, Die urchristlichen Lehrer. Studien zum Tradentenkreis der διδάσκαλοι im frühen Urchristentum, WUNT II/12, Tübingen 1984.

5.5 Das Selbstverständnis des Jakobus

Was gibt Jakobus über sich selbst preis? Nur wenig. Er redet bzw. schreibt offenbar nicht gerne über sich. Auskunft gibt im Grunde genommen nur seine knappe Absenderangabe. Dabei fällt als erstes auf, dass die Art und Weise der Selbstvorstellung keinerlei hierarchisches Gepränge trägt, vom ersten (monarchischen) »Bischof« Jerusalems, den die spätere Tradition in Jakobus sieht, oder gar vom »ersten Papst« ist hier nichts zu spüren.[204] Er stellt sich als »Knecht/Diener (griech. *doulos*) Gottes und des Herrn Jesus Christus« vor (1,1). »Knecht Gottes« ist aber mehr als nur eine servile Selbstvorstellung. Es ist ein biblischer Titel, den im Alten Testament diejenigen tragen, die in besonderer Weise von Gott für eine Aufgabe berufen worden sind. Verbindet man dies mit dem auffälligen »wir« in Jak 3,1, dann lässt sich sein eigenes Selbstverständnis am ehesten als das eines prophetischen Lehrers bestimmen.

Dass sich Jakobus jedoch in gleicher Weise als Diener Gottes *und* von Jesus bezeichnet, ist in zweifacher Hinsicht bemerkenswert. Der, der seinem Bruder zusammen mit dem Rest der Familie zu Lebzeiten kritisch und ablehnend gegenüber stand, bezeichnet sich nun als sein »Diener«. Unter der Voraussetzung, dass Jakobus ein älterer Bruder aus einer früheren Ehe Josefs war, ist diese Unterordnung unter den Jüngeren noch beachtlicher. Fast wichtiger ist jedoch, dass er ihn – wie auch Gott selbst im Verlauf des Briefes – mit dem Titel »Herr« (griech. *kyrios*) auszeichnet, zu dem er sich in das Verhältnis des Knechts stellt. Es ist dies

204 HENGEL, Jakobus der Herrenbruder, 582.

die einzige Stelle im Neuen Testament, in der die Selbstbezeichnung als »Sklave« gleichzeitig auf Jesus *und* Gott bezogen ist, wodurch beide aufs engste zusammenrücken. Wenn man, wie hier unternommen, den Jakobusbrief als ein sehr frühes Schreiben aus Jerusalem versteht, dann ist dies ein besonders starkes Bekenntnis, indem es Gott und Jesus in eine Linie rückt, was gerade in Jerusalem (anders als in der polytheistischen Umwelt der paulinischen Briefe) nicht anders als provozierend gelten kann.[205] Was Jakobus hier macht, entspricht dem, was man auch sonst im Neuen Testament findet: Biblische (d.h. aus einer späteren Perspektive alttestamentliche) Aussagen über Gott werden auf Jesus bezogen, was umso leichter war, da auch die griechische Übersetzung des Alten Testaments (Septuaginta) den Gottesnamen Jahwe mit dem griechischen *Kyrios* wiedergibt (in der Lutherübersetzung erkennbar durch die besondere Typographie von »HERR«). Wenn Jakobus sich diesem Sprachgebrauch anschließt, dann bedeutet dies, dass er seinen Bruder, dem er zu dessen Lebzeiten nicht geglaubt hat, nach seinem Tod und Auferstehung als »HERRN« anerkennt, dem zu dienen er nicht als Widerspruch zu dem »Höre Israel« ansah, dem biblischen Gebot, dass Israel nur einem Gott dienen dürfe (Dtn 6,4).

Man kann nun allerdings mit Luther einwenden: Warum hat Jakobus seinen Adressaten dann nicht Christus noch deutlicher vor Augen gemalt? Der Reformator wirft ihm vor, dass er die »Christenleute lehren« wolle, aber er »gedenkt nicht einmal in solch langer Lehre des Leidens, der Auferstehung, des Geis-

205 Man lese dazu nur Mk 14,61–64; Lk 22,70f.; Joh 10,31–39.

tes Christi.«[206] Das ist eine zutreffende Beobachtung, aber sie verliert an Gewicht, wenn man an die Adressaten denkt: Ist der Brief wirklich in der zweiten Hälfte der 40er Jahre an die aus Jerusalem geflohenen Jesusgläubigen geschrieben, dann haben die meisten von ihnen Jesus persönlich gekannt, waren wohl teilweise sogar Zeugen seines Wirkens, seiner Passion und seiner Auferstehung. Das ist ein anderer Adressatenkreis als der des Paulus. Diesen »Jüngern« bzw. »Brüdern«, wenn wir den Sprachgebrauch der Apostelgeschichte aufnehmen, musste man nicht »den gekreuzigten Christus vor Augen malen«, wie Paulus sein Wirken unter den Galatern beschreibt (Gal 3,1).

Aber möglicherweise hat Jakobus dies ja sogar getan, und das Problem ist eher, dass wir nicht mehr in der Lage sind, seine Hinweise zu verstehen? Zwei Beispiele sollen dies verdeutlichen.

5.5.1 Jakobus als Gerichtsprophet

Das gerichtsprophetische Selbstverständnis des Herrenbruders, ähnlich dem des Täufers, ist im letzten Teil des Briefes (ab 5,1) besonders deutlich: Hier wendet er sich an die Reichen, denen in einer ersten Anklage vorgeworfen wird, dass sie sich »Schätze in den letzten Tagen anhäuften«, und dieser Reichtum sich nun gegen sie selbst richtet (5,1–3).[207] Der nächste Vers benennt ein konkretes Vergehen: Die

---

206 Luther, Vorreden, 216.

207 Vergleichbare Jesustraditionen sind besonders die lukanischen Weherufe Lk 6,24–25 (vgl. auch 18,24f.) und die Gleichnisse gegen die Reichen, Lk 12,16–21; 16,19–31; auch die Abneigung gegen die Anhäufung von Reichtum zur Sicherung des Lebens teilen Jakobus und Jesus: Lk 12,15.22 ff.

reichen Landbesitzer beuten ihre Erntearbeiter aus (gemeint sind Tagelöhner bzw. Saisonarbeiter), indem sie ihnen ihren Lohn vorenthalten. Diese wenden sich in ihrer Not an Gott, der ihr Schreien erhört. Den Reichen dagegen wirft Jakobus vor, dass sie es sich gut gehen ließen und ihre Herzen oder Mägen füllten »am Tag des Schlachtens«. Diese Wendung vom »Schlachttag« ist Jer 12,3 entnommen und bezeichnet den Tag des Gerichts für die Feinde Jeremias, die ihm nach dem Leben trachteten und ihm verbieten wollten, im Namen Gottes zu reden (vgl. Jer 11,18–21). Der Abschnitt endet mit der Anklage:

> Ihr habt geprasst auf Erden und in Luxus gelebt; ihr habt eure Herzen (oder Mägen) gemästet am *Tag des Schlachtens;* verurteilt habt ihr, getötet habt ihr den Gerechten, er ist euch nicht entgegen getreten (Jak 5,5f.).

Besonders der letzte Teil ist wie ein Stakkato, die drei Verben (zwei in der Vergangenheitsform, das letzte dagegen präsentisch) stehen ohne verbindendes »und« hart nebeneinander. Waren es in Vers 4 noch die Erntearbeiter (Plural), so ist es nun der Gerechte, der verurteilt und getötet wurde, ohne Widerstand zu leisten. Man kann hier eine dreifache Steigerung sehen: der selbstsüchtige Gebrauch von Besitz, das ausbeuterische Verhalten gegenüber abhängig Beschäftigten und schließlich Rechtsbeugung und Mord gegenüber dem »Gerechten«. Aber wer ist hier mit dem Gerechten gemeint? Soll der Leser dabei an eine bestimmte Person denken? In den Kommentaren zur Stelle wird »der Gerechte« mehrheitlich als kollektive Sammelbezeichnung verstanden, d. h. die Angeklagten haben schon immer die Gerechten verfolgt und bedrängt, obwohl diese sich nichts haben zuschulden kommen lassen.[208]

Das ist nicht wirklich überzeugend für eine spätere Zeit, und kaum vorstellbar in einem Schreiben von Jakobus, dem Bruder Jesu, in den 40er Jahren aus Jerusalem. Der verurteilte Gerechte, der keinen Widerstand leistet (vgl. Jes 53,7.11) – ist es möglich, dass die Anklänge an die Verurteilung und Kreuzigung des »Herrn Jesus Christus« (Jak 1,1) nicht mitgehört werden sollten? Spürt man hier nicht im Gegenteil noch überdeutlich etwas von der prophetischen Kritik an den Mächtigen in Jerusalem, die nicht nur den Tod von Jesus zu verantworten hatten, sondern auch den des Stephanus, des Zebedaiden Jakobus und möglicherweise noch anderer? Die dafür verantwortlich sind, dass Teile der Jesusanhängerschaft aus der Stadt fliehen mussten und auf die Großzügigkeit reicher Schutzherren irgendwo im Land angewiesen waren (Jak 2,2f.6 könnte diese Situation voraussetzen)? Sie dagegen sitzen in ihren vornehmen Palästen, schlemmen und beuten ihre Pächter und Tagelöhner – unter denen sich auch geflohene Jesusanhänger befunden haben können – aus, und zerreiben sich untereinander in Familienfehden, statt sich um das leibliche und geistliche Wohl ihres Volkes zu kümmern.[209] Schon Beda Venerabilis hat darum diesen Vers auf Jesus bezogen, wobei er auf Apg 7,52 als Parallele verwies.[210]

---

208 So z. B. Burchard, Jakobusbrief, 195; W. Popkes, Der Brief des Jakobus, ThHK 14, Leipzig 2001, 311 f.

209 Zur Oberschicht Jerusalems, besonders nach dem Tod Agrippas und den Fehden zwischen den großen Familien, die fast bürgerkriegsähnliche Zustände annahmen, s. besonders das düstere Porträt von M. Goodman, The Ruling Class of Judaea. The Origins of the Jewish Revolt against Rome A.D. 66–70, Cambridge 1987.

Wie Jakobus habe auch der erste Märtyrer des neuen Glaubens, Stephanus, seine Beschuldiger angeklagt: »Welchen Propheten haben eure Väter nicht verfolgt? Getötet haben sie alle, die vom Kommen des Gerechten kündeten. Und an ihm seid ihr jetzt zu Verrätern und Mördern geworden.« In dieser langen Rede des Stephanus kommt Jesus namentlich nicht vor, dennoch ist kaum ein Zweifel, dass Jesus hier mit dem Gerechten gemeint ist. Stephanus und Jakobus stehen sich räumlich und zeitlich so nahe, dass ein gemeinsamer Sprachgebrauch angenommen werden kann. Dann aber hätten wir hier ein Bild des Gekreuzigten in der »strohernen Epistel«. Aber damit nicht genug.

5.5.2 Von der Wiederkunft des »Herrn«

In Jak 5,10 fordert er seine Adressaten auf, sich die Geduld und Leidensbereitschaft der Propheten zum Vorbild zu nehmen, »welche im Namen des Herrn geredet haben«. Das erinnert an Mt 5,11, wo Jesus seine Jünger in gleicher Weise auffordert, sich angesichts der Bedrohungen und Anfeindungen an den Propheten zu orientieren; in beiden Fällen werden die so Aushaltenden mit einer Seligpreisung geehrt (Jak 5,11a); darauf folgt bei Jakobus der Verweis auf das Vorbild Hiobs: »Ihr habt gehört von der Geduld Hiobs, und das Ende (*telos*) des Herrn habt ihr gesehen.« Der zweite Versteil wird in der neueren Exegese zumeist ebenfalls auf Hiob bezogen im Sinne von »das Ende, das ihm der Herr bereitet hat«, indem auf die Wende zum Guten am Ende des Hiobbuches (Hi 42) verwie-

---

210 Beda Venerabilis, Kommentar zum Jakobusbrief. Lateinisch – deutsch, übers. u. eingeleitet von Matthias Karsten, FC 40, Freiburg 2000, 179.

sen wird.[211] Augustin und Beda vertreten hier dagegen eine christologische Interpretation und die Aussage wäre dann: »Von der Geduld Hiobs habt ihr gehört (Rückblick auf ein vergangenes Geschehen) und die Vollendung des Herrn habt ihr gesehen«, nämlich in Jerusalem, wo er starb und auferstand, wofür die Adressaten des Briefes Zeugen sind.[212] Die Aussagen über Gottes Erbarmen in Jak 5,11c wären dann im Hinblick auf Jesu Auferweckung und seine Einsetzung zur Rechten Gottes zu verstehen. Auch über den Heiligen Geist mussten die Adressaten nicht belehrt werden, weil sie z. T. wohl an diesem ersten »christlichen« Pfingstfest in Jerusalem waren und die Einwohnung des Geistes (4,5) als neues Wirken Gottes an sich selbst erlebt hatten. Was sie dagegen brauchten, war eine Stärkung ihrer Zuversicht und ihrer Bereitschaft, die sich vor ihnen auftürmenden Schwierigkeiten tatkräftig anzugehen und auf die Wiederkehr des Herrn (5,8) zu warten. Wer wie die Propheten (die auch auf Jesus »warten« mussten, Mt 13,17), Hiob oder Jesus seine Bewährungen und Prüfungen bis zum Ende trägt, der wird gerettet. Daran können und sollen sich die Gläubigen, an die Jakobus schreibt, aufrichten.

Zu dieser Zeit des Wartens gehört das Gebet, das Jakobus besonders im Hinblick auf die Kranken in der Gemeinde (s. u.) thematisiert. Als biblisches Vorbild

---

211 Vgl. Popkes, Brief des Jakobus, 330: »das (gute) Ende, das der Herr bewirkt hat«; M. Klein, »Ein vollkommenes Werk«. Vollkommenheit, Gesetz und Gericht als theologische Themen des Jakobusbriefes, BWANT 139, Stuttgart 1995, 80: »der vom Herrn bewirkte Ausgang«.

212 Ganz ähnlich beanspruchen 2Petr 1,16 und 1Joh 1,1 direkte »Fühlungname« mit dem Christusgeschehen, vgl. dazu Niebuhr, Die Apostel und ihre Briefe, 282–292. Zur Auslegung von Augustin und Beda s. Gowler, James, 280.

für vollmächtiges Beten verweist er dazu auf Elija (5,16b–18). Auffällig ist jedoch, dass er auf Elijas Gebet um Regen Bezug nimmt (vgl. 1Kön 17,1; 18,1.41–45), und damit den Bereich von Kranksein und Heilung verlässt, um den es im unmittelbaren Kontext geht. Dabei stünde mit der Geschichte, wie Elija den Sohn der Witwe von Sarepta heilt (1Kön 17,17–24), doch ein passenderes Beispiel zur Verfügung. Hat also Jakobus hier zur falschen Geschichte gegriffen? Oder eröffnet er gerade dadurch einen weiteren Horizont? Da seine übrigen biblischen Beispiele klug gewählt sind, darf man das auch für sein abschließendes annehmen.[213] Denn mit dem Verweis auf gewährten bzw. zurückgehaltenen Regen schlägt Jakobus den Bogen zu 5,7, wo bereits vom Regen die Rede war:

> Seid nun ausdauernd, Brüder, bis zur Wiederkunft (griech. *parousia*) des Herrn! Siehe, der Bauer erwartet die kostbare Frucht der Erde, indem er geduldig auf sie wartet, bis sie Früh- und Spätregen empfängt.

Zwischen Aussaat und Ernte liegt eine Zeit des Wartens und Ausreifens, weil die Aussaat erst »Frühregen und Spätregen« empfangen muss, ehe »die kostbare Frucht der Erde« geerntet werden kann. Gleiches gilt auch für das »eingepflanzte Wort« (1,21), d. h. Jakobus erinnert daran, dass zwischen Aussaat und Ernte Zeit liegt, in der vielerlei Gefahren für die Frucht lauern. Ein guter Bauer kann das Seine dazu beitragen, dass die Frucht gedeiht, aber er ist darauf angewiesen, dass Gott es regnen lässt. Das Gebet des Elija ließ Regen

---

213 Vgl. dazu die schöne Arbeit von R. J. Foster, The Significance of Exemplars for the Interpretation of the Letter of James, WUNT II/376, Tübingen 2014.

herabkommen und so die Erde wieder »ihre Frucht« bringen. Das Gebet ist für den Glauben in der Zwischenzeit zwischen Aussaat (dem Kommen von Jesus) und der Ernte (der Parusie) wie der Regen für die Pflanzen. Es/er ermöglicht »Frucht«. Diese Früchte sieht Jakobus in den Werken, die aus dem Glauben folgen.

5.6 Zusammenfassung

Die späteren christlichen Quellen zeigen Jakobus weniger als Gerichtsprophet, sondern als Beter für sein Volk. Auch dafür bietet sein Brief reichlich Anlass. Der Eingangs- und Schlussteil ist von einer Gebetsparänese bestimmt, wobei erstere (1,5–8) stärker das Gebet des Einzelnen und letztere das Gebet in und mit der Gemeinde im Blick hat (5,13–18). Das Gebet nährt und begleitet den Glauben, es vermittelt Zugang zu den guten und vollkommenen Gaben Gottes, die Gott gerne gibt (1,15f.), so dass fehlende Einsicht (»Weisheit«) oder Versuchungen keine Ausreden sind, das gute Werk zu tun. Folgt man dem Brief, dann wird zudem deutlich, dass der Einzelne die unausweichliche Bewährung des Glaubens in bedrängter Zeit nicht alleine bestehen kann, wie das zweimalige betonte »einander« in 5,16 zeigt (auch 4,11; 5,9): »Bekennt *einander* die Sünden und betet *füreinander*, so dass ihr geheilt werdet!« Die von Jakobus in diesem Zusammenhang erwähnte Krankensalbung, die sich in die oben beschriebenen Vorgänge in Jerusalem nach 30 bestens einordnen lässt, illustriert diese wechselseitige Inbeziehungsetzung von Einzelnem und Gemeinschaft. Am Anfang steht die Situation im Singular: »Jemand ist krank« (5,14). Aber sofort wird dies relativiert, weil danach noch zwei kleine Wörter kommen: »unter euch«. Wer krank ist, ist nicht für sich allein krank, sondern ist ein »Kranker unter euch« (wieder berührt sich Jakobus hier mit Paulus, vgl. 1Kor 11,27–30). Darum steht am Ende dieses Prozesses auch eine Zielvorgabe für die Gemeinde: »So dass *ihr* gesund werdet.« Der Weg dazwischen ist von wechselseitigen Beziehungen geprägt: Der Kranke ruft die Ältesten zu sich, d.h. die Gemeinschaft untereinander bleibt bestehen; die Ältesten beten für den Kranken und salben ihn »im Namen des Herrn«, wodurch eine gemeinschaftliche Beziehung zu Gott erfahrbar (d.h. sichtbar, hörbar, fühlbar) inszeniert wird. Ein zentrales Element ist dabei die Vergebung der Sünden des Kranken sowie das *gegenseitige* Bekennen von Sünden, so dass der Kranke auch dabei nicht isoliert wird. Ziel ist ein umfassendes Heilwerden der ganzen Gemeinde / Gemeinschaft.[214]

Die den Brief durchziehende Anrede als »Brüder« oder »Geschwister« ist also nicht nur rhetorische Freundlichkeit, sondern sachlich begründet. Nur wenn die Gemeinde geschwisterlich füreinander sorgt, betet, miteinander redet, kann der Glaube sein »vollkommenes Werk« erreichen. Dieses Miteinander, auch wenn es manchmal schwer fällt (5,9), gilt es durchzuhalten bis zur Wiederkunft Jesu (5,7f.). Das »eingepflanzte Wort« (1,21) entfaltet nach diesem Brief seine Wirkungen in vielfacher Weise, das Ziel ist jedoch immer die Vergebung der Sünden (die letzten Worte des Briefes) und damit das Gerettetwerden im Endgericht.[215] Dabei lesen sich diese letzten Worte fast

214 Umfassend dazu S. Kaiser, Krankenheilung. Untersuchungen zu Form, Sprache, traditionsgeschichtlichem Hintergrund und Aussage von Jak 5,13-18, WMANT 112, Neukirchen-Vluyn 2006.

215 Zur besonderen »Wort-Theologie« des Jakobusbriefes, die offen-

wie eine nachgetragene Rechtfertigung oder Erklärung, die den Anlass des Schreibens vom Ende her noch einmal verständlich zu machen sucht: Jakobus will denen helfen, die in der Gefahr stehen von der »Wahrheit« abzuirren, und sie auf den rechten Weg zurückführen.

Man kann also Jakobus nach diesem Brief als Weisheitslehrer, Beter, Prophet oder Seelsorger verstehen. Der Brief selbst eröffnet seinen geistlichen Reichtum da, wo er im Hinblick auf den historischen Jakobus gelesen wird, wie er auch sonst im Neuen Testament begegnet. Denn auch da ist Jakobus einer, der vermittelt und Brücken baut. Getragen ist dieser Dienst des Jakobus vom Gebet und vom Wissen um das eigene Verfehlen, gerade beim Reden. Er »herrscht« so, wie es sein Bruder von seinen Jüngern erwartet, als Diener aller (Mk 10,42–44). Wenn ihm ein Titel zusteht, dann der des Pontifex, wörtlich des »Brückenbauers«. Er war *»ein Mann des Ausgleichs,* der die *Einheit* der messianischen Jesusgemeinde aufrecht zu erhalten suchte« und dafür bereit war »Opfer zu bringen«. Er hat »seine charismatische Autorität in Jerusalem für die Einheit von Juden- und Heidenchristen eingesetzt, weil er sich – der leibliche Bruder des Herrn – nicht nur für die Judenchristen in Judäa, sondern für alle Gemeinden verantwortlich sah. Er wählte damit für sich den schwereren Weg.«[216]

---

bar auch für die Jerusalemer Gemeinde typisch war (vgl. Apg 4,29.31; 6,2.4; 8,4.25), s. M. KONRADT, »Geboren durch das Wort der Wahrheit« – »gerichtet durch das Gesetz der Freiheit«. Das Wort als Zentrum der theologischen Konzeption des Jakobusbriefes, in: DERS., P. VON GEMÜNDEN u. G. THEISSEN, Der Jakobusbrief. Beiträge zur Rehabilitierung der »strohernen Epistel«, Beiträge zum Verstehen der Bibel 3, Münster 2003, 1–15.

216 So HENGEL, Jakobus der Herrenbruder, 570.576 (Hervorhebun-

C JAKOBUS IN DER NACH-BIBLISCHEN ÜBERLIEFERUNG

Die Spuren des Jakobus in der nachneutestamentlichen Literatur und der christlichen Erinnerungskultur sind überaus zahlreich, so dass im Folgenden nur einige Bereiche aufgezeigt werden, in denen Jakobus begegnet. Dadurch wird erkennbar, wie einflussreich das Leben, Wirken und Sterben des Jakobus von den verschiedensten Gruppen nach seinem Tod empfunden wurde. Die meisten der vorgestellten Jakobustraditionen enthalten allerdings keine historischen Überlieferungen (zumindest keine, die sich mit wissenschaftlichen Mitteln plausibel machen lassen) und sagen darum kaum etwas über den historischen Jakobus aus. Sie lassen aber erahnen, wie wenig wir insgesamt über ihn und die meisten anderen neutestamentlichen Gestalten wissen. Aus deren Lebens- und Wirkenszeit sind oft lediglich eine Handvoll Einzelheiten bekannt, die kurze Zeiträume und einzelne Aspekte ihres Lebens abdecken. Legendarische Überlieferungen dienten deswegen schon in der Antike als eine Art biographische Lückenfüller, weil Menschen damals wie heute mehr wissen wollten, als die kanonisierten Erinnerungen und Quellen zuließen. Zugleich ermöglichten diese Personallegenden die Verankerung der eigenen Frömmigkeit und Theologie im Leben der ersten Generation der Kirche. Es war für das Selbstverständnis, aber auch für die Stellung in der antiken Gesellschaft, wichtig, in Kontinuität mit der Ursprungsüberlieferung zu stehen.

---

gen im Original), dessen Bild von Jakobus zwischen positiver Anerkennung und lutherischer Voreingenommenheit schwankt.

Eine besondere Rolle spielte dabei das früh einsetzende Pilgerwesen zu den Orten der biblischen Geschichte, das bis heute nichts von seiner Faszination verloren hat. Für viele ist es nicht genug, die biblischen Geschichten nur zu lesen – sie wollen sie auch sehen, erfahren, erwandern und mit Gottesdiensten feiern. Denn es sind Geschichten, die an realen Orten und zu bestimmten Zeiten wirklichen Menschen widerfuhren. Die biblischen Gestalten wurden so Teil derselben Wirklichkeit, wie die ihrer Leserinnen und Leser. Auf diese Weise konnten eigene Erfahrungen und Fragen auf die biblischen Gestalten zurückprojiziert werden. Denn so wie deren Orte aufgesucht werden konnten, um eine »realistische« Vorstellung der Vorgänge zu erhalten, so konnten auch die Lebensumstände und Motive der Handelnden anhand von vergleichbaren Erfahrungen nachvollziehbar gemacht werden.

Im Fall des Jakobus ranken sich die Legenden um seine Kindheit als Bruder von Jesus (und damit als Zeuge von dessen Geburt), um seine Begegnung mit dem Auferstandenen, sein nachfolgendes Wirken als erster »Bischof« von Jerusalem und um seinen Märtyrertod. Aus jedem dieser vier Themenfelder werden im Folgenden einzelne Beispiele knapp vorgestellt. Eine ausführlichere Darstellung ist der englischen Ausgabe vorbehalten.

1. Jakobus als Zeuge von Jesu Geburt und Kindheit

Ein Beispiel für die Rolle, die Jakobus im Rahmen der Geburtserzählungen von Jesus einnimmt, wurde mit dem »Protevangelium des Jakobus« bereits vorgestellt (B 1.7). Zahlreiche weitere Legenden finden sich u. a.

in altirischen Kindheitsevangelien, die ab dem 7. Jh. Verbreitung fanden. In diesen ist Jakobus oft als Autor vorausgesetzt, weshalb sich darin gelegentlich auch legendarische Hinweise auf sein eigenes Leben finden, obwohl es in den Kindheitsevangelien natürlich in erster Linie um Jesus geht. In einem nur fragmentarisch erhaltenen Manuskript wird beispielsweise über ihn gesagt, dass er, wie sein Vater, Schmied gewesen sei und Griechisch, Lateinisch und Hebräisch kannte.[217]

Teilweise noch kuriosere Details über Jakobus und die Jesusfamilie finden sich in einem weiteren irischen Text, der vor allem durch den *Leabhar Breac* genannten irischen Kodex aus dem 15. Jahrhundert bekannt geworden ist. Er enthält u. a. eine Reihe abenteuerlicher Erzählungen über die Flucht nach Ägypten, die nicht nur die Kernfamilie, sondern eine ganze Reisegruppe betraf. Zu Maria gehören in dieser Fassung fünf Jungfrauen, die sie niemals verließen, außerdem natürlich Josef, der als Moabitus (der Mann von Moab) bezeichnet wird. Dieser hat in den irischen Evangelien drei ältere Söhne, wobei nur zwei davon neutestamentliche Namen haben (Jakobus und Simeon). Leserinnen und Lesern der bekannten Weihnachtsgeschichten von Selma Lagerlöfs »Christuslegenden« würden manche dieser Erzählungen bekannt vorkommen, denn sie sind alle daraus geschöpft. Auch Karl Heinrich Waggerls kleines Weihnachtsbuch, »Und es begab sich

---

217 Die irischen Kindheitstexte sind zugänglich in einer zweisprachigen irisch-englischen Ausgabe, die M. McNamara und andere herausgegeben haben: Apocrypha Hiberniae I. Evangelia Infantiae, CChr.SA 13–14, Turnhout 2001. Die erwähnte Stelle in Bd. 13, 148 (= Anfang der Kindheitserzählung des *Liber Flavus Fergusiorum*).

[…]«, ist davon inspiriert. Beide haben jedoch die älteren Geschwister Jesu und damit auch Jakobus sowie alle anderen Nebenfiguren aus ihren Nacherzählungen gestrichen, so dass die heilige Familie von zwölf auf drei geschrumpft ist. Immerhin beließen sie dem Esel seine tragende Rolle.

Für die Zeit zwischen der Rückkehr der Jesusfamilie von Ägypten nach Nazareth und dem Beginn von Jesu öffentlicher Wirksamkeit gibt es nur eine Episode, in der Jakobus vorkommt: Die »Kindheitserzählung des Thomas« berichtet eine Heilungsgeschichte, wie der kleine Jesus seinen älteren Bruder Jakobus heilt. Von den zahlreichen Wundergeschichten, die mit dem Kind Jesus verbunden sind, ist dies die einzige, bei der eines seiner Geschwister im Mittelpunkt steht:

Josef schickte seinen Sohn Jakobus fort, Holz zusammenzubinden und in sein Haus zu bringen. Hinter ihm her ging

Abb. 22: Illustration von Stefan Bachmann zu Karl Heinrich Waggerl, Der störrische Esel und die süße Distel (Salzburg, 2015).

aber der Jesusknabe. Und während Jakobus Reisig aufsammelte, biß eine Natter den Jakobus in die Hand. Und wie er hingestreckt dalag und am Sterben war, trat Jesus hinzu und blies auf die Bißwunde. Sogleich hörte der Schmerz auf, und das Tier zerplatzte, und augenblicklich war Jakobus gesund.[218]

Von einer Reaktion des Jakobus (oder der Eltern Jesu) erfährt man nichts, die einzelnen Wundergeschichten, die Jesus zwischen seinem fünften und zwölften Lebensjahr vollbracht haben soll, sind in diesem Text unverbunden einfach nacheinander erzählt.

2. Jakobus der »Gerechte« als Auferstehungszeuge, Offenbarungsvermittler und Märtyrer in den gnostischen Texten aus Nag Hammadi

Auf die herausragende Rolle des Jakobus als Auferstehungszeuge wurde bereits im Zusammenhang mit 1Kor 15,7 hingewiesen, wo auch der vielzitierte Bericht aus dem Hebräer-Evangelium über diese Ersterscheinung vor Jakobus kurz vorgestellt wurde.

Die darin erkennbare Hervorhebung des Jakobus machten sich auch die Autoren der gnostischen Jakobus-Apokalypsen zu Nutze, die ihn nicht nur als Zeugen der Auferstehung, sondern mehr noch als Gesprächspartner des Auferstandenen sahen, dem dieser in persönlichen Unterredungen geheime Offenbarungen mitteilte. Als Gnosis (»Erkenntnis«) wird eine Strömung bezeichnet, die spätestens im letzten Quar-

218 EvInfThom 16, Übers. G. Schneider, Apokryphe Kindheitsevangelien, 165–167.

tal des 2. Jahrhunderts christliche und antike philosophische Erkenntnis-Traditionen in einer dualistischen Weise vereinen wollte: Typische Kennzeichen sind die Ablehnung der vorhandenen Schöpfung und ihrer Gegebenheiten als Werk eines bösen Schöpfers, von dem der wahre, aber verborgene oberste Gott zu unterscheiden ist. Erlösung geschieht durch geheime »Erkenntnisse« (eben »Gnosis«), die himmlische Offenbarergestalten an sorgfältig ausgewählte irdische Empfänger im Geheimen vermitteln. Gnostische Originaltexte wurden in größerem Umfang durch einen Bibliotheksfund in einem oberägyptischen Ort namens Hamra Dom 1945/46 gefunden, wodurch die Gnosisforschung gewaltigen Aufschwung nahm. Die dort gefundenen Handschriften sind allerdings leicht irreführend als Texte aus Nag Hammadi veröffentlicht worden, doch dies ist lediglich der Name der nächstgelegenen größeren Siedlung und Bahnstation.[219]

Unter diesen Funden befand sich auch eine Abschrift der ältesten Schrift aus diesem Umfeld, dem Thomasevangelium. In diesem wohl wichtigsten nichtkanonischen Evangelium, das als »Jesusüberlieferung auf dem Weg zur Gnosis« charakterisiert werden kann,[220] kommt Jakobus einmal im Eingangsteil vor (EvThom 12):

---

219 Als knappe Einführung in die Gnosis und ihre Probleme s. CH. MARKSCHIES, Die Gnosis, München 2001 (zu den Funden der Nag Hammadi Codices s. ebd. 52–62).

220 So J. SCHRÖTER u. H.-G. BETHGE, Das Evangelium nach Thomas (NHC II,2), in: Nag Hammadi Deutsch I, 151–213 (163; eine vollständige Übers. ebd. 164–213). Die Zitate im Folgenden sind dieser Ausgabe entnommen. Die Abkürzung NHC steht für Nag Hammadi Codex, die römische Ziffer benennt den jeweiligen Kodex (I–XIII), die jeweils mehrere Einzeltexte enthielten. Das Thomasevangelium ist der zweite Text in Kodex II.

Die Jünger sprachen zu Jesus: »Wir wissen, daß du von uns gehen wirst. Wer ist es, der (dann) über uns herrschen (wörtlich: groß sein) wird?« Jesus sprach zu ihnen: »Woher auch immer ihr gekommen seid — zu Jakobus dem Gerechten sollt ihr gehen, um dessentwillen der Himmel und die Erde entstanden sind.«

Das ist die einzige Stelle, in der Jakobus namentlich erwähnt wird. Zwar ist nicht ausdrücklich gesagt, dass er Jesu Bruder ist, aber die Art und Weise, wie er hier von den »Jüngern« – womit eindeutig die zwölf Apostel gemeint sind – unterschieden wird, legt diese Identifizierung nahe. Die ihm zugeschriebene Bedeutung im Hinblick auf die Entstehung von Himmel und Erde wird nicht erklärt und bleibt im Grunde rätselhaft. Entscheidend ist, dass Jakobus derjenige ist, der dem Zwölferkreis einschließlich Petrus (der in EvThom 13 erwähnt ist als jemand, der die wahre Bedeutung Jesu nicht erkennt) für die Zeit nach Jesu Weggang Orientierung gibt. Er soll über die Jünger »herrschen«, womit ansatzweise die Vorstellung von Jakobus als dem ersten Bischof in Jerusalem, der von den Zwölf eingesetzt wurde, anklingt.

2.1 Ein apokrypher Jakobusbrief

Inhaltlich ebenfalls noch relativ nahe an den Inhalten der kanonischen Evangelien ist der in Nag Hammadi gefundene, nur koptisch überlieferte »Brief des Jakobus«, der auch als »Apocryphon of James« bezeichnet wird.[221] Ursprünglich in Griechisch verfasst, stammt

221 NHC I,2. Einleitung und deutsche Übersetzung von J. Hartenstein und U.-K. Plisch, in: Nag Hammadi Deutsch I, 11–26 (Übers. 18–26) und AcA I/2, 1093–1106.

er in der vorliegenden Form vom Ende des 2. Jahrhunderts. Der Text selbst präsentiert sich als ein hebräisch geschriebener Brief des Jakobus an seinen Schüler Kerinth, nachdem dieser ihn gebeten hatte, ihm »eine Geheimlehre zu übermitteln« wie sie ihm und Petrus »durch den Herrn offenbart worden ist.« Jakobus berichtet daraufhin, wie er zusammen mit Petrus vom auferstandenen Jesus aus dem Kreis der anderen Jünger weggerufen wurde, und wie sie beide von Jesus über die Erlösung und den Umgang mit zukünftigem Leiden belehrt wurden. In einer Szene etwa wird Jesus in einem »Geist-Wagen« (p. 14) vor ihren Augen entrückt, um seinen Platz zur Rechten seines Vaters im Himmel wieder einzunehmen. Daraufhin beten Jakobus und Petrus und sehen und hören im Geist in einer Art Himmelsreise »Lobgesänge und Preislieder der Engel und Jubel von Engeln und himmlischen Größen«. Bevor sie bei dieser visionären Himmelsreise jedoch noch höher steigen können, holen die übrigen Jünger sie zurück in die Wirklichkeit. Über das, was sie ihnen von ihrer Unterredung mit Jesus mitteilen, kommt es zum Streit, in den Jakobus schlichtend eingreifen muss, indem er »jeden einzelnen an einen anderen Ort« schickt, er selbst aber nach Jerusalem geht um dort zu beten (p. 16). Diese Stelle ist die einzige, in der Jakobus als Autorität auftritt, der den anderen Jüngern gebieten kann. Das erinnert an die Stellung, die er in der späteren Fassung der Pseudoklementinen einnimmt, wo ebenfalls die Apostel dem Jakobus gegenüber zur Rechenschaft verpflichtet sind.

2.2 Ein Gespräch mit Jesus über das Geschick der Seele nach dem Tod

Ein weiterer, allerdings stark beschädigter Text aus Nag Hammadi wird in der wissenschaftlichen Literatur als »Die erste Jakobusapokalypse« bezeichnet.[222] Zwei Gesprächsgänge zwischen Jesus und den Jüngern sind darin berichtet, der erste vor der Passion Jesu (»Karwochengespräch«) und ein zweiter nach der Auferstehung auf dem Berg Gaugela (»Ostergespräch«), wo Jakobus zusammen mit anderen Jüngern auf Jesus wartet. In beiden Dialogen geht es um das Leiden, zunächst um das von Jesus, und dann, nach der Auferstehung, um das, das Jakobus erwartet. Der Text setzt also die Kenntnis seines Martyriums in Jerusalem voraus.

Interessant ist insbesondere das »Ostergespräch«. Als Jesus dem Jakobus erscheint, sagt dieser, wie sehr es ihn betrübt hatte, als er von dem Leiden seines Bruders hörte (p. 31). Daraufhin erläutert ihm Jesus, dass nicht er selbst, sondern nur ein Abbild gelitten habe und er sich darum nicht bekümmern soll. Dann bereitet er Jakobus auf sein eigenes Leiden vor und wie er nach dem Tod seine Seele vor dem Zugriff der schädigenden Geistermächte bewahren kann. Der erhaltene, rekonstruierbare Text bezeugt Jakobus als Vertrauten von Jesus vor und nach der Kreuzigung. Als solcher empfängt er besondere Erkenntnisse, die er weiterzugeben hat. Er steht über den zwölf Aposteln. Sein Geschick ist besonders mit Jerusalem und dem jüdischen Volk verbunden; auch sein Gebet, seine Gerechtigkeit und sein Tod stehen direkt damit in Zusammenhang.

---

222 NHC V,3. Zu Einleitungsfragen und deutscher Übersetzung s. I. Schletterer und U.-K. Plisch, Die (erste) Apokalypse des Jakobus (NHC V,3), in: Nag Hammadi Deutsch II, 407–418.

Aus diesem Grund wurde für die Schrift ein judenchristlicher Einfluss vermutet, was inzwischen aber mehrheitlich wieder aufgegeben wurde.[223] Es lässt sich aber kaum bestreiten, dass zumindest in den erzählenden Rahmenteilen der Schrift Überlieferungen aus der judenchristlichen Jakobustradition verarbeitet sind, allerdings in kritischer Distanz. Dass Jakobus aufhörte, für Jerusalem zu beten, kann als Abwendung von einer auf Israel bezogenen Haltung verstanden werden. Jakobus akzeptierte – folgt man dem möglichen Gedankengang dieser Schrift – die Abkehr von den konkreten, irdischen, an Volk, Tempel und Jerusalem gebundenen Hoffnungen Israels zugunsten einer zeitlosen, ahistorischen Gnosis. So wie der Auferstandene ihm mitteilte, dass er nicht wirklich gelitten hat, so soll auch Jakobus sich von allem Irdischen frei machen. Die darin zum Ausdruck kommende Bestreitung der Inkarnation des Gottessohnes hängt in der gnostischen Weltsicht mit einem negativen Verständnis der Schöpfung zusammen. Für diese ist, wie auch für die Geschichte Israels, ein anderer, »böser« Gott verantwortlich. Jesus repräsentiert dagegen den wahren Gott und die bessere Einsicht, die dazu hilft, die Illusion der Wirklichkeit zu erkennen und hinter sich zu lassen. Das Martyrium des Jakobus von Seiten seines eigenen Volkes hat seine Ursache dann darin, dass er sich von den Verheißungen Israels ab- und der wahren Erkenntnis zugewandt hat und diese in seinem Volk auch predigte.

Derselbe Kodex aus Nag Hammadi (NHC V), der die eben geschilderte »erste Apokalypse« enthält,

223 Schletterer/Plisch, Die (erste) Apokalypse des Jakobus, 409.

überliefert unmittelbar im Anschluss daran noch eine zweite »Apokalypse des Jakobus«, die aber in keinem direkten Zusammenhang mit der erst von den Forschern als »*ersten*« bezeichneten steht. Gleichwohl besitzen beide Texte auffällige Gemeinsamkeiten und das war wohl auch der Grund, weshalb die Schreiber von Codex V beide Texte nacheinander anordneten. Zentrales Thema dieser »zweiten« Apokalypse ist das Martyrium des Jakobus, darum soll sie erst im Zusammenhang mit den übrigen diesbezüglichen Traditionen behandelt werden.

3. »Unser Jakobus«: Jakobus als erster Bischof Jerusalems

Jakobus ist in den nachneutestamentlichen Traditionen nicht nur Geburts- und Auferstehungszeuge (und Märtyer, aber dazu später), sondern – vor allem in der nichtgnostischen Überlieferung – der erste Bischof von Jerusalem, eingesetzt unmittelbar nach Jesu Auferstehung vom Zwölferkreis. Hieronymus schreibt im einleitenden Satz zu seinem Jakobus-Kapitel, dass dieser »gleich nach der Passion des Herrn von den Aposteln zum Bischof von Jerusalem geweiht« worden war.[224] Klemens von Alexandrien weiß sogar zu berichten, dass »Petrus, Jakobus und Johannes« (gemeint sind die Zwölferapostel), obwohl sie von Jesus »mit besonderen Ehren ausgezeichnet worden waren, nicht um Geltung gestritten, sondern Jakobus den Gerechten zum Bischof von Jerusalem gewählt haben«.[225]

224 Hieronymus, Berühmte Männer II 1.
225 Zitiert bei Eusebius, Kirchengeschichte II 1,3, aus dem verloren

An anderer Stelle schreibt er noch: »Der Herr gab nach seiner Himmelfahrt Jakobus dem Gerechten, Johannes und Petrus die Gnosis (d.h. Einsicht, Erkenntnis), welche diese den übrigen Aposteln, die übrigen Apostel den Siebzig, unter denen auch Barnabas war, weitergaben.«[226]

Für die späteren Väter der Kirche war es schlicht unvorstellbar, dass eine Gemeinde ohne Bischof (was ursprünglich nicht mehr meinte als »Aufseher« – heute würde man wohl eher sagen »Koordinator« – über die geistlichen und organisatorischen Belange einer ortsansässigen Gruppe von Jesusgläubigen) existieren konnte. Da aber die erste Gemeinde in Jerusalem entstand, musste sie auch von Anfang an einen Bischof besessen haben. Da es keiner der Zwölf war (es gab offenbar keinerlei konkurrierende Nachrichten über einen der Zwölf als Leiter der Jerusalemer Gemeinde), kam aufgrund der Apostelgeschichte nur Jakobus in Frage. Historisch ist, entgegen der Aussage des Hieronymus, einige Zeit vergangen, ehe Jakobus – wohl Anfang oder Mitte der 40er Jahre und damit etwa 10–15 Jahre nach Jesu Tod – eine öffentliche und führende Rolle einnahm. Im Neuen Testament selbst haben sich aus dieser Zeit bis auf die wenigen Notizen in der Apostelgeschichte keine Nachrichten erhalten, die sein gemeindeleitendes Wirken als »Bischof« berichten. Diese Lücken können auch durch die späteren Darstellungen nicht geschlossen werden, aber sie enthalten doch eine Reihe von Aspekten, die, obwohl stark legendarisch ausgeschmückt und in abweichen-

---

gegangenen Werk der »Hypotyposen« (Buch VI). Ähnlich auch EPIPHANIUS, Panarion 39.3,9 und andere.

226 Zitiert bei EUSEBIUS, Kirchengeschichte II 1,4 (aus Buch VII der »Hypotyposen«).

den Formen überliefert, etwas von der nachhaltigen Wirkung erkennen lassen, die die Späteren dem Jakobus im Hinblick auf die Gestaltung der kirchlichen Ordnungen zuschrieben. Für sie war es selbstverständlich, dass die Art und Weise, wie sie ihren Gottesdienst feierten, auf Jakobus und die anderen Apostel zurückgeht.

Möglicherweise verbirgt sich hinter den diesbezüglichen Legenden eine ältere Darstellung der Anfänge in Jerusalem, bei der Jakobus und die Mission der zwölf Apostel in Israel im Zentrum standen. Da Lukas jedoch der Entwicklung hin zur Heidenmission erzählerisch den Vorrang einräumt, könnte es sich dabei um Reste einer stärker Israel-bezogenen »Apostelgeschichte« handeln, deren Urheber möglicherweise Hegesipp oder eine seiner Quellen war. Wichtige Bestandteile dieses legendarischen Jakobusbildes sind – neben seiner Rolle als Bischof und der damit verbundenen liturgischen Autorität – seine Darstellung als Nasiräer, die öffentliche Bezeugung der Messianität seines Bruders in der Debatte mit Kaiphas beim Tempel, seine Rolle als christlicher Hohepriester und exemplarischer Fürbitter. Sie alle lassen eine enge Beziehung zu Jerusalem, dem Tempel und dem jüdischen Volk erkennen. Es sind also dieselben Bereiche, von denen ihn die gnostische Jakobustradition isolieren will, die in diesen Überlieferungen in den Vordergrund treten. Manche Spuren von Jakobus' Wirken sind bis heute erhalten geblieben, und damals wie heute kann, wer nach Jerusalem kommt, auch auf den Spuren des Jakobus pilgern.

Schon denjenigen, die am Ende des 4. Jahrhunderts als Pilger nach Jerusalem kamen, stand ein reiches – und anstrengendes! – Besichtigungs- und Gottesdienstprogramm zur Verfügung: Die Anastasis-Kirche über dem Grab Jesu und das dazugehörende offene Atrium (in dem sich heute der griechisch-orthodoxe Teil der Grabeskirche befindet) waren der wichtigste Ort, an dem mehrmals täglich Gottesdienste gefeiert wurden. Die daneben liegende große Kirche Konstantins, in die der Golgathafelsen integriert war, war die Hauptkirche für den sonntäglichen Gottesdienst. Weitere wichtige Kirchen, in denen an besonderen Tagen und vor allem während den großen Festzeiten (Ostern, Pfingsten und Weihnachten) regelmäßig Gottesdienste stattfanden, waren die Eleona auf dem Ölberg und die Zionskirche im Südwesten der Stadt. Von ihr sind nur wenige Reste erhalten im Bereich, wo sich heute der Abendmahlssaal und die Dormitio-Kirche befinden. Unter dem Namen »Hagia Sion« wurde sie unter Kaiser Theodosius (379–395) errichtet und war als »Mutter aller Kirchen« bekannt. Diese Bezeichnung geht darauf zurück, dass mit dieser Kirche die Ortstraditionen der Ostererscheinungen des Auferstandenen und die Geistausgießung an Pfingsten verbunden waren. Im Bereich dieser Kirche, davon waren die Christen Jerusalems überzeugt, haben diese Ereignisse im 1. Jahrhundert stattgefunden.

Ausführlich berichtet darüber die vornehme römische Pilgerin Egeria (bzw. Etheria, manchmal auch Silvia genannt), die zwischen 381 und 384 eine inzwischen berühmte Reise durch die Länder der biblischen Geschichte unternahm. Ihre gottesdienstliche Berichterstattung aus erster Hand ist als Quelle für die Liturgiewissenschaft von einzigartigem Wert. Überliefert ist der Text allerdings nur in einer einzigen Handschrift aus dem 11. Jahrhundert, die erst 1884 (wieder-)entdeckt wurde. Dieser fehlen Anfang, Ende und eine Seite in der Mitte. Zweimal könnte in diesen Lücken, vom voranstehenden Text her zu urteilen, etwas über die Kirche »Hagia Sion« gesagt worden sein. Das Fehlen der betreffenden Abschnitte ist darum besonders misslich, weil es gerade diese Kirche ist, die Egeria mit Jakobus in Verbindung bringt. Nun lassen sich diese Lücken glücklicherweise teilweise schließen, weil im 12. Jahrhundert Petrus Diaconus eine Art Handbuch über die Heiligen Stätten verfasste, wofür er auch den Reisebericht der Egeria als Quelle zur Verfügung hatte, so dass seine Beschreibung hier ergänzend herangezogen werden kann.[227]

Die Zionskirche stand besonders an Ostern und Pfingsten im Mittelpunkt. Zu ihr zogen die Gläubigen an Karfreitag kurz vor Sonnenaufgang, »um bei der Säule zu beten, an der der Herr gegeißelt wurde« (Itin. 37.1). Am Ostersonntag fand eine Prozession von der Grabeskirche zum Zion statt, weil das der Tag und der Ort ist, »wo der Herr […] durch die verschlossenen Türen bei den Jüngern eintrat« (Itin. 39.5, vgl. Joh 20,19–25). Auch an Pfingsten wurde auf dem Zion gefeiert und man las den Text aus Apg 2,1–12, »weil dort auf dem Zion die Stelle ist – die Kirche ist (jetzt)

227 Beide Texte mit deutscher Übersetzung und ausführlicher Einleitung sind leicht zugänglich in: Egeria, Itinerarium / Reisebericht. Mit Auszügen aus Petrus Diaconus, De locis sanctis / Die heiligen Stätten, übers. u. eingeleitet v. G. Röwekamp u. D. Thönnes, FC 20, Freiburg 1995. Im Folgenden sind alle Zitate dieser Ausgabe entnommen. Zu den Schwierigkeiten, den genauen Namen der Verfasserin zu bestimmen, s. ebd. 12f.

allerdings von anderer Art –, wo damals nach dem Leiden des Herrn die Menge mit den Aposteln versammelt war und wo alles geschehen ist, was ich oben schon erzählte« (Itin. 43.3). Bei Petrus Diaconus findet sich nun als zusätzliche Information, die aber, wie gesagt, wahrscheinlich auf Egerias Bericht zurückzugeht:

In der Kirche, die »Heilige Zion« genannt wird, befindet sich der Thron (lateinisch thronus) des Herrenbruders Jakobus, der gleich beim Tempel begraben ist. Sie wurde an jenem Ort gegründet, wo der Herr den Aposteln bei verschlossenen Türen erschien, als sie das Mahl hielten.[228]

Zwar lässt sich aufgrund der Überlieferung nicht mit letzter Sicherheit sagen, ob Egeria im 4. Jh. wirklich den Jakobusthron bei ihrem Besuch der Kirche gesehen hat. Dass dies aber sehr wahrscheinlich ist, geht aus zwei weiteren Texten hervor.

3.1.1 Eusebius und der »Thron« des Jakobus in Jerusalem

Der erste ist die bereits viel zitierte Kirchengeschichte des Eusebius. Dieser war als Bischof von Caesarea und Erforscher des Heiligen Landes und seiner biblischen Stätten mit den Örtlichkeiten in Jerusalem und der Geschichte der dortigen christlichen Gemeinde gut vertraut. Eusebius starb 339, so dass seine Informationen noch einmal fast ein halbes Jahrhundert älter sind als die von Egeria. Die ersten Bischöfe an einem Ort und ihre jeweiligen Nachfolger spielen in dieser Kirchengeschichte eine wichtige Rolle und ent-

228 Petrus Diaconus, De Locis Sanctis / Die heiligen Stätten, Kap. E; zum Text siehe die in der vorigen Anmerkung genannte Ausgabe (dort S. 321; zur Quellensituation s. 310 f.).

sprechende Informationen ziehen sich durch das ganze Buch hindurch. Darum fällt es auf, dass er über den Jerusalemer Bischofs*thron* anders schreibt als über die übrigen Bischofs*sitze*. Denn in Jerusalem steht ein »Thron«, in allen anderen Orten dagegen ›nur‹ eine *kathedra*. Dieses griechische Wort bedeutet »Sitz«, »Sessel« oder auch »Lehrstuhl« (so in Mt 23,2). Bischofskirchen heißen darum Kathedralen, weil darin ein Bischof wortwörtlich seinen »Sitz« oder »Stuhl« hat. Nur Jerusalem hatte – zumindest in der Anfangszeit – im Unterschied dazu einen Thron. Jakobus aber war es, der »wie die Geschichte überliefert, als erster den Bischofsthron (*ho thronos tēs episkopēs*) der Kirche von Jerusalem« erhielt (Kirchengeschichte II 1,2). Das Besondere an dieser Bemerkung ist, dass Eusebius zwar regelmäßig den Amtsantritt von neuen Bischöfen mitteilt, dabei aber mit nur ganz wenigen Ausnahmen niemals einen »Stuhl« oder »Thron« erwähnt, während er dies umgekehrt jedesmal tut, wenn er über Jakobus oder einen seiner Nachfolger aus der Herrenfamilie berichtet. In der letzten Erwähnung des Jakobus, im siebten Buch der Kirchengeschichte, erwähnt Eusebius auch noch einmal diesen Thron. Quelle für seine Information ist in diesem Abschnitt der alexandrinische Bischof Dionysios von Alexandrien, der 264 starb und das nachfolgende Zitat stammt wohl aus einem seiner Briefe, die Eusebius hier ausführlich zitiert und referiert (VII 19):

Der Thron des Jakobus, der als erster vom Erlöser und den Aposteln das Bischofsamt der Jerusalemer Kirche erhielt, und der, wie die göttlichen Bücher lehren, Bruder Christi genannt wurde, ist noch bis heute erhalten und wird von den Brüdern dort ständig verehrt. Damit bekunden sie allen deutlich die Ehrfurcht, welche sie schon in alter Zeit und noch jetzt gegen die heiligen Männer wegen ihrer Frömmigkeit hegten und hegen.

Diese Aussage führt uns in das 3. Jahrhundert zurück, denn das »noch bis heute erhalten« ist das Zeugnis des Dionysios. Über den genauen Aufenthaltsort dieses »Thrones« wird hier nichts gesagt, aber die Notiz lässt doch so viel erkennen, dass der Jerusalemer Bischofssitz durch seinen ersten Inhaber Jakobus und dessen Nähe zu Jesus ein hohes Ansehen besaß, welches durch diesen besonders verehrten »Thron« im Bewußtsein der Nachwelt wachgehalten wurde.

Eusebius erwähnt den Jerusalemer »Thron« danach noch ein letztes Mal (ohne dass dabei Jakobus namentlich erwähnt ist) im Zusammenhang des Bischofwechsels von Zabdas zu Hermon (VII 32,29) um das Jahr 300, unmittelbar vor der letzten großen Verfolgungswelle. Dabei gebraucht er die ungewöhnliche Formulierung »apostolischer Thron«: Dieser Hermon »bestieg als letzter unter den Bischöfen vor der Verfolgung unserer Tage den bis heute dort aufbewahrten apostolischen Thron.« Damit deutet Eusebius an, dass er um die physische Präsenz dieses »Thrones« auch noch zu seiner Zeit wusste. Da er seine Kirchengeschichte im ersten Viertel des 4. Jahrhunderts verfasste, bestätigt dies den Bericht der Egeria, die übrigens – genau wie er – terminologisch zwischen dem »Thron« (*thronus*) des Jakobus und dem »Sitz« eines Bischofs (*kathedra*) unterscheidet. Zwar wird von Eusebius an keiner Stelle die Kirche erwähnt, in der sich dieser »Thron« befand, aber es gibt keinen Grund, die diesbezüglichen Angaben Egerias zu bezweifeln. Die besondere Rolle des davidischen Thrones, der in den oben besprochenen neutestamentlichen Texten (B 4.6.1) bereits mit der Jesusfamilie und insbesondere

Jakobus verbunden ist, findet so durch die Kirchen- und Pilgergeschichte eine eindrucksvolle Fortsetzung.

Dieser »Thron« in Jerusalem, auf dem Jakobus als erster saß, repräsentiert für Eusebius und die alte Kirche den durch Jesus wiedererrichteten Thron Davids. Epiphanius macht dies explizit, wenn er schreibt, dass Jakobus als erster die bischöfliche *Kathedra* erhalten habe, und dies dann erläutert: »Er war somit der erste, dem der Herr seinen *Thron* auf Erden anvertraut hatte.«[229] Mit dem Jahr 132 kam jedoch das Ende der Herrenverwandten als Leiter der Jerusalemer Gemeinde. Dennoch bezeugen Eusebius, Egeria und andere Pilgerberichte, aber auch die Geschichte des christlichen Gottesdienstes, dass das Wissen um die besondere Stellung des »apostolischen Thrones« in Jerusalem zumindest in Teilen der Kirchen lebendig blieb. Er war es, der die Gegenwart mit dem Anfangsgeschehen in Jerusalem durch eine Sach- und Personalkontinuität verband. Zugleich hielt er die Erinnerung an die judenchristliche Gemeinde Jerusalems und damit die Verbundenheit der Kirche mit Israel wach, weil die »Inthronisierung« des Jakobus die Erfüllung der biblischen Verheißungen einer universalen Herrschaft des davidischen Messias von Jerusalem aus eindrucksvoll repräsentierte.

3.1.2 Der »Thron« des Jakobus im heutigen Jerusalem

Nach der Zerstörung der Hagia Sion-Kirche wurde der Jakobusthron in der Grabeskirche gezeigt, wo ihn noch 1447/78 der Basler Münsterprediger Wilhelm Tzewers sah und in seinem Reisebericht beschrieb. In

229 EPIPHANIUS, Panarion 78.7,8. Auf die Bedeutung dieser Stelle verweist auch HENGEL, Jakobus der Herrenbruder, 563.

der Grabeskirche wurden den Pilgern damals neun heilige Stätten gezeigt, und die fünfte davon betrifft Jakobus: »Ebenso befindet sich dort auch eine Kapelle, in der der Bischofssitz (sedes episcopalis) des heiligen Jakob steht, auf dem der Bischof von Jerusalem sitzt.«[230] Die Herausgeberin dieses Textes nimmt an, dass sich diese Aussage auf den griechischen-orthodoxen Bischofsstuhl im Hochchor der kreuzfahrerzeitlichen Grabeskirche bezieht, der damals von den Seitenschiffen aus noch einsehbar war. Wer dagegen heute in Jerusalem den Thron des Jakobus sehen will, der muss sich ins armenische Viertel der Jerusalemer Altstadt aufmachen. Viele Jerusalem-Touristen kennen die dortige Jakobuskirche vermutlich dem Namen nach, und viele werden an ihrem Eingangsbereich auch schon vorbeigeeilt sein, ohne allerdings mehr als einen kurzen Blick darauf zu werfen.

Der armenische Wärter am Eingang macht deutlich, dass hastige Besucher hier nicht willkommen sind, und die nachdrängenden Autos, die sich auf der engen Straße vom Jaffator zum Zionstor an einem vorbeidrücken, laden ebenfalls nicht zum Verweilen ein. Und doch verbirgt sich hinter dem Torbogen im armenischen Viertel der Altstadt einer der wenigen erhaltenen Memorialbauten zu Ehren des Herrenbruders, auch wenn er diese Ehre in der Jakobus-Kathedrale mit dem Apostel Jakobus teilen muss (B 1.1).[231] Für die

---

230 G. Hartmann, Wilhelm Tzewers – Itinerarius terre sancte: Einleitung, Edition, Kommentar und Übersetzung ADPV 33, Wiesbaden 2004, 200f. Zur Liste der neun heiligen Stätten s. 194f.

231 Die beiden Jakobusse sind auch in der armenischen Liturgie miteinander verbunden. Aus dem »Jerusalemer Lektionar« des 5. Jahrhunderts geht hervor, dass am 29. Dezember, dem Gedenktag für den *Zebedaiden* Jakobus, als Lesungen Jak 1,1–10 und Apg 12,1–11 vorgesehen sind. Die letztere Stelle berichtet

Abb. 23: Straßenschild im armenischen Viertel der Jerusalemer Altstadt nahe der Jakobuskathedrale.

armenische Tradition ist dies nicht nur der Ort, an dem das Haupt des Zebedaiden seine letzte Ruhestätte fand, sondern zugleich der Ort, an dem das Haus des Herrenbruders stand und in dem die berühmte Zusammenkunft der Apostel (Apg 15,5–19) stattfand. Darum ist für sie hier auch der Ort seines Bischofsthrones und darüber hinaus seine letzte Ruhestätte. Andere Kirchen reklamieren allerdings rivalisierende Traditionen für sich. Am bekanntesten ist die im 6. Jahrhundert gebaute römische Kirche Santi Apostoli (nicht zu verwechseln mit der älteren Basilica Apostolorum), wo er – als Jakobus minor und damit einer der Zwölf – mit dem Apostel und Evangelisten Philippus seine letzte Ruhe gefunden haben soll. In

---

vom Tod des Zebedaiden, während der Anfang des Jakobusbriefes diejenigen ermahnt und tröstet, deren Glauben Prüfungen ausgesetzt ist. Vgl. dazu A. Renoux (Hg.), Le Codex Arménien Jérusalem 121. I: Introduction aux origines de la liturgie hiérosolymitaine. Lumières nouvelles, Patrologia Orientalis 35.1 (Nr. 163), Turnhout 1969, 103–106.

Abb. 24: Der gegenwärtige Thron des Jakobus in der armenischen Jakobuskathedrale in Jerusalem (links neben dem Pfeiler unter der kleinen Kuppel). Direkt daneben (im Vordergrund) steht der Bischofsstuhl des armenischen Patriarchen von Jerusalem.

der Krypta der Kirche ist seine »Tomba« bis heute zu besuchen. Über die Herkunft der angeblichen Reliquien des Jakobus gibt es – im Unterschied zu denen des Philippus – keine Informationen. Ursprünglich war diese Kirche nur diesen beiden Aposteln gewidmet *(SS. Philippi et Jacobi),* doch seit dem 10. Jahrhundert wurde das Partrozinium auf alle zwölf Apostel erweitert. Das Gemälde des Hauptaltares stellt das Martyrium von Philippus und Jakobus dar. Es wurde

1704 von Domenico Mutatori (1661–1742/44) gemalt und gilt als das größte Tafelbild Roms.

3.2 »Bischof Jakobus« in den Gemeindeordnungen der ersten vier Jahrhunderte

In Jerusalem stand nicht nur der Thron des Jakobus und konnte sein Grab besucht werden, sondern wer als Pilger in die Stadt kam, der feierte auch den Gottesdienst nach einem Ritus, der auf den Herrenbruder und ersten Bischof der Stadt zurückgeführt wurde. Genau genommen müsste man wohl sagen, dass nach dem Selbstverständnis der Alten Kirche nicht nur in Jerusalem und dem Heiligen Land, sondern überall der christliche Gottesdienst nach der in Jerusalem einst von den Aposteln in Zusammenarbeit mit Jakobus beschlossenenen Form gefeiert wurde. Der Grund dafür ist, dass die Kirchenordnungen vor allem im 3. und 4. Jahrhundert darum bemüht waren, sich als Ergebnis bzw. in Fortsetzung des in Apg 15 berichteten »Apostelkonzils« darzustellen (für die Vorstellungen der späteren Zeit ist der Sprachgebrauch als »Konzil« durchaus zutreffend). So wie damals einmütig ein Ergebnis in Bezug auf Beschneidung und das Einhalten der Tora für die ganze Kirche erzielt worden war, so wurde auch die gängige Gottesdienst- und Gemeindeordnung auf eine gemeinsame Entscheidung der führenden Apostel zurückgeführt. Dabei stehen, neben den zwölf Aposteln auch Paulus und Jakobus im Mittelpunkt.

3.2.1 Jakobus als Vorbild in der »Didaskalia Apostolorum«

Aus der Zeit vor Kaiser Konstantin, und damit aus der Zeit vor der staatlichen Tolerierung (und später aktiven Protegierung) des christlichen Glaubens, sind nur wenige Kirchenordnungen überliefert. Alle stimmen darin überein, dass sie sich auf apostolische Autoritäten berufen. Der Grund dafür ist, dass die Apostel als Anfangs- und Augenzeugengeneration im 2. Jahrhundert die einzigen Autoritäten darstellten, die überregionale Akzeptanz ermöglichten.[232] In den beiden ältesten Texten, der »Didache« oder »Lehre des Herrn durch die zwölf Apostel an die Völker« (Ende 1./Anfang 2. Jahrhundert) und der um 200 entstandenen »Apostolischen Tradition« oder »Traditio Apostolica«, die möglicherweise auf den römischen Bischof Hippolyt zurückgeht, kommt Jakobus noch nicht vor. Aber auch die zwölf Apostel sind (trotz der Namen dieser Schriften) eine Verfasserfiktion, die die Gestaltung der Texte noch nicht beeinflusst hat.

Erst die im 3. Jh. unter Verwendung älterer Quellen entstandene »Didaskalia Apostolorum« (Lehre der Apostel) integrierte in ihre aus 26 Kapiteln bestehende Ordnung Aussagen, die einzelnen Aposteln zugeschrieben wurden.[233] Dadurch wird der Eindruck erweckt, die Apostel hätten bei ihrem in Apg 15 beschriebenen Zusammentreffen gemeinsam diese Ordnung verfasst. In einer späteren Fassung, die nur durch einen Teil der handschriftlichen Überlieferung bezeugt ist, gehört auch Paulus zu ihren Mitverfassern. In dieser Handschriftengruppe heißt es gleich zu Beginn:

---

232 G. Schöllgen, Didache / Zwölf-Apostel-Lehre – Traditio Apostolica / Apostolische Überlieferung, hg. u. eingeleitet von G. Schöllgen u. W. Geerlings, FC 1, Freiburg 1991, 18.

233 Als ältere deutsche Übersetzung steht zur Verfügung: H. Achelis u. J. Flemming, Die syrische Didaskalia übersetzt und erklärt, TU 10.2, Leipzig 1904. Für eine neuere englische Übersetzung mit ausführlicher Einleitung und Forschungsgeschichte s. A. Stewart-Sykes, The Didascalia apostolorum. An English Version with Introduction and Annotation, Studia Traditionis Theologiae 1, Turnhout 2009.

Wir aber, die zwölf Apostel des einzigen Sohnes, des ewigen Wortes Gottes, unseres Herrn und Gottes und Erlösers Jesu Christi, haben, als wir miteinander in Jerusalem, der Stadt des großen Königs, versammelt waren, und mit uns unser Bruder Paulus, der Apostel der Heiden, und Jakobus, der Bischof der genannten Stadt, diese Didaskalia festgestellt, in die das Bekenntnis und der Glaube eingeschlossen sind, und haben alle Ordnungen genannt nach den Ordnungen der Himmlischen, und so wiederum sind die Ordnungen der heiligen Kirche.[234]

Kapitel 23–25, deren Ursprünglichkeit umstritten ist, nehmen diese Perspektive auf. Diese Kapitel setzen voraus, dass nach den ersten Missionsreisen der Apostel, die die Welt unter sich in zwölf Teile aufgeteilt hatten, die ersten Irrlehren in Bezug auf die Auferstehung sowie über die Ehe und besonders die jüdischen Speisevorschriften auftauchten. Dies nahmen die Apostel zum Anlass, um gemeinsam über das zu beraten, was in der Kirche gelten sollte.[235] Der Bericht über diese Beratung orientiert sich dann weitgehend am Ablauf von Apg 15. Petrus ist hier wie dort der erste Sprecher und erzählt noch einmal ausführlich, wie es zur Bekehrung des Kornelius gekommen ist (DA 24 [6.12.4–11], vgl. Apg 10). Paulus ist ausgelassen, es folgt Jakobus unmittelbar auf Petrus. Seine Rede lehnt sich eng an Apg 15,8–11 an und auch in dieser Nacherzählung des

---

234 Achelis / Flemming, Didaskalia, 146. Zu diesen Zusätzen in nur einem Teil der Überlieferung s. auch Stewart-Sykes, Didascalia, 261–275.

235 Interessanterweise ist der »antiochenische Zwischenfall« ebenfalls in die unmittelbare Vorgeschichte des Zusammentreffens eingeordnet, nur dass hier nicht »einige von Jakobus« kamen (Gal 2,12), sondern »aus Judäa« (Kap. 24 [6.12.3]).

Aposteltreffens initiiert er das Aposteldekret. Über Lukas hinaus wird dann aber weiter erzählt, dass die Gruppe anschließend noch längere Zeit in Jerusalem blieb, um miteinander eine gemeinsame Ordnung für alle Gemeinden zu verfassen, die nun in dieser »Didaskalia« vorliegt (Kap. 24 Ende). Kapitel 25 berichtet abschließend, wie die Apostel in ihre Missionsgebiete zurückkehrten und dort die kirchliche Ordnung mit Hilfe der »Didaskalia« wiederherstellten.

Abb. 25: Ikone des Gottesbruders Jakobus als Bischof.

Das Jakobusbild dieses Textes ist aufschlussreich. Eingeführt wird er als »Bischof von Jerusalem, der der Bruder unseres Herrn war«. Mit ihm kamen seine Ältesten (Presbyter), Diakone und die ganze Kirche. Man kann den Text darum so lesen, dass die in Jerusalem schon jetzt unter bzw. seit Jakobus geltende bischöfliche Ordnung zum Vorbild der anderen Gemeinden werden sollte. Da der Text über weite Teile eine Art Anforderungsprofil für Bischöfe – übrigens mit einer eindrucksvollen biblischen Pastoraltheologie – darstellt, das ausführlich auf Aufgaben und erwartete Kompetenzen eingeht, kann man sich im Umkehrschluss ein Bild davon machen, wie Jakobus als »idealer« Bischof in dieser Zeit vorgestellt wurde.

Ein Nachtragskapitel (Kap. 26) behandelt abschließend die Frage der Tora in den christlichen Gemeinden. Es verdeutlicht, dass die »Didaskalia« ihre letzte Fassung in einem Umfeld und zu einer Zeit erhielt (im 4. Jh.), in dem sich zumindest Teile der Gesamtkirche noch immer um die Gemeinschaft mit Judenchristen, die die Tora hielten, bemühten.[236] Dieses Kapitel, das sich wie eine argumentative Predigt liest, richtet sich direkt an sie und der Autor versucht sie davon zu überzeugen, dass nur die 10 Gebote und die Gebote Jesu zu halten seien. Am Ende steht die Aufforderung an die Adressaten, sich an »die Unterweisung von Jesus Christus, des Nazareners, der in den Tagen des Pontius Pilatus gekreuzigt wurde« zu erinnern.

Die »Didaskalia« bezeugt daneben eine ganze Reihe von theologischen Positionen, die zu dem in

236 Die Heidenchristen waren schon zuvor (Kap. 21) ausdrücklich aufgefordert worden, für das jüdische Volk zu fasten und zu beten.

diesem Buch gezeichneten Milieu des davidischen Jesusclans passen: So bildet David durchgängig einen wichtigeren Referenzpunkt als Mose, und Jesus wird häufig als Ausleger von davidischen Stellen präsentiert.[237] Die wichtigsten alttestamentlichen Bücher sind neben Jesaja die Psalmen und Sprüche, und in einer der späteren Ergänzungen werden die Christen von den Aposteln als »Nazaräer« angesprochen.[238] Es liegt darum nahe, die judenchristlichen Elemente der »Didaskalia« als das Erbe jener judenchristlichen Gruppen aus dem Großraum Syrien-Palästina anzusehen, die auch den historischen Kontext von Matthäusevangelium, Jakobusbrief und Didache bildeten und damit – zumindest indirekt – auf den historischen Jakobus und sein Wirken zurückweisen.

3.2.2 *Jakobus und die Ordnung des Gottesdienstes nach den »Apostolischen Konstitutionen«*

Eine bearbeitende Zusammenführung und zugleich einen ersten Abschluss dieser vorgeblichen apostolischen Kirchenordnungen bilden die acht Bücher der »Apostolischen Konstitutionen«. Ende 4. oder Anfang 5. Jh. entstanden, enthalten ihre acht Bücher Bearbeitungen der drei frühesten Kirchenordnungen: »Didaskalia« (Bücher 1–6), »Didache« (Buch 7), »Traditio Apostolica« (Buch 8), und darüber hinaus weitere ver-

---

237 Auf David wird 18-mal Bezug genommen und zwar durchweg positiv; Mose kommt 33-mal vor, aber an etlichen Stellen geht es um eine kritische Auseinandersetzung mit dem Gesetz Moses. Zudem liegt das Interesse auf der Genesis bzw. dem Geschehen des Exodus (insbesondere des Auszugspassas) und auf dem priesterlichen Amt Moses, aber nicht auf dem mosaischen Gesetz (abgesehen vom Dekalog).

238 Achelis / Flemming, Didaskalia, 146, s. auch 366; Stewart-Sykes, Didascalia, 262.

wandte Texte. Auch eine Sammlung ursprünglich jüdischer Gebete hat sich, so wird vielfach angenommen, in den Büchern 7 und 8 erhalten. Dabei handelt es sich jedoch nur dann um (vorchristliche) jüdische Gebete, wenn man die Bezüge auf Jesus als nachträgliche Einfügungen ansieht. Man kann darin aber auch judenchristliche Gebete sehen, bei denen die heilsgeschichtliche Entfaltung seit Abraham in Jesus ihren Zielpunkt gefunden hat.[239]

Für die Frage nach Jakobus ist besonders Buch 8 von Bedeutung, das sich deutlich von den voranstehenden Teilen abhebt: Die ersten sechs Bücher haben die Form eines Sendschreibens, das die Apostel an die heidenchristlichen Gemeinden schickten. Das achte Buch stellt demgegenüber erzählerisch einen Neueinsatz dar. Es liest sich eher wie das Protokoll der in Apg 15 beschriebenen Versammlung:

> Wir gleichzeitig anwesende zwölf Apostel des Herrn tragen euch in Gegenwart des Gefäßes der Auserwählung, unseres Mitapostels Paulus, des Bischofs Jakobus, der übrigen Priester und der sieben Diakone über die ganze Gestaltung der Kirche folgende göttliche Vorschriften auf.[240]

Entsprechend werden dann nachfolgend alle Bestimmungen über Ämter und Gottesdienste den einzelnen

239 Als Einführung s. M. Metzger, Art. Konstitutionen, (Pseud-) Apostolische, TRE 19 (1990), 540–544. Für eine ältere deutsche Übersetzung s. F. Boxler, Die sogenannten Apostolischen Constitutionen und Canonen, BKV I/19, Kempten 1874. Zu den jüdischen Gebeten s. P. van der Horst u. J. H. Newman, Early Jewish Prayers in Greek, CEJL, Berlin / New York 2008, 3–93.

240 Apost. Konst. VIII 4. Übers. hier und im Folgenden R. Storf, Griechische Liturgien, BKV 5, Kempten u. München 1912, 29.

Aposteln namentlich zugeschrieben. So fährt das oben angeführte Zitat mit den Worten fort:

> Als erster sagte ich, Petrus, daß, wie wir im vorausgehenden alle miteinander verordnet haben, als Bischof ein Mann geweiht werde, der in allen Stücken tadellos und vom ganzen Volke gewählt ist.

Es folgen weitere Anordnungen, wie ein Bischof beschaffen sein soll, wie er eingesetzt sein und wie er den Gottesdienst feiern soll. Der einzige anwesende Bischof ist in dieser fiktiven Darstellung jedoch Jakobus, eingesetzt von eben diesen Aposteln, die sich hier an die gesamte Kirche wenden. Es ist also wiederum er und die durch ihn repräsentierte Jerusalemer Kirchenordnung, die in diesem Text als indirektes Vorbild vermittelt wird. Nach Petrus melden sich die einzelnen Apostel der Reihe nach zu Wort, angefangen mit seinem Bruder Andreas, dann Jakobus, der Zebedaide usw. Jeder trägt Bestimmungen über einen Teil des Gottesdienstes und die bei den verschiedenen Gelegenheiten zu sprechenden Gebete vor. Nach den Zwölf ergreift Paulus das Wort (VIII 32), der sich selbst als »der Geringste der Apostel« einführt. Der anschließende christliche Festkalender (VIII 33) wird dagegen als eine gemeinsame Bestimmung von Petrus und Paulus vorgestellt, wobei wohl zum Ausdruck gebracht werden soll, dass juden- und heidenchristliche Gemeinden, repräsentiert durch ihre beiden Hauptapostel, denselben Festkreis begehen. Am Ende steht auch hier Jakobus:

> Und ich, Jakobus, dem Fleische nach Bruder Christi, aber Diener des eingeborenen Gottes (vgl. Jak 1,1), vom Herrn selbst und seinen Aposteln als Bischof von Jerusalem geweiht, sage: […]

Es folgt eine Reihe von Bestimmungen über Abend- und Morgenandachten, Danksagung über Erstlingsgaben und Bestimmungen für den Umgang mit Verstorbenen und die Bestattung (AK VIII 35–45), sozusagen die alltäglichen liturgischen Begehungen. Die letzte Bestimmung des Jakobus widmet sich der Aufnahme der um Christi willen Verfolgten. Er ermahnt die Gemeinden, ihnen »das zum Lebensunterhalte Nötige« zu spenden, »indem ihr den Auftrag des Herrn erfüllt« (VIII 46). Das erinnert an die Aufforderung in Jak 2,15f., sich tatkräftig um Brüder und Schwestern zu kümmern, denen das Notwendigste fehlt und passt zu der oben angenommenen Situation des Jakobusbriefes.

Ansonsten lassen sich keine »biographischen« Anknüpfungen erkennen – weder bei Jakobus noch bei einem der anderen Apostel. Der oder die Verfasser dieser Kirchenordnung haben sich also nicht darum bemüht, die den einzelnen Aposteln als Sprechern zugewiesenen gottesdienstlichen Angelegenheiten in irgendeiner Weise mit deren Leben oder Wirken zu verbinden. Die nachträgliche apostolische Legitimierung der kirchlichen Gebräuche diente keinerlei historischem Interesse und setzt auch keine historischen Erinnerungen voraus. Sie bezeugt jedoch, wie einflussreich der lukanische Bericht in Apostelgeschichte 15 geworden ist, der in der Folgezeit zum Vorbild wurde, wie die Kirche über die Ortsgrenzen hinaus ihre Einheit praktizieren und in gemeinsamer Beratung Krisen begegnen kann und soll.

3.3 *Jakobus und die Jerusalemer Liturgie*

In den »Apostolischen Konstitutionen« ist der eucharistische Hauptteil (die sogenannte »Anaphora«, das ist die von Gebeten gerahmte Rezitation der Einsetzungsworte, bei dem irdischer und himmlischer Gottesdienst sowie irdische und himmlische Gemeinde zusammengeführt werden) dem *Zebedaiden* Jakobus zugewiesen. Der Herrenbruder wird dagegen zwar als erster Bischof hervorgehoben, aber in der Ausgestaltung der Liturgie sind nur die oben genannten eher unbedeutenden Stücke mit ihm verbunden. Es existiert jedoch eine gleichfalls alte, bis mindestens ins 3. Jahrhundert zurückreichende liturgische Tradition, die eng mit der genannten verwandt ist und möglicherweise wirklich aus Jerusalem stammt. Diese macht anstelle des Zebedaiden den *Herrenbruder* zum Verfasser der Gebete im zentralen Teil des Gottesdienstes mit der Eucharistie als Höhepunkt. Der Hauptteil wird darin mit den Worten eingeleitet: »Anfang der Opfer(gebete) des heiligen Jakobus, des Gottesbruders und erwählten Apostels und Gerechten«, weshalb diese Liturgie bis heute unter dem Namen »Jakobus-Liturgie« gefeiert wird.[241] Durch den Einfluss des Pil-

---

241 Die Jakobusliturgie, ihre Geschichte und Theologie, ist für Nichtfachleute verständlich dargestellt durch die zwei kleinen Bändchen von M. SCHNEIDER, Die Göttliche Liturgie des heiligen Apostels Jakobus des Herrenbruders und ersten Bischofs von Jerusalem, Editon Cardo 145, Köln 2009 (= modernisierte Textausgabe); DERS., Die Göttliche Liturgie des heiligen Apostels Jakobus des Herrenbruders und ersten Bischofs von Jerusalem: Kommentar und Hinführung, Edition Cardo 158, Köln 2009 (enthält zahlreiche Literaturhinweise). Eine ältere Übersetzung bei STORF, Griechische Liturgien, 80–123 (das Zitat über Jakobus ebd. 81 und 101).

gerwesens beeinflusste diese Jerusalemer Liturgie, die ursprünglich auf Griechisch abgefasst war, zahlreiche andere Liturgien und wurde in viele der alten Kirchensprachen übersetzt, in denen sie sich bis heute erhalten hat. Bis zum Mittelalter war sie die eucharistische Hauptliturgie in Jerusalem, Palästina und im Patriarchat Antiochien und ist dies im Kern noch heute in ihrer aramäischen Rezension innerhalb der Syrisch-Orthdoxen Kirche. Die von Egeria beschriebenen Gottesdienste in Jerusalem basieren alle auf der Jakobus-Liturgie. Offiziell ist die Zuschreibung an den Herrenbruder dann erstmals im Kanon 32 der Trullanischen Synode von 632 bezeugt:

> Denn auch Jakobus, der Bruder unseres Gottes Christus dem Fleische nach, der als erster den Thron der Kirche von Jerusalem innehatte [...], hat unsere mystische Hierourgia schriftlich mitgeteilt und so in der göttlichen Liturgie vollendet.[242]

Im Laufe der Jahrhunderte wurde die Jakobusliturgie allerdings durch die in Konstantinopel übliche Chrysostomus-Liturgie aus dem 5. Jahrhundert verdrängt. Diese ist seit dem 12. Jahrhundert die am häufigsten gefeierte Liturgie der Ostkirchen. Die eng mit ihr verwandte Basilius-Liturgie wird nur an zehn Tagen im Jahr gefeiert, die des Jakobus regelmäßig sogar nur einmal, am 23. Oktober, seinem Namenstag. Seit Ende des 19. Jh.s gibt es jedoch das Bemühen, sie – zumeist in modifizierter Form – wieder einzuführen, so dass sie inzwischen an einigen Orten – u. a. in der Göttinger orthodoxen Gemeinde des

242 Zit. bei SCHNEIDER, Göttliche Liturgie, 25.

Heiligen Erzengels Michael – wieder häufiger gefeiert wird.[243] Auch wissenschaftlich hat die Jakobus-Liturgie in jüngster Zeit, nicht zuletzt durch neue Handschriftenfunde im Katharinenkloster auf dem Sinai im Jahr 1975, wieder stärkeres Interesse gefunden, weil sich in ihr nicht nur die besondere Form der Jerusalemer Liturgie mit einem gewissen »Lokalkolorit« erhalten hat, sondern auch theologische Akzente, die zunehmend als judenchristliche Traditionen anerkannt werden.[244]

Hilfreiche Schneisen in dieses für Nichtspezialisten faszinierende, aber undurchdringliche Dickicht von fachsprachlicher Terminologie und babylonischer Sprachenvielfalt – eine neuere Übersicht über die Forschung verzeichnet Manuskripte in christlich-palästinischem Aramäisch, Armenisch, Syrisch, Arabisch, Koptisch, Äthiopisch, Alt-Slavisch und Georgisch – ermöglichen die überaus gelehrten, gleichwohl unterhaltsamen und verständlichen Arbeiten des Bonner Liturgiewissenschaftlers Heinzgerd Brakmann, der zu den Hauptforschern der vorbyzantinischen Liturgie Jerusalems gehört.[245]

---

243 Zu der dort zelebrierten russischen Version der Jakobus-Liturgie (mit Audiodateien) s. http://www.orthodoxia.de/Jakobusliturgie.htm (zuletzt angesehen 20. 10. 2016). Dazu auch H. Brakmann, Das zweite Leben der griechischen Jakobos-Liturgie, Ostkirchliche Studien 64 (2015), 48–79.

244 Vgl. dazu besonders die im Literaturverzeichnis genannten Arbeiten von S. Verhelst.

245 H. Brakmann und T. Chrontz, Ist das Jerusalemer Euchologion noch zu retten?, Archiv für Liturgiewissenschaft 54 (2012), 1–28.

3.4 Jakobus und die Jerusalemer Weihnachtsfeier

Aber nicht nur der regelmäßige Gottesdienst ist liturgisch mit Jakobus verbunden, sondern auch die Besonderheiten der Jerusalemer Weihnachtsfeier bis ins 6. Jahrhundert nehmen auf Jakobus Rücksicht. Das hatte zur Folge, dass man Weihnachten in Jerusalem noch bis in die Zeit von Kaiser Justin II. (565–578) – mit einer kurzen Unterbrechung um 450 – am 6. Januar feierte, während in den übrigen Reichsteilen der 25. Dezember als Geburtsfest Christi begangen wurde. Die um 330 im Westen des römischen Reiches entstandene Feier, deren Ausgestaltung von der Epiphaniefeier in Bethlehem und Jerusalem beeinflusst war, breitete sich rasch von Rom nach Antiochien und Konstantinopel aus. Bis dahin hatte man den 6. Januar als den Tag der »Erscheinung« (Epiphanie) Jesu als Geburtsfest gefeiert. Egerias Bericht über die Jerusalemer und Bethlehemer Epiphaniefeier (Itinerarium 25,7–12) ist die älteste Beschreibung des Epiphaniasfestes überhaupt.

Mit einer gewissen Hartnäckigkeit weigerte sich nun allerdings die Jerusalemer Kirche, sich diesem allgemeinen Brauch anzuschließen und Weihnachten ebenfalls am 25. 12. zu feiern. Der Kirchenvater Hieronymus, der 385 Rom verließ (von wo er das Weihnachtsfest kannte) und sich 386 in Bethlehem dauerhaft niederließ, feierte dort den 25. 12. als Weihnachtsfest und kritisierte die nur wenige Kilometer entfernte Jerusalemer Gemeinde, dass sie sich diesem Datum nicht anschlossen, sondern am 6. Januar festhielten. Die Details dieser Kontroverse sind kompliziert und für uns nur von zweitrangiger Bedeutung.[246] Festzuhalten

246 Intensiv hat sich Hans Förster mit diesen Fragen beschäftigt,

ist nur, dass die Jerusalemer Tradition offenbar gute Gründe besaß, dass sie sich der nach liturgischer Einheit strebenden Reichskirche an diesem Punkt zu widersetzen wagte. Was aber war für die Jerusalemer am 25. Dezember so wichtig, dass da nicht Weihnachten gefeiert werden konnte? Es war Jakobus! Der Termin war bereits belegt, und dieser ältere Festtag war offenbar so wichtig, dass selbst Weihnachten ihn nicht verdrängen konnte.

Denn in Jerusalem wurde der 25. 12. als der Gedenktag für die »Verwandten Jesu«, konkret für König David und Jakobus gefeiert. Die gottesdienstliche Versammlung fand in der Zionskirche statt, also genau da, wo der Thron des Jakobus sichtbar an den wiedererrichteten Thron Davids erinnerte. Aus dem »Armenischen Lektionar« geht ferner hervor, dass an diesem Tag 2Sam 5,1–10 (David wird König über ganz Israel in Jerusalem), Mt 22,41–46 (Jesu Frage nach dem Davidssohn und seine Auslegung von Ps 110,1) und Apg 15,1–29 (der Text in dem Jakobus die Verheißung der wiederaufgerichteten »Hütte« Davids zitiert) in der Hagia Sion gelesen wurden. Der alttestamentliche Text beschreibt die Salbung Davids durch die Ältesten der zwölf Stämme Israels in Hebron und im Anschluß daran seine Eroberung der »Festung Zion«, die von da an »Stadt Davids« hieß, weil er die Burg zur Wohnung nahm. Damit erfüll-

---

der zwei wissenschaftliche Arbeiten zu diesem Thema vorlegte und seine Ergebnisse zudem in einer allgemeinverständlichen Fassung zugänglich machte: Die Feier der Geburt Christi in der Alten Kirche. Beiträge zur Erforschung der Anfänge des Epiphanie- und des Weihnachtsfests, STAC 4, Tübingen 2000 (zu Jerusalem s. 146–165); Die Anfänge von Weihnachten und Epiphanias, STAC 46, Tübingen 2007 (zu Jerusalem s. 129–147); als allgemeine Darstellung s. DERS., Weihnachten: Eine Spurensuche, Berlin 2003.

te sich Gottes Verheißung, dass er das Volk Israel weiden solle (V. 2). David ist der »Gesalbte« Gottes (das hebräische Wort, von dem »Messias« = »der Gesalbte« herkommt, ist in V. 3 gebraucht), der wie ein Hirte Gottes Volk führt. Die Schriftlesung endet mit der Zusage, dass Gott auch in Zukunft mit ihm ist, wobei die neutestamentlichen Lesungen die Bestätigung dafür sind. Jesus ist nicht nur Davids Sohn, sondern zugleich sein himmlischer Herr, durch den die Hütte Davids wieder aufgerichtet ist, so dass auf seinem Thron erneut ein Hirte aus dem Geschlecht Davids sitzt.

Welchen Eindruck muss so ein Text auf die versammelte Gemeinde haben, die an ebendieser Stelle, wo Davids Haus stand, auf Davids Zion, Gottesdienst feierte unter Leitung eines »Hirten«, der in der Nachfolge des Herrenbruders und Davididen Jakobus stand? Auch wenn die geographische Identifizierung des christlichen Zion auf dem Südwesthügel Jerusalems falsch ist (historisch ist der Südosthügel der Platz, auf dem Davids Palast stand), und nach 135 auch keine Familienangehörigen von Jesus mehr die Kirche in Jerusalem leiteten, so ist die liturgische Inszenierung dieser Verbindung zwischen Davidsverheißung, Davidsthron und Davidsfamilie mit Jesus und dem ersten »Bischof« Jerusalems aus dieser Familie sowie der nun auf dem Zion versammelten Gemeinde ein eindrucksvolles Ensemble aus Texten, Orten und Zeiten. Es verwundert darum nicht, dass zumindest eine Zeit lang auch »das Horn, aus dem die Könige gesalbt wurden«, in der Hagia Sion gezeigt wurde, das schon Egeria bezeugt, allerdings als eines der Heiligtümer in der Grabeskirche.[247]

---

247 EGERIA, Itinerarium 37,3 (außer dem Horn nennt sie auch das Sie-

Liturgiegeschichte und Perikopenordnungen klingen in protestantischen Ohren oft als eher langweilige Angelegenheit und werden von der Bibelwissenschaft nur selten in ihrer Bedeutung für die Wirkungs- und Auslegungsgeschichte der Bibel gewürdigt. Wie viel biblische und heilsgeschichtliche Theologie sich damit jedoch abbilden lässt, hat hoffentlich dieser kurze Ausflug in die Jerusalemer Liturgiegeschichte deutlich werden lassen.

4. Der Märtyrer

Jakobus wirkte unter seinem Volk in Jerusalem bis zu seinem Tod als Märtyrer im Jahr 62 n. Chr. Das Neue Testament erwähnt seinen Tod nicht, aber dafür eine Reihe anderer historischer und legendarischer Quellen. Diese unterscheiden sich darin, dass in einem Fall von einer Steinigung, im anderen von einem Sturz von der Tempelzinne die Rede ist. Das Grab des Jakobus gehörte außerdem eine Zeit lang ebenfalls zu den Pilgerzielen der Heiligen Stadt und ein im Jahr 2002 aufgetauchtes Ossuar (Knochenkiste), das einst möglicherweise seine sterblichen Überreste enthielt, hat noch einmal die Aufmerksamkeit auf das Ende des Herrenbruders gelenkt.

---

gel Salomos); in der Zionskirche sieht es dagegen der Pilger von Piacenza (um 570), Itinerarium 22. Sein Reisebericht (auch als Antonini Placentini Itinerarium bezeichnet), ist auf Deutsch mit ausführlicher Einleitung zugänglich bei H. Donner, Pilgerfahrt ins Heilige Land. Die ältesten Berichte christlicher Palästinapilger (4.–7. Jh.), Stuttgart [2]2002, 226–295 (Zitat 264 f.). Küchler, Jerusalem, 619, sieht in dieser Massierung von Heiligtumstraditionen in der Hagia Sion die »Auswüchse eines erfolgreichen, aber geschmacklos werdenden Pilgermanagements«.

4.1 Der Tod des Jakobus bei Josephus

Die älteste Quelle über den Tod des Jakobus ist nicht im Neuen Testament oder in den Schriften der alten Kirche zu finden, sondern bei dem jüdischen Historiker Flavius Josephus. Geboren um 37 in Jerusalem, erhielt er als Angehöriger des Jerusalemer Priesteradels eine hervorragende Erziehung, die ihn auf ein späteres politisches Amt vorbereiten sollte. Josephus hinterließ außer seinem wohl bekanntesten Werk »Über den jüdischen Krieg« (*De Bello Judaico*) drei weitere Schriften: Eine Autobiographie (*Vita*), eine Verteidigungsschrift der jüdischen Religion gegen verzerrte Darstellungen bei heidnischen Autoren (*Contra Apionem*) und drittens schließlich sein umfangreiches Hauptwerk, »Die jüdischen Altertümer« (*Antiquitates Judaicae*), eine Geschichte des jüdischen Volkes von der Schöpfung bis in seine eigene Gegenwart. Es ist in diesem letzten Werk, welches Josephus in Rom in den 90er Jahren des ersten Jahrhunderts geschrieben hat, in dem er in kurzen Abschnitten außer Jakobus auch Jesus und Johannes den Täufer erwähnt.[248]

Das Geschehen um Jakobus spielt im Jahr 62 n. Chr. Der römische Prokurator für Judäa, Porcius Festus, war überraschend verstorben. Bis ein neuer Prokurator ernannt wurde und dieser nach Judäa reisen konnte, vergingen etliche Monate. Das war insofern verheerend, weil die Spannungen innerhalb der jüdischen Bevölkerung sowie zwischen jüdischen Natio-

248 JOSEPHUS, Jüdische Altertümer XVIII 63–64 (über Jesus, oft als »Testimonium Flavianum« bezeichnet) und 116–119 (über Johannes). Zu Fragen der Echtheit (die vor allem in dem Text über Jesus umstritten ist) vgl. G. THEISSEN und A. MERZ, Der historische Jesus, Göttingen [3]2001, 74–82.

nalisten und Rom immer mehr zunahmen. Die anarchischen Zustände nützte der unlängst ernannte Hohepriester Ananos, Sohn des Ananos, aus. Er war der letzte Vertreter jener einflußreichen hohenpriesterlichen Dynastie, die seit der Zeit Jesu eine ganze Reihe von Inhabern des höchsten jüdischen Amtes stellte und zu der auch Hannas (= Ananos) und Kaiphas gehörten (Lk 3,2; Joh 18,13). Josephus berichtet (Jüdische Altertümer XX 197–203):

Der jüngere Ananos, dessen Erlangen der hohenpriesterlichen Würde wir eben berichtet haben, war seiner Art nach kühn und ein ganz besonderer Hasardeur. Er folgte der Weltanschauung der Sadduzäer, welche in Bezug auf Urteile grausamer sind als alle anderen Juden, wie wir schon berichtet haben. Weil Ananos aber ein solcher Typ war, meinte er, einen günstigen Zeitpunkt zu haben aufgrund des Todes von Festus, während Albinus noch auf dem Weg war. Er rief den Rat (Synedrium) der Richter ein und führte vor ihn den Bruder des Jesus, des sogenannten Messias, Jakobus mit Namen und einige andere. Indem er eine Anklage vorbrachte, dass sie Gesetzesübertreter seien, lieferte er sie zur Hinrichtung durch Steinigung aus.

Der Tod des Herrenbruder Jakobus erinnert an den des Zebedaiden Jakobus (Apg 12,1f.). Er stirbt wie dieser mit »einigen anderen«, die namenlos bleiben. Josephus war zu der Zeit, als er dies schrieb, ungefähr 25 Jahre alt. Nach seiner Autobiographie widmete er sich seit seinem 19. Lebensjahr dem öffentlichen Leben in Jerusalems auf Seiten der Pharisäer (Vita 12). Es ist also wahrscheinlich, dass Josephus bei den Vorgängen um Jakobus selbst zugegen war. Er macht in diesem Kontext zwar keine Angabe über die Gemeinde der Jesusgläubigen, aber durch seinen Verweis auf Jesus,

»den sogenannten Messias«, erinnert er seine Leser an die frühere Erwähnung desselben in Buch 18. Dort aber hatte er u. a. geschrieben, dass diejenigen, die Jesus zu seinen Lebzeiten anhingen, ihm auch nach seinem Tod nicht untreu wurden, so dass »das Volk der Christen, die sich nach ihm nennen, noch bis auf den heutigen Tag besteht.« Offensichtlich wusste er um die Jesusgemeinden in Judäa, und möglicherweise auch in Rom und anderen Orten.

Überraschend ist in seinem Bericht vor allem der gegen Jakobus und seine Mitangeklagten erhobene Vorwurf der Gesetzesübertretung. Das ist für diejenigen, die in Jakobus den Vertreter einer streng toraobservanten Richtung innerhalb des frühen Christentums sehen, eine nicht geringe Verlegenheit, die in der Regel damit übergangen wird, dass man die Anklage als nur vorgeschoben ansieht. Die verhängte Todesstrafe wurde durch Steinigung vollzogen, was in der Tora die Strafe für besonders schwere Verbrechen ist, die unmittelbar mit Gott oder dem Nächsten zu tun haben: Fluch und Abfall von Gott, Götzendienst und Gotteslästerung (Lev 24,10ff.; Dtn 13,1–11; 1Kön

Abb. 26: Der Tod des Jakobus (Wandmosaik) in der Markuskirche (San Marco) von Venedig.

21,10), Sabbatvergehen (Num 15,32–36), Ungehorsam gegenüber den Eltern (Dtn 21,18–21) und sexuelle Vergehen (Dtn 22,21.24). Es ist die mit Abstand am häufigsten genannte Todesstrafe. Daneben gab es Hinrichtungen durch das Schwert (Dtn 13,16f.; vgl. Apg 12,2) und Verbrennen bei genau definierten sexuellen Vergehen (Lev 20,14; 21,9).[249] Die größte Bedeutung kommt aber ohne Zweifel der Steinigung zu, denn in ihr ist die ganze Gemeinschaft am Vollzug der Hinrichtung beteiligt und sie entfernt so »das Böse aus ihrer Mitte« (Dtn 13,6 u.ö.). Es erstaunt darum nicht, dass Steinigungen immer wieder in Lynchsituationen vorkamen (Ex 17,4; 1Sam 30,6; 1Kön 12,18). Wer immer die religiöse Tradition einer Gruppe beleidigte oder herausforderte, konnte in die Gefahr geraten, gesteinigt zu werden. Gerade die Gegenwart bietet dafür wieder reichhaltiges Anschauungsmaterial. Bekanntestes Beispiel im Neuen Testament für eine solche Lynchjustiz gepaart mit religiös aufgestacheltem Volkszorn ist Stephanus (Apg 7,58–59), aber auch Jesus (Lk 4,29; Joh 10,31–33) und Paulus waren von Steinigung bedroht bzw. erlitten sie (2Kor 11,25).[250] Der Vorwurf war dabei Gotteslästerung, im Falle von Jesus, dass er sich selbst zu Gott machte, bei Paulus wohl, dass er Jesus in dieser Weise lehrte und verehrte (Phil 2,6). Auch die teilweise Aufhebung der Gesetzespraxis kann bei Paulus eine Rolle gespielt haben, aber

249 Das rabbinische Recht kennt darüber hinaus das Erdrosseln. Zu den diesbezüglichen Bestimmungen, bei denen ebenfalls die Steinigung am Wichtigsten ist, s. Mischna Sanhedrin 6–9.

250 Als zustimmender Augenzeuge der Steinigung des Stephanus ist Paulus in Apg 7,58; 8,1 ausdrücklich bezeugt, s. K. Haacker, Stephanus. Verleumdet, verehrt, verkannt, BG 28, Leipzig 2014, 79–91.

das Gefälle der neutestamentlichen Aussagen in Bezug auf die Steinigung weist doch eindeutig in Richtung Gotteslästerung.

Von daher erscheint es naheliegend, auch im Fall der Steinigung des Jakobus weniger an eine Übertretung von Einzelgeboten oder an eine Gefährdung der Torafrömmigkeit des jüdischen Volkes insgesamt zu denken. Stattdessen ist es sein christologisches Zeugnis, das als Grund der Verurteilung zu sehen ist, wobei man sich auch da auf Toravorschriften berufen konnte (etwa auf Dtn 13; 17,1–7).

4.2 Der Tod des Jakobus in christlichen Quellen

Neben dem Bericht des Josephus, der den christlichen Autoren bekannt war, gibt es bei ihnen eine Reihe anderer Traditionen, die sich im Hinblick auf die Todesursache deutlich unterscheiden: Während Josephus von einer Steinigung schreibt, bezeugen die christlichen Autoren (die alle nach Josephus schreiben), dass »Jakobus von der Zinne des Tempels herabgestürzt und von einem Walker mit einem Stück Holz totgeschlagen« wurde.[251]

4.2.1 Der Bericht des Hegesipp

Der eben zitierte Klemens von Alexandrien folgt in seiner Darstellung der des Hegesipp, die von allen die ausführlichste ist. Abhängig von ihm sind zudem die Darstellungen vom Tod des Jakobus bei Eusebius selbst, Epiphanius und Hieronymus.[252] Der schon er-

251 So Klemens von Alexandrien in seinen »Hypotyposen«, zitiert b. Eusebius, Kirchengeschichte II 5 (und noch einmal II 23,3).

252 Eusebius, Kirchengeschichte II 23,2, lässt erkennen, wie Euse-

wähnte erste Teil von Hegesipps Bericht über Jakobus erklärt, wie es zu dem Beinamen »der Gerechte« gekommen ist, beschreibt seine asketische Lebensweise, seinen besonderen Priesterdienst im Tempel und seine immerwährende Fürbitte für Jerusalem, die als weitere Facetten des ersten Jerusalemer »Bischofs« verstanden werden können. Hegesipp berichtet weiter, dass Jakobus erfolgreich unter Angehörigen der »seinerzeitigen jüdischen Sekten« verkündigte, dass Jesus der Erlöser und Messias sei, wobei die rätselhafte Frage nach der »Tür des Jesus« eine Rolle spielt.[253] Möglicherweise haben die Fragesteller Jakobus nach der »Tür zum Heil« gefragt, worauf dieser mit »Jesus« geantwortet hat. Das hebräische Wort für Heil ist *jeschuʿah* (griech. *sōtēria*), und der hebräische Name von Jesus ist *Jeschuaʿ*; als »Erlöser« ist er der *sōtēr*. Mit seiner Antwort gewann Jakobus auch unter den Führern des Volkes Gläubige an Jesus. Daher wurde Jakobus von den Schriftgelehrten und Pharisäern aufgefordert, öffentlich am Passafest gegen die Lehre von Jesus als dem Messias einzuschreiten. Zu ihm hätten das Volk und die Führer des Volks Vertrauen, weil er »gerecht und unparteiisch« sei. Warum sich die Schriftgelehrten und Pharisäer von Jakobus eine öffentliche Stellungnahme *gegen* Jesus erhofften, nachdem kurz zuvor erzählt wurde, dass durch ihn etliche für den Glauben an Jesus gewonnen wurden, bleibt allerdings unklar. Jedenfalls bitten sie ihn, sich auf »die

---

bius selbst den Tod des Jakobus verstand; ihm folgt weitgehend HIERONYMUS, Berühmte Männer II 6–8. EPIPHANIUS berichtet das Martyrium knapp in Panarion 68.14.

253 Zu den Zitaten des Hegesipp s. oben Anm. 31. Für den Tod des Jakobus entscheidend ist EUSEBIUS, Kirchengeschichte II 23,8–19.

Zinne des Tempels« zu stellen, damit er von allen gesehen und gehört werden kann: »Denn wegen des Passahfestes sind alle Stämme mit den Heiden versammelt«, d.h. ganz Israel ist in Jerusalem vertreten, dazu eine große Anzahl von Nichtjuden. Es war Hegesipp offenbar wichtig, dieses letzte Zeugnis des Jakobus an *alle* Menschen gerichtet zu sehen.

Von der Erzählsituation her (eine große Menschenmenge ist versammelt und Jakobus steht auf einem erhöhten, gut sichtbaren Platz, von dem aus er von den Anwesenden gehört werden kann) liegt es nahe, dass es sich bei der »Zinne des Tempels« nicht um das eigentliche Tempelgebäude gehandelt haben kann. Der Zutritt zum inneren Tempelbereich war Priestern vorbehalten, so dass die gewünschte Absicht, dass nämlich Jakobus gut sicht- und hörbar für die Menschenmenge wäre, damit kaum erreicht würde. Da in dem Bericht des Hegesipp außer den »Stämmen Israels« auch noch nichtjüdische Besucher erwähnt werden, lässt sich am ehesten an einen Ort in einem der Tempelhöfe denken, der möglicherweise auch sonst für Ansprachen an die Tempelbesucher benützt wurde. Dass es solche besonderen Plätze gab, ist zwar in den Texten, die den Tempel beschreiben, nirgends erwähnt, aber doch sehr wahrscheinlich, vergleichbar etwa der sogenannten »Sommerkanzel« auf der Südseite der Plattform, auf der heute der Felsendom steht. Ganz ähnlich muss man sich die Lage des herodianischen Tempels auf einer erhöhten Plattform innerhalb des Tempelbergareals im 1. Jahrhundert vorstellen, zu der ebenfalls breite Treppenanlagen führten.

Es ist also wahrscheinlich, dass es im Bereich des Heiligtums Bereiche gab, die der öffentlichen Unterweisung dienten, wobei möglicherweise zwischen Orten, die auch Nichtjuden zugänglich waren, und solchen nur für Juden unterschieden wurde. Schon für Esra und seine Kollegen ist eine Art Tribüne bei der feierlichen Verlesung der Tora bezeugt (Neh 8,4f.), und in Apg 21,35.40 sind die Stufen erwähnt, von denen herab Paulus die Besucher im Tempel ansprach.[254] Hegesipp jedenfalls scheint eine solche »Kanzel« für die Ansprache des Jakobus vorauszusetzen, wobei noch einmal die schon erwähnte Stelle Neh 8,4f. interessant ist. Denn sie besagt, dass zusammen mit Esra noch wenigstens 13 weitere Personen auf dieser Plattform standen.

Jakobus stellt sich, so legt es Hegesipp nahe, also an eine solche exponierte Stelle und da wird er von den Schriftgelehrten und Pharisäern vor allem Volk gefragt:

> Gerechter, dem wir alle folgen müssen! Da das Volk sich von Jesus, dem Gekreuzigten, irreführen lässt, so tue uns kund, wer die Türe Jesu ist!

Die Antwort des Jakobus von der Tempelzinne sind lediglich zwei kurze Sätze:

> Was fragt ihr mich über den Menschensohn? Er thront im Himmel zur Rechten der großen Kraft und wird kommen auf den Wolken des Himmels.

Damit identifiziert Jakobus seinen Bruder mit dem Menschensohn aus dem Buch Daniel (7,13f.) und be-

---

254 Dabei handelt es sich um die Treppe, die zur Antoniafestung an der Nordwestecke des Tempelberges führte. Bei Paulus steht *epi tōn anabathmōn* (»an der Freitreppe« so die NeueZÜ), d. h. dasselbe griechische Wort ist verwendet wie bei der pseudoklementinischen Quellenschrift *Anabathmoi Iakobou* (s. oben A 2.2).

stätigt, was dieser bei seinem Verhör durch den Hohen Rat ankündigte, als er auf die Frage, ob er »der Messias, der Sohn des Hochgelobten« sei, antwortete (Mk 14,61 f.):

> Ich bin es. Und ihr werdet den Menschensohn sitzen sehen zur Rechten der Macht und kommen mit den Wolken des Himmels.

Während Jesus das Sitzen des Menschensohns im Futur beschreibt, ist es für Jakobus ein Geschehen seiner Gegenwart. Es ist sein Messiasbekenntnis, und darauf antworten viele der Zuhörer mit dem Ruf »Hosanna, dem Sohn Davids!«, der auch seinem Bruder beim Einzug nach Jerusalem entgegen schallte (Mt 21,9).

4.2.1.1 Die Steinigung des Jakobus

Die Schriftgelehrten und Pharisäer erkennen daraufhin, dass es keine gute Idee war, Jakobus für sein Zeugnis eine solche Plattform zu bieten. Sie steigen nun ihrerseits hinauf zu ihm um ihn hinabzustürzen, denn in ihren Augen hat sich auch »der Gerechte irreführen lassen«. Der Berichterstatter sieht darin die Erfüllung von Jes 3,10 in der Fassung der Septuaginta (die hier erheblich vom hebräischen Text abweicht):

> Und sie erfüllten die Schrift(stelle), die bei Jesaja geschrieben steht: »Lasset uns den Gerechten aus dem Weg räumen, denn er ist uns lästig.« (Daher) werden sie von nun an die Früchte ihrer Werke essen (müssen).

Wieder nimmt Hegesipp oder seine Quelle hier eine Parallelisierung von Jesus mit seinem Bruder vor: Wie über diesen war auch über jenen von den Pharisäern ein Tötungsbeschluss gefällt worden (Mk 3,6), und in beiden Fällen traf es einen »Gerechten« (vgl. Mt 27,19), was nicht ohne Konsequenzen bleiben konnte. In der Fortsetzung des Berichts heißt es dann:

> Sie stiegen nun hinauf und warfen den Gerechten hinunter. Und sie sagten zueinander: »Lasst uns Jakobus den Gerechten steinigen«, und sie begannen, ihn zu steinigen. Denn nachdem er hinabgestürzt worden war, war er nicht gestorben. Vielmehr richtete er sich auf und betete auf den Knien: »Ich bitte dich, Herr, Gott, Vater, vergib ihnen. Denn sie wissen nicht, was sie tun.«

Der Sturz von der Zinne brachte noch nicht den Tod, sondern leitete die eigentliche Steinigung ein. Ganz ähnlich wird auch in der Mischna, der ältesten Sammlung der jüdisch-rabbinischen Gesetzesinterpretation, deren schriftliche Bearbeitung in der Zeit um oder kurz nach Hegesipp angesetzt werden kann, die Steinigung als zwei- bzw. dreiteiliger Vorgang dargestellt: Erst ein Sturz aus relativ geringer Höhe (»zwei« bzw. »drei Mannleslängen«); danach wird der Delinquent auf den Rücken gedreht und festgestellt, ob er noch lebt. Ist dies der Fall, dann sollte offenbar – die Stelle in der Mischna ist viel umrätselt und nicht eindeutig zu klären – ein besonders schwerer Stein auf sein Herz gewälzt werden; lebte er danach immer noch, wird er vom ganzen Volk mit Steinen beworfen und so vollends getötet.[255] Es geht also darum, die Vorschrift des Steinigens einzuhalten, aber gleichzeitig das Sterben

255 Es gibt keinen Grund, die Steinigung in der Hegesipp-Stelle als eine nachträgliche Bearbeitung anzusehen, wie PRATSCHER, Jakobustradition, 105, annimmt. Zur Erklärung von Mischna Sanhedrin 6,4 s. S. KRAUSS, Sanhedrin (Hoher Rat) / Makkōṯ (Prügelstrafe), Die Mischna IV / 4+5, Gießen 1933, 191–195.

so gut wie möglich zu beschleunigen, um unnötige Qualen zu vermeiden. Auch die mutwillige Zerstörung des Körpers scheint bewusst vermieden worden zu sein. Ob diese rabbinischen Gesetzesbestimmungen (Halachot) allerdings jemals in dieser Form praktiziert wurden, ist nicht bekannt.

4.2.1.2 »Der Gerechte betet für euch!«

Jakobus hat jedenfalls nach der Darstellung des Hegesipp den Sturz überlebt und wird, wie Jesus (Lk 23,34) und Stephanus (Apg 7,60), als bis zum letzten Atemzug fürbittend für sein Volk dargestellt. Das wirkt umso überzeugender, weil Hegesipp unmittelbar davor seine beständige Fürbitte für das Volk erwähnt hatte. Hegesipp hebt den Aspekt der Fürbitte noch mit einem weiteren Detail hervor, das allerdings so viele Rätsel enthält, dass sich Kommentatoren damit zu behelfen suchen, es als eine spätere Glosse (Randbemerkung) zu sehen, die versehentlich in den Text geraten sei.[256] Aber selbst als Randbemerkung ist der Text schwierig zu verstehen:

> Während sie ihn so steinigten, rief einer der Priester von den Söhnen Rechabs, ein Sohn (Angehöriger?) der *Rechabim*, die durch den Propheten Jeremia bezeugt sind, und sagte: »Hört auf! Was tut ihr? Der Gerechte betet für euch!«

Wie Hegesipp selbst angibt, begegnen die Rechabiten im Jeremiabuch (Kap. 35) als Vertreter einer asketischen Lebensweise, die Parallelen zur Lebensweise

---

256 Pratscher, Jakobustradition, 105f. Schon Epiphanius, Panarion 68.15, scheint die Schwierigkeit bemerkt zu haben, denn er ersetzt den Rechabiter durch Simeon, den Sohn des Kleophas, den Neffen und Nachfolger des Jakobus.

der Nasiräer aufweist. Das Auftauchen eines Nachkommens dieser Gruppe kann am ehesten von ihrer Funktion bei Jeremia verstanden werden. Dort sind sie die vorbildlich Gehorsamen, die den Geboten ihres Stammvaters unter allen Umständen folgten. Jeremia unterzog sie einem Art Test, indem er ihnen Wein vorsetzte, aber auch den bestanden sie. Als Folge hielt der Prophet sie den Jerusalemern als Beispiel vor Augen, indem er ihren Gehorsam gegenüber dem Gebot ihres Vaters dem Ungehorsam Jerusalems und Israels gegenüber Gottes Weisungen kontrastierte. Am Ende stand eine doppelte Ankündigung: Gericht über Jerusalem als Folge des Ungehorsams, und eine Zusage an die Rechabiter, dass es ihnen »niemals an einem fehlen wird, der vor mir steht« (Jer 35,19). Damit wird den Rechabitern eine Art Ehrenpriestertum zugeschrieben, das – erneut ähnlich wie Jakobus selbst – in erster Linie als fürbittender Gebetsdienst verstanden wurde.

Legt man ein solches Verständnis der Rechabiten auch dem Hegesipp-Text zu Grunde, dann wird manches verständlich. Jakobus ist, wie die Rechabiter zur Zeit Jeremias, der letzte fürbittende Gerechte, der die Stadt vor der Zerstörung bewahrt. Wird er getötet, dann ist der geistliche »Schutzwall« zerbrochen, den Jakobus als »Oblias« darstellt (oben B 3.2.3). Es ist also nicht völlig von der Hand zu weisen, wenn einige Ausleger in der das Endgericht aufhaltenden Macht bzw. Person in 2Thess 2,6f. Jakobus und seine Fürbitte gesehen haben.[257] Denn unmittelbar nach dem entsetzten Ausruf des Rechabiters fährt Hegesipp fort:

257 Zur Diskussion s. F. W. Röcker, Belial und Katechon. Eine Untersuchung zu 2Thess 2,1–12 und 1Thess 4,13–5,11, WUNT II/262, Tübingen 2009, 454–456. Eine ganz ähnliche Logik weist eine parallele Erzählung über Rabbi Elazar ha-Modai

Da nahm einer von ihnen (wohl den Einwohnern Jerusalems), einer von den Walkern, das Holz, mit dem er die Kleider presste, und schlug es auf das Haupt des Gerechten, und dieser starb auf diese Weise den Zeugentod. Und sie begruben ihn an dem Ort beim Tempel, und noch heute ist seine Stele beim Tempel. Dieser war für die Juden und die Griechen ein wahrhaftiger Zeuge (griech. *martys*) dafür, dass Jesus der Messias ist. Und sofort belagerte sie Vespasian.

Der Tod des gerechten Fürbitters hatte demnach die Belagerung Jerusalems durch Vespasian zur Folge, die im Jahr 70 zur Einnahme der Stadt und der Zerstörung des Tempels führte. Wie die Tat des Walkers hier zu beurteilen ist, ist nicht ganz klar. Will er verhindern, dass Jakobus wegen des Protests des Rechabiten mit dem Leben davonkommt, oder verkürzt er das Leiden des Jakobus mit diesem »Gnadenstoß«? Immerhin wurde Jakobus so zum Schutzheiligen der Walker und Textilarbeiter.

4.2.2 Der Tod des Herrenbruders in der »Zweiten Apokalypse des Jakobus« aus Nag Hammadi

Wie bereits erwähnt, enthält die sogenannte »zweite Apokalypse des Jakobus« aus Nag Hammadi ebenfalls eine ausführliche Darstellung des Martyriums des Herrenbruders.[258] Während 1ApkJak auf seinen Tod vorausblickt, werden in 2ApkJak die genauen Umstände seines Todes berichtet. Beide Texte setzen

---

auf, der sich im Lager des Aufstandsführers Bar Kokhba aufhielt, als dieser 135 n. Chr. in Beitar bei Jerusalem von römischen Truppen eingekesselt war, vgl. P. Schäfer, Der Bar Kokhba-Aufstand, TSAJ 1, Tübingen 1981, 138f.145f.

258 Zu Einleitungsfragen und einer deutschen Übersetzung s. U. U. Kaiser / U.-K. Plisch, Die (zweite) Apokalypse des Jakobus (NHC V,4), in: Nag Hammadi Deutsch II, 419–432.

Abb. 27: Doppeldarstellung des Jakobus minor als Bischof von Jerusalem (rechts mit Buch) und als Martyrer (Bildmitte) durch den niederländischen Kupferstecher Hendrick Goltzius (1558–1616).

die von Hegesipp bekannte Situation voraus, wonach eine öffentliche Rede von Jakobus in Jerusalem Auslöser seines gewaltsamen Todes war.

2ApkJak präsentiert sich als »Rede, die Jakobus [der] Gerechte in Jerusalem gehalten« und ein gewisser Marim aufgeschrieben hat (p.44). Ausgangspunkt scheint auch hier eine öffentliche Disputation zwischen Repräsentanten der Jesusanhänger und dem Hohen Rat zu sein, bei der die Rede des Jakobus den Höhepunkt bildet. Die »zweite Apokalypse« schildert, wie ein Priester und Angehöriger des Hohen Rats, der heimlich aufseiten der Jesusanhänger steht, die Eltern(!) des Jakobus auffordert, so schnell wie möglich zu kommen, um ihn zur Vernunft zu bringen, ehe er sich mit seinen Äußerungen um Kopf und Kragen redet. Zu den ungeklärten Rätseln dieser Schrift gehört, warum der Vater des Jakobus hier Theudas und nicht Joseph heißt.[259]

Den größten Raum nimmt die eigentliche Rede des Jakobus ein. Sie behandelt typische gnostische Themen in eher allgemeiner Form, ohne dass es irgendwelche Bezugspunkte zur Biographie des Jakobus gibt. Interessant sind dagegen zwei Jesusreden, die Jakobus im Rahmen seiner eigenen Rede zitiert. Darin stellt sich Jakobus seinen Zuhörern in Jerusalem als der Vertraute von Jesus vor, dem dieser die Geheimnisse der Schöpfung (dass nämlich der Gott Israels nicht der wahre Gott ist) anvertraut hat, um durch diese Erkenntnis die zu befreien, die von Anfang an zu Jesus gehörten. Jakobus ist somit derjenige, der den Weg zur Tür weisen kann, die zum (gnostischen) Himmel führt. Nachdem er auf diese Weise seine Berufung erzählt hat, wendet er sich direkt an seine Zuhörer in Jerusalem und wirft ihnen vor, dass sie Jesus nicht als den erkannten, der er war, und fordert sie zur Umkehr auf (p. 59):

> Seht auf den, der redet, und sucht nach dem, der schweigt! Erkennt den, der hierher kam, und versteht den, der wegging! Ich bin der Gerechte, doch richte ich nicht. Ich bin also kein Herr, sondern ich bin ein Helfer. Er wurde verworfen, bevor er seine Hand ausstreckte.

Jakobus kündigt weiter die Zerstörung des Tempels an (p. 60), aber der Zusammenhang ist nicht ganz klar. Nach dem Ende der Rede war das Volk bestürzt und verwirrt und die Priester berieten, was sie mit Jakobus

---

259 Zu Vermutungen in Bezug auf einen zweiten Mann der Maria nach dem Tod des Joseph s. KAISER / PLISCH, Die (zweite) Apokalypse des Jakobus, 421–422.426.

machen sollten. Einstimmig beschlossen sie, Jakobus zu steinigen, weil er ihnen »nicht im geringsten nützlich sein« wird (p. 61). Zieht man den Bericht des Hegesipp als Parallele heran, dann verweist das auf den gescheiterten Plan, Jakobus öffentlich gegen seinen Bruder Stellung nehmen zu lassen. Auch das Folgende ist inhaltlich eng mit dem Bericht des Hegesipp verwandt. Nach dem Tötungsbeschluss finden die Priester Jakobus »bei der Zinne des Tempels stehen, bei dem mächtigen Eckstein.« Sie stürzen ihn hinab, aber er ist noch nicht tot. Bei Hegesipp wird Jakobus daraufhin von einem Walker mit einem Walkerholz erschlagen. Hier dagegen erfolgt eine detaillierte Beschreibung seiner Steinigung, die meines Wissens ohne Parallele ist (p. 62), aber auffällige Parallelen zu rabbinischen Schilderungen besitzt (s. oben 4.2.1.1):

> Sie griffen ihn und verhöhnten ihn, während sie ihn auf der Erde schleiften. Sie streckten ihn aus, wälzten einen Stein auf seinen Bauch, traten ihn alle mit Füßen und sagten: Du Abtrünniger! Wiederum richteten sie ihn, da er noch lebte, auf, ließen ihn eine Grube ausheben und stellten ihn aufrecht hinein. Nachdem sie ihn bis zum Bauch zugeschüttet hatten, steinigten sie ihn so. Er aber streckte seine Hände aus und sprach dieses Gebet – (und zwar) nicht das, das er gewöhnlich zu sprechen pflegte.

Das relativ lange »Sterbegebet des Jakobus« bildet das Ende dieser Schrift. Es ist keine Fürbitte für das Volk oder die Stadt Jerusalem (das könnte sein »gewöhnliches« Gebet gewesen sein), auch keine Bitte um Vergebung für seine Mörder wie bei Hegesipp, sondern die Bitte an Gott, ihn aus dem Tod und dem sündigen Fleisch zu erretten. Darin eingeschlossen ist die Bitte um Vergebung der Sünden und das Bekenntnis, dass

Gottes Gnade in ihm lebt und er Gott »offen bekannt« habe. Es endet mit der Bitte an den Heiligen Geist um Erlösung:

Heiliger Geist, sende mir Rettung!
Licht vom Licht, bekränze mich mit unvergänglicher, ewiger Kraft!

Die dem gnostischen Umfeld zugehörigen Texte aus dem zweiten Jahrhundert bezeugen also einen festen Bestandteil biographischer Jakobusüberlieferungen, mit denen nachträglich die speziellen gnostischen Lehren verbunden wurden. Jakobus fungiert dabei als Gesprächspartner und Offenbarungsempfänger, der einerseits die Beziehung zu Jerusalem und dem jüdischen Volk (und damit zur alttestamentlich-biblischen Tradition) herstellt, zugleich aber die endgültige Loslösung von denselben vermittelt. Darum ist sein Martyrium und (weniger eindeutig) die Tempelzerstörung so prominent dargestellt. Er hat den Schritt von der alten Offenbarung zur wahren Erkenntnis vollzogen und Israel, wenn auch vergeblich, eingeladen, es ihm gleich zu tun. Dafür wurde er getötet und kurz darauf erfolgte die Zerstörung des Tempels. Damit scheint für die gnostische Theologie auch die Verbindung zu Jerusalem, dem jüdischen Volk und seinen Heiligen Schriften an ihr Ende gekommen zu sein.

4.3 Das Zeugnis des Jakobus als Versuchungsgeschichte am Anfang

Es gibt, wie schon mehrfach erwähnt, keine Möglichkeit, etwas Gesichertes über die Historizität der Umstände vom Tod des Jakobus (über die Angaben des Josephus hinaus) oder wenigstens einzelner Erzählelemente zu sagen. Dennoch sind die Übereinstimmungen zwischen diesen Texten des 2. Jahrhunderts so groß, dass es sich zumindest lohnt, über mögliche ältere, historische Überlieferungssplitter nachzudenken.

Dabei ist das eigentliche Rätsel dieser Traditionen, warum der Hohepriester (so die Pseudoklementinen) oder der Hohe Rat (so 2ApkJak) bzw. die Pharisäer und Schriftgelehrten (so Hegesipp) Jakobus zu einem solchen öffentlichen Zeugnis in Bezug auf Jesus aufforderten. Eine mögliche Lösung könnte darin liegen, dass man den Bericht des Hegesipp auf zwei Ereignisse verteilt, die den Beginn und das Ende des Wirkens von Jakobus markieren. Der erste Teil würde dann mit dem Sturz von der Tempelzinne (bzw. historisch präzise, von den Stufen der Plattform, von der aus er predigte) enden, der aber nicht zum Tod des Jakobus führte. D. h. hier läge eine Parallele zu der pseudoklementinischen Quellenschrift vor, die an dieser Stelle von der Flucht des verletzten Jakobus nach Jericho berichtet. Bei Hegesipp folgt darauf, wenn man sich auf diese Aufteilung einlässt, ein knapper zweiter Teil, der in der Fürbitte des Jakobus sein Wirken für und in Jerusalem zusammenfasst (und damit rund 30 Jahre abdeckt), das dann endgültig mit seiner Steinigung (wie bei Josephus) und dem Erschlagenwerden durch einen Walker endet.

Seinem Wirken als Fürbitter entspräche dann die Zeit, während der die Gemeinde noch auf eine Umkehr Israels hoffte, weil die »Zeit der Buße« noch nicht abgelaufen war. Jakobus war zudem als stellvertretender Beter für das Volk aufgrund seiner eigenen Erfahrung, die ihn von der Ablehnung seines Bruders zum Glauben an ihn führte, in besonderer Weise geeignet. Indem er für sein Volk fürbittend eintrat, erhoffte er für es dieselbe Wende, wie sie ihm selbst widerfahren war. Mit seinem Tod ist diese Entscheidungsfrist vorbei, weshalb die Zerstörung des Tempels direkt mit Jakobus' Tod verbunden werden konnte. Nicht, weil er wichtiger als sein Bruder gewesen wäre, sondern weil sein Tod das Ende der das Gericht abwehrenden Fürbitte bedeutete, genau wie es die rabbinische Tradition für Rabbi Elazar und die Eroberung Beitars voraussetzt.

Einen Hinweis darauf, dass sich hinter dem Bericht des Hegesipp ein Geschehen aus dem Beginn von Jakobus' Wirken verbirgt, geben auch die Interpretationen desselben durch Eusebius und Hieronymus. Beide setzen nämlich eine Situation voraus, wonach Jakobus dazu gebracht werden sollte, Jesus öffentlich zu verleugnen.[260] Hegesipp selbst deutet einen Bezug zur Versuchungsgeschichte Jesu an, indem er das Geschehen auf der »Zinne des Tempels« lokalisiert. Das ist derselbe Ort, an den der Teufel Jesus führte (Mt 4,5f. par. Lk 4,9) und ihn aufforderte sich hinabzustürzen um so zu beweisen, dass er »Gottes Sohn« sei. Jakobus wird in seiner »Versuchungsgeschichte« an derselben Stelle mit derselben Frage konfrontiert: Sollte er leugnen, dass dieser »die Tür zum Heil« und der Messias ist? Oder – in Umkehrung der Situation, in die Jesus geführt wurde – riskieren, hinabgestürzt zu werden? Es ist darum naheliegend, dass Hegesipp und die ihm folgende Tradition den Ort der Versuchung Jesu mit dem Versuchungs- bzw. Sterbeort seines Bruders ver-

---

260 Eusebius, Kirchengeschichte II 23,2: »Sie verlangten von ihm eine Verleugnung des Glaubens an den Messias (Christus) vor dem ganzen Volk«; Hieronymus, Berühmte Männer II 7: der Hohepriester Ananos (Hieronymus kombiniert hier Josephus und Hegesipp) »versuchte Jakobus öffentlich dazu zu bringen, Christus, den Sohn Gottes, zu verleugnen.«

band.[261] Als Ort für eine Ansprache an die Tempelbesucher ist dieser Ort jedoch nicht geeignet. Darum halte ich es für wahrscheinlich, dass in der ursprünglichen Fassung hier von den Tempelstufen wie bei den »Anabathmoi Iakobou« als dem ursprünglichen Ort der Ansprache des Jakobus die Rede war. Erst im Nachhinein, möglicherweise um so die Beziehung zur Versuchungsgeschichte von Jesus deutlicher zu machen, wurden sie durch die »Tempelzinne« ersetzt.

Dass Jakobus dagegen erst kurz vor seinem Tod, nachdem er seit vielen Jahren der Gemeinde seines Bruders in Jerusalem vorstand, zu einem öffentlichen Bekenntnis aufgefordert wurde, erscheint dagegen wenig überzeugend. Ein solches Geschehen passt viel besser in die Anfangszeit, als noch nicht bekannt war, dass nun auch Jakobus zu den Anhängern seines Bruders gehörte. Es wäre als folgende Geschichte denkbar:

In den ersten Monaten nach der Auferstehung Jesu herrschte in Jerusalem eine messianische Gärung. Viele Juden kamen zum Glauben an Jesus (so beschreibt es ja auch die Apostelgeschichte) und die jüdische Führerschaft des Volkes suchte nach Mitteln und Wegen, diesen Umtrieben Einhalt zu gebieten. In dieser Situation verfielen sie darauf, Jakobus, den Bruder Jesu, der möglicherweise einen gewissen Ruf als frommer Mensch besaß, zum Zeugen dafür aufzurufen, dass Jesus ein Verführer und nicht der Messias Israels sei. Das Erstaunen, dass sich Jakobus bei diesem öffentlichen Auftritt plötzlich und unerwartet zu Jesus als dem Menschen- und Davidssohn bekennt,

---

261 In Mt 4,5 und Lk 4,9 ist das griechische Verb *ballō* für »hinabstürzen« verwendet, bei Hegesipp ist es *kataballō*, d. h. auch da lässt sich eine bewusste sprachliche Anspielung vermuten.

würde so erklärlich: Denn bis zu diesem Zeitpunkt hatte er noch nicht zu den Jüngern seines Bruders gehört. Wie aber kam es zu dieser unerwarteten Wende? Man wird hier am ehesten an eine Art Damaskuserlebnis denken, wobei sich Jesus seinem Bruder in einer Weise enthüllte und offenbarte, die ihn zum Glauben brachte. Darauf könnte in 1Kor 15,7 und den anderen Berichten über eine Erscheinung des Auferstandenen vor Jakobus Bezug genommen sein.[262] Wollte man also aus den wenigen Informationen einen Roman schreiben, dann müsste man die Begegnung des Auferstandenen mit seinem Bruder chronologisch nicht allzuweit vor seinem öffentlichen Auftritt im Tempelbereich platzieren. Während die jüdischen Autoritäten noch hofften, Jakobus auf ihrer Seite zu haben, hatte ihn sein Bruder bereits überwunden.

Bis an diesen Punkt gehen Hegesipp und die »Anabathmoi Iakobou« noch weitgehend parallel. Aber während in den Hegesippfragmenten auf seinen Sturz von der Tempelzinne sofort das Martyrium folgt, nimmt die Geschichte in den »Anabathmoi Iakobou« einen anderen Verlauf: Im Anschluss an seine Rede drängen sich viele seiner Zuhörer zur Taufe, woraufhin »ein feindlicher Mensch« (worunter in der Regel Paulus verstanden wird) die Priester und das Volk beschwor, sich von diesem »Magier« nicht verführen zu lassen. Aber damit nicht genug:

---

262 In den späteren Quellen ist Jakobus der erste, dem der Auferstandene begegnet, was erneut nicht zu dem hier vorgeschlagenen, *möglichen* historischen Ablauf passt. Aber die Behauptung, dass Jakobus der erste Auferstehungszeuge ist, ist doch erkennbar später und dadurch motiviert, ihm in jeder Hinsicht einen Vorrang vor Petrus und den anderen Aposteln einzuräumen.

Als er (= Paulus) nun vielerlei redete und durch Jakobus widerlegt wurde, begann er das Volk aufzuhetzen, die Priester zu schmähen, schließlich riß er ein Feuerscheit vom Altar und begann als erster das Handgemenge. Dabei stürzte er Jakobus von den obersten Stufen hinunter und ließ ihn als tot liegen. Die Unsrigen trugen Jakobus fort.[263]

Jakobus überlebt in dieser Darstellung, ähnlich wie auch Paulus eine Steinigung überlebte (Apg 14,19f.; 2Kor 11,25). Am nächsten Tag wird er deshalb von den Brüdern nach Jericho in Sicherheit gebracht. Auch hier ist die Parallele zu Paulus, der von den Brüdern aus Damaskus in Sicherheit gebracht wurde, auffällig (Apg 9,23–25). Historisch macht eine solche Flucht durchaus Sinn: Nachdem Jakobus sich öffentlich zu seinem Bruder bekannt hatte, stellte er wie dieser eine potentielle Bedrohung dar. Wenn die römischen Behörden Jesus kreuzigten, weil sie in ihm einen messianischen Aufrührer fürchteten, dann war seine unmittelbare Familie, besonders wenn sie sich zu seinen Zielen bekannte, nicht minder gefährdet. Das gilt besonders, wenn man sich vor Augen hält, dass auch unter den »Zeloten« die Anführer oft derselben Familie entstammten und teilweise über Generationen hinweg die Römer in Atem hielten.[264] Will man also Hegesipp in den Bericht der Apostelgeschichte integrieren, dann wäre der Herrenbruder nach seinem ersten Auftreten für eine Weile aus Jerusalem verschwunden. Als Paulus drei Jahre nach seiner Christusoffenbarung erstmals Jerusalem besuchte, traf er nach Gal 1,19 (vgl. Apg 9,26f.) auch Jakobus an. Das muss aber nicht be-

263 Zum Text s. Strecker, Judenchristentum, 250; van Voorst, Ascents of James, 74.

264 Vgl. Deines, Messiasanspruch, 67–70.72–74.

deuten, dass sich dieser – oder Petrus, den er damals auch getroffen hat – dort zu der Zeit ständig aufgehalten hat. Versetzen wir uns noch einmal in die Rolle eines historischen Romanschreibers, dann würde diese Begegnung, konstruiert aus Apostelgeschichte und Hegesipp, eine ganz eigene Brisanz bekommen: Denn dann träfe sich Jakobus mit dem vormals »feindlichen Menschen«, der ihn umzubringen versucht hatte!

Zugegeben: Im obenstehenden Text wird ungebührlich viel spekuliert und kombiniert. Am Anfang dieses Buches stand der Vorwurf gegen diejenigen, die den Pseudoklementinen als einem Roman zu viel historisches Zutrauen entgegen brachten, und nun wird hier in einer Kombination aus Hegesipp und einem Quellentext der Pseudoklementinen ebenfalls eine Art »Roman« erzählt, bei dem die übergroßen Lücken der neutestamentlichen Quellen phantasievoll mit Traditionen aus dem 2. Jahrhundert aufgefüllt werden, deren Wahrheitsgehalt sich nicht nachweisen lässt. Es sei darum noch einmal ausdrücklich betont, dass dies eine Rekonstruktion der Ereignisse ist, die der Phantasie viel Raum gewährt und lediglich eine gewisse Plausibilität für sich beansprucht. Um mehr zu behaupten müsste vor allem das völlige Schweigen der Apostelgeschichte über ein solches Ereignis in der Frühzeit der Jerusalemer Gemeinde beantwortet werden. Wollte Lukas verschweigen, dass Jakobus vor Paulus fliehen musste und es Paulus zu »verdanken« ist, dass die Anfangserfolge der Mission in Jerusalem unmittelbar nach der Auferstehung Jesu nicht zu einem nachhaltigeren Erfolg führten? Ist seine Einführung des Paulus bei der Steinigung des Stephanus (Apg 7,58; 8,1) ein Art Ersatz für die sehr viel aktivere und gewalttätigere Rolle, die er bei der versuchten Ermordung des Jakobus spielte? Könnte man dann die hier geschilderten, nur noch fragmentarisch überlieferten Jakobusüberlieferungen als die Reste einer alternativen Apostelgeschichte sehen, bei der Jakobus und nicht Paulus die zentrale Figur war? Oder war es umgekehrt? Hat die Information in der Apostelgeschichte zu der drastischeren Geschichte in den »Anabathmoi Iakobou« und bei Hegesipp geführt, um zu erklären – und möglicherweise auch um Paulus die Schuld dafür in die Schuhe zu schieben – warum die Mission des Jakobus unter seinem Volk scheinbar so erfolglos war? Wir wissen es nicht.

4.4 Archäologische Spuren

Nicht nur der Thron des Jakobus und damit die Erinnerung an seine Vorsteherschaft über die Jerusalemer Gemeinde erfuhr eine bis heute bestehende Materialisierung, sondern auch sein Grab, das zumindest bis zum 6. Jahrhundert im Kidrontal zu besuchen war. Sein Leichnam war dort jedoch, glaubt man späteren Legenden, schon lange nicht mehr zu finden. Nicht, weil er wie sein Bruder auferstanden wäre, sondern weil er von seiner ersten Grablege in eine der Jerusalemer Kirchen überführt wurde, bevor dann seine Reliquien auf unbekannte Weise in alle Winde verteilt wurden.

4.4.1 Das Grabmal des Jakobus

Erste Hinweise auf eine Gedenkstätte in Verbindung mit dem Grab des Jakobus finden sich bereits in dem von Eusebius zitierten Bericht des Hegesipp. Nachdem er von der »Zinne des Tempels« herabgestürzt und getötet worden war, sei er »bei dem Ort neben dem Tempel (*naos*)« begraben worden, wo sich bis heute sein Grabmal »neben dem Tempel« finde.[265] Manche wollen daraus den Schluss ziehen, dass Hegesipp von einem Grabmal des Jakobus *innerhalb* des Tempelareals ausgeht und sich nach 70 möglicherweise eine Art christliche Kultstätte auf dem Tempelberg bei diesem Grab befand.[266] Aber diese Interpretation ist nicht zwingend. Es reicht anzunehmen, dass zur Zeit Hegesipps ein Grab oder eine Art Gedenkstätte für Jakobus in Tempelnähe vorhanden war.

Hieronymus, der das Heilige Land bestens kannte, schließt den Eintrag über Jakobus in seinem Autorenlexikon mit den Worten ab:

Abb. 28: Das »Säulengrab« und der »Pyramiden-Monolith« im Kidrontal: Von der byzantinischen Zeit bis zum 15. Jahrhundert bildete der Pyramiden-Monolith das Zentrum des Klosters des Jakobus.

265 Kirchengeschichte II 23,18.

266 Y. Z. Eliav, The Tomb of James, Brother of Jesus, as Locus Memoriae, HThR 97 (2004), 33–59 (besonders 42f.).

Dreißig Jahre leitete er also die Kirche von Jerusalem, d.h. bis zum siebten Regierungsjahr des Nero, und er wurde neben dem Tempel (iuxta templum), wo er hinabgestürzt worden war, bestattet und hatte eine Grabinschrift, die bis zur Belagerung durch Titus und bis zur letzten durch Hadrian wohlbekannt war. Einige von unseren meinen, er sei auf dem Ölberg (in monte Oliveti) bestattet worden, aber ihre Ansicht ist falsch.[267]

Hieronymus gibt nicht an, ob es zu seiner Zeit überhaupt ein Grabtradition gab, die er für richtig hält. Auch ist umstritten, ob seine Aussage »neben dem Tempel« als Hinweis auf das eigentliche Tempelgelände gelten muss, oder ob etwa das Kidrontal, das sich »neben« dem Tempelberg entlang der Ostseite erstreckt, gemeint war. Dort wurde jedenfalls spätestens ab dem 4. Jahrhundert von manchen sein Grab verehrt. Hier liegen bis heute – wie schon zu Lebzeiten von Jesus und Jakobus – eine Reihe weithin sichtbarer und gut erhaltener monumentaler Grabdenkmäler, und mit einem derselben wurde Jakobus verbunden. Erst in der Kreuzfahrerzeit wurde auf der Tempelbergplattform seiner gedacht, als der Kettendom (um 700 erbaut) an der Ostseite des Felsendoms in eine Kapelle zum Gedenken an sein Martyrium umgewidmet wurde.[268] Da der Felsendom den Kreuzfahrern als Tempel Salomos galt, wurde so die genealogische Verbindung zwischen den Davididen Salomo und Jakobus auch architektonisch noch einmal betont.

---

267 Berühmte Männer II 14 (Übers. Barthold). Ganz anders versteht dagegen KÜCHLER, Jerusalem, 545, das Zitat.

268 KÜCHLER, Jerusalem, 262f.721.

Abb. 29: Der kleine Kuppelbau vor dem Felsendom ist der Kettendom. Er diente in der Kreuzfahrerzeit als Jakobuskapelle.

Konkret greifbar wird die Tradition vom Grab des Jakobus erstmals für die Zeit kurz nach 350 in einem aus dem 10. Jahrhundert stammenden Manuskript. Darin wird berichtet, dass sich zur Zeit des Jerusalemer Bischofs Kyrill (er wirkte von 348–386/7) ein »sehr frommer, liebens- und verehrungswürdiger Mann mit Namen Epiphanius« in einer Grotte »zwischen dem heiligen Ölberg und der Zinne des Tempels« hauste, wo er »Tag und Nacht seine Gebete um Vergebung seiner Sünden sprach«. Diesem frommen Mann erscheint eines Nachts Jakobus und fordert ihn auf, zum Bischof Jerusalems zu gehen und nach ihnen graben zu lassen. Denn:

Es ist schon so lange her, dass wir hier unter der Erde begraben liegen und dem Vergessen preisgegeben sind […] Damit du weißt mit wem du es zu tun hast: »Ich bin Jakobus, der Bruder des Herrn. Die anderen bei mir sind die Priester Simeon und Zacharias.«

Epiphanius erschrickt zunächst, denkt an eine Narretei der Dämonen, und tut nichts. Aber Jakobus erscheint ihm erneut in der darauffolgenden Nacht. Daraufhin macht er sich auf den Weg zum Bischof Kyrill, der dem zerlumpten Einsiedler jedoch keinen Glauben schenkt, auch weil es, wie er sagt, keine Tradition gebe, »dass Jakobus an diesem Ort begraben worden sei«. Der Eremit geht betrübt seines Weges, aber Jakobus lässt ihm keine Ruhe. Erneut erscheint er ihm des Nachts und fordert ihn auf, zu einem gewissen Paulus nach Eleutheropolis zu gehen, einem Ort in der Schefela, ca. 50 km Luftline von Jerusalem in südwestlicher Richtung entfernt. Ihm sollte er darüber berichten, und dieser – weil er zur selben Zeit ebenfalls eine himmlische Erscheinung haben werde – würde die nötigen Geldmittel aufbringen, die zur Ausgrabung nötig seien. Für alle mit himmlischen Erscheinungen weniger Vertrauten stellt sich natürlich die Frage, warum Jakobus nicht einfach gleich dem Jerusalemer Bischof erschienen ist, aber das wäre wahrscheinlich zu vernünftig gefragt. Jedenfalls geschieht alles nach diesen himmlischen Anordnungen und Jakobus wird aus seinem Grab gehoben, dazu die Gebeine von Simeon und Zacharias.

Der Bischof Kyrill glaubte nun den Angaben des Mönchs, legte die Gebeine in ein Ossuar und setzte sie am 1. Dezember auf dem Sion bei. Paulus [von Eleutheropolis] kam nach Jerusalem hinauf und ließ ein Haus (domus) nahe bei der Grotte bauen, wo die Heiligen bis jetzt begraben waren. Als das Haus fertiggestellt war, setzte er die »Leiber« der Heiligen daselbst unter dem Altar bei, am 25. Mai, zur Ehre Gottes, des Vaters, des Sohnes und des Heiligen Geistes […][269]

Für eine kurze Zeit war also Jakobus, wenn man diesem Bericht glauben darf, in der neuen Hagia Sion-Kirche bestattet, in der auch sein Thron stand. Da aber kein Pilgerbericht im Rahmen der Beschreibung dieser Kirche dies erwähnt, kann es sich in der Tat nur um einen kurzen Zwischenaufenthalt gehandelt haben, bevor die neue Kirche im Kidrontal fertig war. Küchler hält es sogar für möglich, dass diese Grabeskirche des Herrenbruders auf der berühmten Jerusalemkarte des Mosaiks von Madaba abgebildet ist.[270]

Abb. 30: Jerusalem auf der Madaba-Karte. Küchler identifiziert das Gebäude am oberen rechten Bildrand als das Jakobuskloster im Kidrontal.

---

269 Text bei Küchler, Jerusalem, 718 f.

270 Küchler, Jerusalem, 720. Zur Identifizierung s. das hintere Vorsatzbild mit der Madabakarte, und dort die Nr. 27.

Diese Kirche lag unweit der drei monumentalen Grabanlagen, die noch heute zu sehen sind, nämlich das sog. Absalomgrab (von Küchler korrekter als »Kuppel-Monolith« beschrieben), das »Säulengrab« (oft auch das Grab der »Bene [= Söhne] Hesirs« genannt) und der »Pyramiden-Monolith«, der in vielen modernen Reiseführern als Zacharias-Grab bezeichnet wird (die eigentliche Grabanlage befindet sich daneben). Im Bereich dieser drei Monumente, am ehesten wohl in einer der Grabkammern der Söhne Hesirs, hatte der Eremit, dem Jakobus im Traum erschien, seine Klause und daneben, unmittelbar vor dem Pyramiden-Monolith, wurde die Kirche errichtet, die in der Pilgerliteratur bis ins 14. Jahrhundert begegnet, ehe sie ab dem 16. Jahrhundert von der schon erwähnten armenischen Jakobuskathedrale als Grabstätte abgelöst wird. Interessant ist zu sehen, mit wem Jakobus seine Grabstätte teilt: Zacharias ist der Vater von Johannes dem Täufer und gehört nach Lukas zur weiteren Verwandtschaft der Jesusfamilie, mit Simeon ist der greise Prophet gemeint, der über den neugeborenen Jesus im Tempel weissagte (Lk 2,25–35, »Nunc dimittis«). Auch Zacharias wird in Lk 1,67–79 mit dem »Benedictus« ein urchristlicher, prophetischer Hymnus zugeschrieben, so dass wir es hier mit einer Art gemeinschaftlicher christlicher Prophetengrabanlage zu tun haben.

Das Jahr 2003 brachte noch einmal eine neue Entdeckung, die zwar nicht direkt mit Jakobus, aber mit seinen beiden Grabgenossen Simeon und Zacharias in Zusammenhang steht. Joe Zias, ein bekannter israelischer Archäologe, entdeckte eine bisher übersehene Inschrift am ursprünglichen Eingang zum Absalomgrab, der sich 9 m über dem jetzigen Bodenniveau befindet. Diese lautet:

Dies ist das Grabmal des Zacharias, des Mär(tyrers),
des sehr from(men) Ältest(en) und Vater(s) des Joha(nnes).

Unmittelbar daneben bezeichnet die Inschrift das »Grab des Simeon, des sehr gerechten Menschen und sehr frommen Greises«. Die Inschriften werden in das 4. Jahrhundert datiert.[271] Damit stellt sich die Frage, ob sich die Klause des Epiphanius nicht möglicherweise hier befunden hatte, und die Jakobustradition dann davon getrennt auf die weiter südlich gelegene Grabanlage verlegt wurde. Das muss vorläufig offen bleiben. Es zeigt aber, dass die archäologischen Quellen in Jerusalem noch lange nicht versiegt sind.

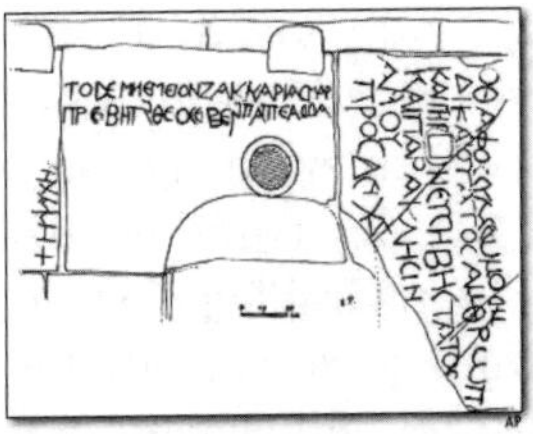

Abb. 31: Links die Inschrift vom Absalomgrab, rechts Blick auf das Absalomgrab (Kuppel-Monolith) und die Südostecke des Tempelberges (»Zinne des Tempels«).

271 Küchler, Jerusalem, 704f., der aber nur den ersten Teil der Inschrift erwähnt. Vgl. darum auch Émile Puech und Joe Zias, Le Tombeau de Zacharie et Siméon au monument funéraire dit d'Abssalom dans la vallée de Josaphat, RB 110 (2003), 321–335.

4.4.2 Sensationsfund oder Fälschung? Das Ossuar des Herrenbruders Jakobus

Dass die Archäologie immer für eine Überraschung gut ist, war auch schon im Herbst 2002 zu erleben. Damals entfachte der Herrenbruder einen kurzen, aber heftigen Medienrummel durch das Bekanntwerden eines Ossuars aus Jerusalem, von dem behauptet wurde, dass darin seine Gebeine etwa ein Jahr nach seinem Tod bestattet worden waren. Solche Ossuare oder Gebeinkästen aus Kalkstein sind zahlreich aus Jerusalem und anderen jüdisch bewohnten Gebieten Israels bekannt. Sie stammen aus der Zeit von Herodes bis zum 3. Jahrhundert, die Mehrzahl gehört ins erste Jahrhundert. Ossuare dienten der Zweitbestattung der Knochen nach der Verwesung des Fleisches. Ihr Aufkommen hängt mit einer veränderten Einstellung zur Individualität und der vor allem von pharisäischen Lehrern verbreiteten Lehre von der Auferstehung der Toten zusammen (vgl. Dan 12,2; Apg 23,6.8). Durch das Sammeln der Gebeine in einer Knochenkiste blieben die sterblichen Überreste einer bestimmten Person zugeordnet, während bei der früheren Bestattungsform alle Knochen einer Grablege unterschiedslos in einer Knochengrube endeten. Ein Teil der Ossuare ist verziert, zumeist mit einfachen floralen, architektonischen oder geometrischen Motiven, andere – ursprünglich wohl die Mehrheit – sind völlig schmucklos. Ein relativ kleiner Anteil aus beiden Gruppen weist eine kurze Inschrift auf, die den Namen des Verstorbenen nennt. Zum Namen treten gelegentlich weitere Angaben hinzu, wie Verwandtschaftsverhältnisse oder der Beruf der Verstorbenen. Darunter gibt es auch einige Namen, die sich mit anderweitig bekannten Personen verbinden lassen. So ist es möglich, dass ein 1990 gefundenes Ossuar die letzte

Abb. 32: Das Ossuar des Jakobus – wenn die Inschrift echt ist.

Ruhestätte des Hohepriesters Kaiphas war, allerdings ist die Namensschreibung nicht völlig eindeutig und Zweifel bleiben.

Für Historiker ist diese Fundgruppe eine äußerst wichtige Quelle, wobei es besonders der Kontext der gesamten Grablege ist, der dem einzelnen Ossuar seinen historischen Wert verleiht. Darum ist es ärgerlich, wenn Grabräuber statt Archäologen diese finden und ausräumen. Ersteren geht es ausschließlich darum, wertvolle Exemplare zu finden, um sie auf dem Antiquitätenmarkt zu verkaufen. An Fundkontexten und historischen Zusammenhängen haben sie kein Interesse. Diese gehen als Informationsquellen mit jeder Raubgrabung unwiederbringlich verloren. Weil auch das Jakobusossuar nicht bei einer regulären Ausgrabung gefunden wurde, sondern dem Jerusalemer Antikenhandel entstammt, fehlen alle Informationen darüber, wie groß die Grablege war, wo sie lokalisiert ist, wer noch dort bestattet war, ob es noch andere Inschriften ähnlicher Art gab und so weiter. Zudem lässt sich die Echtheit der Inschrift nicht zweifelsfrei bestätigen. Der Kalkstein, aus dem die Ossuare gefertigt sind, lässt sich leicht bearbeiten. Viele der als Inschriften bezeichneten Texte sind auch keine eigentlichen Inschriften, die sorgfältig mit Hammer und Meißel gut leserlich angebracht wurden, sondern eher Graffiti, die mit einem Nagel oder einem sonstigen spitzen Gegenstand mehr schlecht als recht irgendwo auf dem Ossuar, sei es Längsseite, Querseite oder am Deckel, angebracht wurden. Sie dienten offenbar in erster Linie der Familie selbst als Orientierung dafür, wer wo bestattet lag. Das konnte darum von Bedeutung sein, weil nach rabbinischem Recht die Regel galt, dass in einem Ossuar diejenigen zusammen bestattet werden können, die auch zusammen in einem Bett schlafen durften. D. h. Ehepartner oder Geschwister konnten gemeinsam in einem Ossuar bestattet werden, aber auch Kinder bei ihren Eltern oder Großeltern. In Familien, die sich an diese Regeln hielten, war es darum hilfreich, die einzelnen Ossuare zu kennzeichnen. Da dies aber nur derjenige sah bzw. lesen musste, der die Pflicht hatte, die Knochen – üblicherweise nach einem Jahr – einzusammeln und endgültig zu versorgen, brauchte es dafür keines besonderen Aufwandes.

Das 2002 veröffentlichte Jakobusossuar, das sich im Besitz eines Tel Aviver Antiquitätensammlers befindet, ist völlig unspektakulär: Es besitzt weder Verzierungen noch eine ungewöhnliche Form. Für Raubgräber bedeutet dies, dass für ein solches Ossuar nicht viel bezahlt wird. Bis vor kurzem standen solche schlichten Ossuare noch in Jerusalemer Gärten als Blumenkübel. Der Wert steigt jedoch mit Verzierungen oder Inschriften. Falls die Inschrift leserlich ist und dann noch einen Namen enthält, der sich mit einer historischen Person verbinden lässt, dann haben die Raubgräber einen Glücksgriff getan. Es kommt jedoch auch vor, dass man seinem Glück auf die Sprünge hilft, indem man nachträglich eine solche Inschrift einritzt, wozu es, wie gesagt, keines großen Aufwands bedarf. Das Jakobusossuar ist nun aber von Anfang an diesem Verdacht der nachträglichen »Aufwertung« mittels einer gefälschten Inschrift ausgesetzt gewesen.[272] Denn auf seiner Längsseite steht deutlich lesbar in aramäischer Sprache:

Yaʿaqov bar Yosef aḥui d-Yeschuaʿ
Jakob Sohn des Josef, sein Bruder, von Jesus

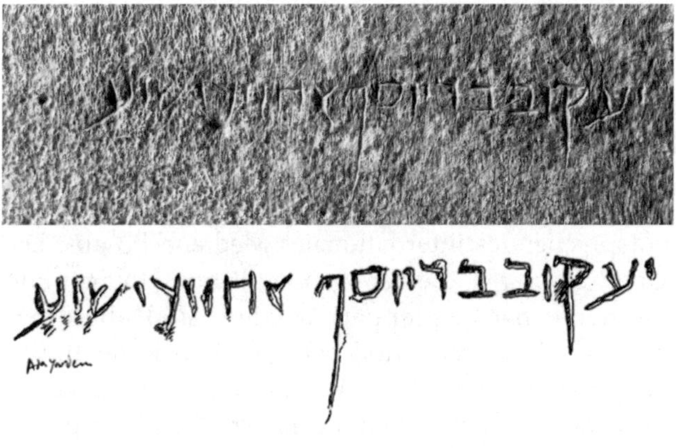

Abb. 33: Detailaufnahme der Inschrift und Umschriftzeichnung von Ada Yardeni.

272 Nur als Klarstellung: Der Fälschungsvorwurf richtet sich nur gegen die Inschrift. Die Herkunft des Ossuars aus dem 1. Jahrhundert wurde nie bestritten.

Wenn die Inschrift echt ist, d.h. im 1. Jahrhundert angebracht wurde, dann waren in diesem Ossuar die Knochen eines Mannes zweitbestattet, der Jakobus hieß und einen Bruder namens Jesus hatte. Angesichts der Häufigkeit der beiden Namen unter Juden der damaligen Zeit ist das gemeinsame Vorkommen auf einem Ossuar allein noch nicht zur Identifizierung ausreichend. Es gibt z.B. zwei Ossuare, die die Inschrift tragen: »Jesus, der Sohn des Josef«, und auch hier gilt, dass die Häufigkeit der betreffenden Namen eine Identifizierung mit »dem« Jesus nicht zulässt.[273] Was das Jakobusossuar allerdings besonders macht, ist die nähere Identifikation des Verstorbenen über seinen Bruder. Dafür gibt es überhaupt nur einen weiteren Beleg. Da auch Josephus an der Stelle über das Martyrium Jakobus über seinen Bruder definiert (»der Bruder des sogenannten Messias«), kann die Inschrift in der Tat dahingehend verstanden werden, dass es hier um den Bruder von Jesus geht. Also doch eine archäologische Sensation? Ein Jahrhundertfund gar?

Die Veröffentlichung der Inschrift 2002 löste ein entsprechendes internationales Medienecho aus. Die Übertreibungen, die der Veröffentlichung folgten und bis heute nachgeplappert werden, sind allerdings nachgerade peinlich und belegen eindrucksvoll, wie erschreckend gering das Wissen über Jesus bzw. die Jesusfamilie in manchen journalistischen Kreisen ist. So titelte DIE WELT in einem Artikel vom 16.11.2011: »Hatte Jesus von Nazareth einen Bruder namens Jakobus?« Die irreführende Titelfrage und der Artikel erwecken den Eindruck, dass erst durch die Ossuarin-

273 Vgl. L. Y. RAHMANI, A Catalogue of Jewish Ossuaries in the Collections of the State of Israel, Jerusalem 1994, Nr. 9 (S. 77) und Nr. 704 (S. 223).

schrift der Jesusbruder names Jakobus bekannt wurde. Dass er schon in mehreren Schriften im Neuen Testament vorkommt, wird bewusst verschleiert, um die »Sensation« nicht zu gefährden.[274] Andere nehmen die Tatsache, dass hier von einem Bruder Jesu die Rede ist, zum Anlass, wieder einmal auf die Unhaltbarkeit der bleibenden Jungfräulichkeit Marias hinzuweisen, weil dies beweise, dass Jesus leibliche Geschwister hatte. Aus diesen fast schon routinemäßig ablaufenden medial aufgejazzten Skandalstories ist weder etwas über die Geschichte noch die Kirche zu lernen, die sich mit diesen Fragen seit ihren Anfängen, wie wir gesehen haben, intensiv und durchaus kontrovers beschäftigt hat. Verschämt verschwiegen wurden die Geschwister Jesu jedenfalls zu keinem Zeitpunkt.

Mehr Gewicht hatte dagegen, dass 2003 ein israelisches Gericht das Ossuar als Fälschung beschlagnahmte und den Besitzer vor Gericht brachte. Dieser Rechtsstreit zog sich mit Gutachten und Gegengutachten bis 2012 hin und endete mit einer Niederlage für die israelische Altertumsbehörde als Klagevertreterin. Der Nachweis der Fälschung ist nicht gelungen, aber das ist bei Inschriften in Stein immer eine äußerst schwierige Sache. Ob etwas vor einem Jahr oder vor 2000 Jahren eingeritzt oder eingemeißelt wurde, ist nur schwer nachweisbar. Es ist also möglich, dass das Jakobusossuar mit der Inschrift gefunden wurde, so wie es sich heute präsentiert, und besonnene Stimmen neigen inzwischen dazu, die Echtheit zu akzeptieren.[275]

---

274 www.welt.de/print-welt/article313086/Hatte-Jesus-von-Nazareth-einen-Bruder-namens-Jakobus.html (Zugriff 16.09.2016).

275 Vgl. besonders P. W. van der Horst, Saxa Judaica Loquuntur: Lessons from Early Jewish Inscriptions, BIS 134, Leiden 2015, 67–87.

Aber auch wenn man von der Echtheit ausgeht, stellt sich immer noch die Frage, ob es wirklich auf den Herrenbruder Jakobus hinweist. Aus historischen Gründen spricht nichts dagegen. Dass Jakobus im 1. Jahrhundert in Jerusalem gelebt hat, ist unbestritten, und dank Josephus ist auch sein Tod um 62 als zuverlässiges historisches Datum anzusehen. Dass er im Anschluss daran begraben wurde, kann ebenfalls ohne Weiteres angenommen werden. Von Jesus und Stephanus wird die Bestattung ausdrücklich erwähnt (Mk 15,46; Apg 8,2), bei Jesus ist zudem gesagt, dass es sich um ein neues Felskammergrab handelte, welches der Jerusalemer Ratsherr Joseph von Arimathia zur Verfügung stellte. Da Jesus bzw. seine Familie nicht in Jerusalem ansässig waren, besaßen sie auch kein Familiengrab, so dass sie für die Bestattung auf diesen Freundesdienst angewiesen waren. Ohne die Auferstehung wären wohl auch die Gebeine von Jesus ein Jahr nach seinem Tod, wie unter Jerusalemer Juden üblich, in einem Ossuar zweitbestattet worden.

Dasselbe ist aber auch für Jakobus vorauszusetzen. Zwischen dessen Tod und dem von Jesus bzw. Stephanus liegen jedoch rund 30 Jahre. In dieser Zeit sind aus der Jerusalemer Gemeinde der Jesusgläubigen sicherlich etliche gestorben und bestattet worden, wobei nichts darauf hinweist, dass die jüdische Jesusgemeinde eine eigene Bestattungskultur entwickelte. Dazu gab es auch keinen Anlass. Die Sitte der Zweitbestattung der Knochen nach einem Jahr stand wohl schon von Anfang an im Zusammenhang mit dem Glauben an die Auferstehung der Toten, sie ließ sich damit in jedem Fall ohne Schwierigkeit verbinden. Darum ist es mehr als wahrscheinlich, dass auch die Jerusalemer Jesusgemeinde ihre Toten auf diese Weise bestattete. Das schlichte Ossuar ohne Prunk und Aufwand würde durchaus zu Jakobus passen, der in seinem Brief als Freund der Armen und Kritiker der Reichen und ihres Luxus' erscheint.

Gerade dieser Umstand wird nun aber gebraucht, um die Identifikation mit dem Herrenbruder in Frage zu stellen. Denn, so wird argumentiert, Felsgräber sind ein Zeichen von Luxus und relativem Wohlstand, und die Armutstheologie des Jakobus würde es ausschließen, dass seine Angehörigen bzw. Glaubensgeschwister dafür Geld aufwandten.[276] Dahinter steht die Annahme, dass die Jesusfamilie selbst zu den ökonomisch Armen im Lande gehörte und auch die Jerusalemer Gemeinde von struktureller Armut geprägt war. Das schließt jedoch keinesfalls aus, dass es wohlhabendere Unterstützer gab, von denen uns einige auch im Neuen Testament begegnen: die reichen Frauen, die Jesus begleiteten und mit ihrer Habe dienten (Lk 8,3), der Ratsherr Nikodemus, der das kostbare Öl zur Salbung Jesu zur Verfügung stellte (Joh 19,39f.), Barnabas, der zypriotische Levit, der seinen Acker zugunsten der Gemeinde verkaufte (Apg 5,36f.), oder die Mutter des Johannes Markus, die offenbar in Jerusalem über ein großes Haus verfügte (Apg 12,12). So wie Joseph von Arimathia sein neues Familiengrab für Jesus zur Verfügung gestellt hatte, konnte sich auch jemand des Leichnams seines Bruders und langjährigen Leiters der Jerusalemer Gemeinde angenommen haben. Zudem muss davon ausgegangen werden, dass die Jerusalemer Gemeinde in den 60er Jahren über eigene Möglichkeiten zur Bestattung verfügte, da Todesfälle ja schlicht zum gemeindlichen Alltag gehören. Das Jakobusossuar ist darum,

---

276 So die Archäologin J. Magness, Ossuaries and the Burials of Jesus and James, JBL 124 (2005), 121–154.

auch wenn sich der Zusammenhang mit dem Herrenbruder wohl niemals mehr zweifelsfrei klären lässt, ein wichtiger Hinweis darauf, dass die Jerusalemer Jesusanhänger Teil des jüdischen Volkes blieben, mit dem sie im Leben und Sterben verbunden waren.

Zum Abschluss

Die Geschichte des Jakobus ist noch lange nicht zu Ende erzählt. Sein Nachhall durch die Jahrhunderte bis in die Gegenwart ist um vieles reicher als hier beschrieben, und die Auslegungsgeschichte seines Briefes, der u. a. tiefe Spuren bei Nikolaus von Kues und Sören Kierkegaard hinterlassen hat, ist noch kaum erschlossen.[277] Einiges davon ist im ersten Teil berührt worden, aber da war schon erkennbar, dass spätestens seit der Reformation das protestantische Bild des Jakobus in erster Linie durch seine vermeintliche Opposition zu Paulus und das Schlagwort von der »strohernen Epistel« geprägt ist. Die historische Gestalt des Jakobus und seine überragende Bedeutung, die er für die alte Kirche als erster »Bischof« überhaupt hatte, traten dagegen in den Hintergrund. Dieses allmähliche Verblassen des Jakobus in der kirchlichen Erinnerung lässt sich an vielen Punkten zeigen: Sein Thron, einst prominent in die Jerusalemer Liturgie eingebunden, wurde zu einem Programmpunkt unter vielen

277 Gowler, James, ist eine unverzichtbare Hilfe mit zahlreichen Hinweisen. Zu Nikolaus von Kues s. Textauswahl in deutscher Übersetzung, Heft 6: Die Gabe vom Vater der Lichter (De dato patris luminum), übers. u. eingeleitet von Harald Schwaetzer, Trier 2003 (der Titel ist Zitat aus Jak 1,17); zu Kierkegaard s. Bauckham, James, 158–174.

bei der Besichtigung der Grabeskirche und ist heute fast vergessen. Vergleichbares lässt sich von der Jakobusliturgie sagen, die zu einem liturgischen Nischendasein herabgesunken ist, von Spezialisten bewundert und von Idealisten gefeiert. Auch das Grab des Jakobus, zumindest eine Zeitlang im Kidrontal verehrt, ist verschwunden, und das Ossuar, das seinen Namen trägt, für immer mit dem Makel der Fälschung behaftet. In der katholisch-westlichen Tradition mit dem Zwölferjünger Jakobus, Sohn des Alphäus identifiziert, ist er als Jacobus *minor* in der Tat nur einer der minderen Apostel Jesu, einer unter zwölf eben und immer in Gefahr, mit dem Zebedaiden Jakobus verwechselt zu werden. So wurde aus dem ersten Bischof der Kirche einer von zwölf Aposteln. In der westlichen Wahrnehmung ist sein Bischofsamt zudem fast völlig vom römischen des Petrus, das historisch weit weniger glaubhaft ist, verdrängt worden.

Jakobus, so scheint es, war der Mann, der immer im Schatten eines größeren stand. Dem seines Bruders, aber auch dem des Petrus und Paulus. Mit diesem Schattendasein geht einher, so zumindest mein Eindruck nach dieser langen Reise mit dem Herrenbruder, das Vergessen des jüdischen Ursprungs des christlichen Glaubens. Dass die Kirche in ihren Anfängen entscheidend auf ein galiläisches Brüderpaar mit judäischen Wurzeln zurückgeht, die als Nachkommen Davids seinen Thron in Jerusalem wieder errichteten, trat ebenso in den Hintergrund wie die sich daraus ergebende spannungsvolle Verbundenheit mit Israel und den an Jesus Glaubenden aus diesem Volk. Die jüngere Forschung interessiert sich zwar wieder vermehrt für die judenchristlichen Traditionen, aber für Jakobus bleibt dabei häufig nur die Rolle, die ihn auf die ihm zugeschriebene »strenge« Haltung zur Tora reduziert. Weniger beachtet werden dagegen die ebenfalls mit ihm verbundenen Themen einer besonderen Schriftauslegung, die eine profilierte heilsgeschichtlich-davidische Fokussierung erkennen lässt. Die spannende, hier nicht zu beantwortende Frage ist, inwieweit sich darin die theologischen Traditionen des davidischen Jesusclans erhalten haben und damit auf Einflüsse des historischen Jesus und Jakobus zurückgehen. Doch auch abgesehen von der Historizität der Jakobus zugeschriebenen Theologie, repräsentiert dieser wie kein zweiter die – aus der Perspektive der katholischen Mehrheitskirche formuliert – nichthäretische Position judenchristlicher Existenz, für die er innerhalb seines eigenen Volkes geworben hat und für die er am Ende auch gestorben ist.

Darum ist zu hoffen, dass in nicht allzu ferner Zukunft auch Jakobus dabei sein wird, wenn sich die Kirchen der Welt versammeln. Seit ihren Anfängen ist die Ökumene davon geprägt, dass in erster Linie die drei großen Kirchenfamilien – katholisch, protestantisch und orthodox – im Blick sind, wenn es um das gemeinsame Zeugnis der Kirche(n) in der Welt geht. Repräsentiert werden diese drei Richtungen nicht selten durch ihre je besondere Verbindung mit Petrus, Paulus und Johannes. Berühmt wurde diese Dreiteilung durch die Abschlusspredigt während der ersten »Weltkonferenz für Praktisches Christentum«, die 1925 in Stockholm unter Einladung des schwedischen Erzbischofs Nathan Söderblom (1866–1931) stattfand. Darin blickt Söderblom auf das zu Ende gehende Treffen zurück, zu dem Paulus und Johannes (symbolisch für Protestantismus und Ostkirche) in Stockholm erschienen seien, während Petrus (d.h. die katholische Kirche) noch zögere. Jakobus dagegen fehlt. Dietz Lange, der sich um das Werk Söderbloms in besonderer Weise verdient gemacht hat, verwies in einem Brief an mich darauf, dass Söderblom mit diesem Vergleich keineswegs den Eindruck erzeugen wollte, dass damit alle irgendwie wichtigen Gestalten der Kirche, die es in ihrer Geschichte gegeben hat, gemeint seien.[278] Im Gegenteil, Söderblom war darum bemüht, auch Vertreter kleinerer Kirchen einzuladen. Es geht also nicht darum, Söderblom irgendeinen Vorwurf zu machen, sondern lediglich um den Hinweis, dass Jakobus und die durch ihn repräsentierte Christenheit in Vergangenheit und Gegenwart in solchen eingängigen Darstellungen der großen »Kirchengründer« eigentlich fast immer fehlt. Dass andere auch fehlen – etwa, worauf Lange mich ausdrücklich hinwies, der Apostel Thomas und die durch ihn repräsentierten indischen Thomaschristen – ist sicher richtig. Aber die Stellung des Jakobus innerhalb des Neuen Testaments selbst, dazu seine unbezweifelbar wichtige historische Rolle in der Anfangszeit der Kirche, verbunden mit der hier skizzierten Wirkungsgeschichte als »erstem Bischof« überhaupt, machen sein Zurücktreten in der allgemeinen Wahrnehmung nicht zuletzt angesichts der die Kirche(n) latent bedrohenden »Israelvergessenheit« zu einem Verlust, der unheilvolle Konsequenzen nach sich zog.

Zumindest in dieser Buchreihe der »Biblischen Gestalten« ist Jakobus nun in einem Umfang vertreten (wofür dem Verlag und den Herausgebern herzlich gedankt sei), der ihn – trotz beträchtlicher Kürzungen – im Kreis seiner »Kolleginnen« und »Kollegen« nicht

278 Deutsche Übersetzung der Predigt bei Adolf Deissmann, Die Stockholmer Weltkonferenz, Berlin 1926, 728–733. Diesen Hinweis und klärende Informationen verdanke ich Dietz Lange, vgl. ders., Nathan Söderblom und seine Zeit, Göttingen 2011.

in den Schatten stellt. Dennoch bedeutet auch hier das Ende, wie so oft, einen Anfang. Es gibt noch vieles über Jakobus und seine vielfältige Wirkungsgeschichte zu entdecken. Und sei es nur, bei der nächsten Jakobuskirche einmal genauer nachzusehen, welchem Jakobus sie ihren Namen verdankt. Auch Kirchenfenster, Altarbilder, Museumsgalerien und liturgische Bücher sind es wert, dass man sie intensiver als bisher nach Spuren des Herrenbruders durchforstet. Weitere Hinweise auf »unseren« Jakobus werden darum gerne entgegen genommen.

D VERZEICHNISSE

1. Literaturverzeichnis

Quellen

Die Bekenntnisschriften der evangelisch-lutherischen Kirche, hg. im Gedenkjahr der Augsburgischen Konfession 1530, Göttingen [10]1986 = BSLK.

Enchiridion symbolorum definitionum et declarationum de rebus fidei et morum / Kompendium der Glaubensbekenntnisse und kirchlichen Lehrentscheidungen, hg. v. H. Denzinger and P. Hünermann, Freiburg, [43]2010.

Nag Hammadi Deutsch, 1. Band: NHC I,1–V,1, hg. v. H.-M. Schenke, H.-G. Bethge u. U. U. Kaiser, GCS NF 12, Berlin / New York 2003.

Nag Hammadi Deutsch, 2. Band: NHC V,2–XIII,1, BG 1 und 4, hg. v. H.-M. Schenke, H.-G. Bethge u. U. U. Kaiser, GCS NF 8, Berlin / New York 2001.

Septuaginta Deutsch. Das griechische Alte Testament in deutscher Übersetzung, hg. v. W. Kraus u. M. Karrer, Stuttgart 2009.

Achelis, Hans / Flemming, Johannes, Die syrische Didaskalia übersetzt und erklärt, TU 10.2, Leipzig 1904.

Beda Venerabilis, In epistulam Iacobi expositio / Kommentar zum Jakobusbrief. Lateinisch – deutsch, übers. u. eingeleitet von Matthias Karsten, FC 40, Freiburg 2000.

Boxler, Ferdinand, Die sogenannten Apostolischen Constitutionen und Canonen, BKV I / 19, Kempten 1874.

Didache / Zwölf-Apostel-Lehre — Traditio Apostolica / Apostolische Überlieferung, hg. u. eingeleitet von G. Schöllgen u. W. Geerlings, FC 1, Freiburg 1991.

Didascalia et Constitutio Apostolorum, hg. v. F. X. Funk, Paderborn 1905.

Donner, Herbert, Pilgerfahrt ins Heilige Land. Die ältesten Berichte christlicher Palästinapilger (4.–7. Jh.), Stuttgart [2]2002.

Egeria, Itinerarium / Reisebericht. Mit Auszügen aus Petrus Diaconus, De locis sanctis / Die heiligen Stätten, übers. u.

eingeleitet v. G. Röwekamp u. D. Thönnes, FC 20, Freiburg 1995.

Epiphanius von Salamis, Ausgewählte Schriften, übers. von Josef Hörmann, BKV 38, Kempten 1919

Eusebius von Caesarea, Kirchengeschichte, hg. u. eingeleitet von H. Kraft, München [2]1981.

Frey, Jörg, Die Fragmente des Hebräerevangeliums, AcA I/1, Tübingen 2012, 593–606.

Ders., Die Fragmente des Nazoräerevangeliums, AcA I/1, Tübingen 2012, 623–654.

Ders., Die Fragmente judenchristlicher Evangelien, AcA I/1, Tübingen 2012, 560–592.

Die Göttliche Liturgie der Orthodoxen Kirche: Deutsch – Griechisch – Kirchenslawisch, hg. v. A. Kallis (Hg.), Mainz [2]1993.

Die Göttliche Liturgie des heiligen Apostels Jakobus des Herrenbruders und ersten Bischofs von Jerusalem, hg. v. Michael Schneinder, Editon Cardo 145, Köln 2009.

Hartenstein, Judith / Plisch, Uwe-Karsten, Der Brief des Jakobus (NHC I,2), in: Nag Hammadi Deutsch I, 11–26.

Hartmann, Gritje, Wilhelm Tzewers – Itinerarius terre sancte: Einleitung, Edition, Kommentar und Übersetzung ADPV 33, Wiesbaden 2004.

Hegesipp, übers. u. eingeleitet von F. Schleritt, Kleine Bibliothek der antiken jüdischen und christlichen Literatur, Göttingen 2016.

Hieronymus, Ausgewählte Schriften Bd. 1, übers. von Ludwig Schade, BKV 52, Kempten u. München 1914. [Online unter http://www.unifr.ch/bkv/buch129.htm.]

Ders., *De viris illustribus* – Berühmte Männer. Mit umfassender Werkstudie hg., übers. u. kommentiert von Claudia Barthold, Mühlheim [2]2013.

Jacobus de Voragine, Legenda Aurea. Aus dem Lateinischen übersetzt von Richard Benz, Heidelberg [10]1984.

Kaiser, Ursula Ulrike / Plisch, Uwe-Karsten, Die (zweite) Apokalypse des Jakobus (NHC V,4), in: Nag Hammadi Deutsch II, 419–432.

Krauss, Samuel, Sanhedrin (Hoher Rat) / Makkōṯ (Prügelstrafe), Die Mischna IV/4+5, Gießen 1933.

Luther, Martin, Vorreden zur Bibel, hg. v. H. Bornkamm, Göttingen [4]2005.

Nikolaus von Kues, Die Gabe vom Vater der Lichter (De dato patris luminum), übersetzt und eingeleitet von Harald

Schwaetzer, Nikolaus von Kues. Textauswahl in deutscher Übersetzung 6, Trier 2003.

Pellegrini, Silvia, Das Protevangelium des Jakobus, AcA I/2, Tübingen 2012, 903–929.

Renoux, Athanase (Hg.), Le Codex Arménien Jérusalem 121, Teil I: Introduction aux origines de la liturgie hiérosolymitaine. Lumières nouvelles, Patrologia Orientalis 35/1, Turnhout 1969; Teil II: Édition comparée du texte et de deux autres manuscrits. Introduction, textes, traduction et notes, Patrologia Orientialis 36/2, Turnhout 1971.

Schermann, Theodor, Prophetarum vitae fabulosae / Indices apostolorum discipulorumque Domini Dorotheo • Epiphanio • Hippolyto • aliisque vindicata, Leipzig 1907.

Ders., Propheten- und Apostellegenden nebst Jüngerkatalogen des Dorotheus und verwandter Texte, TU 31/3, Leipzig 1907.

Schletterer, Imke / Plisch, Uwe-Karsten, Die (erste) Apokalypse des Jakobus (NHC V,3), in: Nag Hammadi Deutsch II, 407–418.

Schneider, Gerhard, Evangelia infantiae apocrypha / Apokryphe Kindheitsevangelien, FC 18, Freiburg 1995.

Schröter, Jens / Bethge, Hans-Gebhard, Das Evangelium nach Thomas (NHC II,2), in: Nag Hammadi Deutsch I, 151–213.

Stewart-Sykes, Alistair, The Didascalia apostolorum. An English Version with Introduction and Annnotation, Studia Traditionis Theologiae 1, Turnhout 2009.

Storf, Remigius, Griechische Liturgien, BKV 5, Kempten u. München 1912.

Wehnert, Jürgen, Pseudoklementinische Homilien. Einführung und Übersetzung, Göttingen 2010.

Williams, Frank, The *Panarion* of Epiphanius of Salamis, 2 Bde., NHMS 63 und 79, Leiden [2]2009 u. [2]2012.

Literatur zu Jakobus, dem Jakobusbrief und der Jesusfamilie

Allison, Dale C., A Critical and Exegetical Commentary on James, ICC, New York 2013.

Avemarie, Friedrich, Die Werke des Gesetzes im Spiegel des Jakobusbriefes, ZThK 98 (2001), 282–309.

Batten, A. J., What Are They Saying About the Letter of James?, New York 2009.

Bauckham, Richard, Jude and the Relatives of Jesus in the Early Church, Edinburgh 1990.

Ders., James. Wisdom of James, Disciple of Jesus the Sage, London 1999.

Baur, Ferdinand Christian, Die Christuspartei in der korinthischen Gemeinde, der Gegensatz des petrinischen und paulinischen Christenthums in der ältesten Kirche, der Apostel Petrus in Rom, in: Ders., Ausgewählte Werke in Einzelausgaben, Bd. 1, hg. v. K. Scholder, Stuttgart 1963, 1–146.

Bergauer, Paulus, Der Jakobusbrief bei Augustinus, Wien 1962.

Beyschlag, Willibald, Der Brief des Jacobus, KEK 15, Göttingen [6]1897.

Burchard, Christoph, Der Jakobusbrief, HNT 15/1, Tübingen 2000.

Eliav, Y. Z., The Tomb of James, Brother of Jesus, as Locus Memoriae, HThR 97 (2004), 33–59.

Feldmeier, Reinhard, Der Jakobusbrief, in: Grundinformation Neues Testament, hg. v. K.-W. Niebuhr, UTB 2108, Göttingen 2000, 338–342.

Foster, Robert J., The Significance of Exemplars for the Interpretation of the Letter of James, WUNT II/376, Tübingen 2014.

Glattauer, Nikolaus, Jakobus, Stiefsohn Gottes, Salzburg u. Wien 2002.

Gowler, David B., James Through the Centuries, Chichester 2014.

Hahn, Ferdinand u. Peter Müller, Der Jakobusbrief, ThR 63 (1998), 1–73.

Hengel, Martin, Der Jakobusbrief als antipaulinische Polemik, in: Paulus und Jakobus. Kleine Schriften III, WUNT 141, Tübingen 2002, 511–548.

Ders., Jakobus der Herrenbruder – der erste »Papst«?, in: Paulus und Jakobus. Kleine Schriften III, WUNT 141, Tübingen 2002, 549–582.

Ders., Der unterschätzte Petrus, Tübingen 2006.

Kaiser, Sigurd, Krankenheilung. Untersuchungen zu Form, Sprache, traditionsgeschichtlichem Hintergrund und Aussage von Jak 5,13-18, WMANT 112, Neukirchen-Vluyn: Neukirchener Verlag, 2006.

Klein, Martin, »Ein vollkommenes Werk«. Vollkommenheit, Gesetz und Gericht als theologische Themen des Jakobusbriefes, BWANT 139, Stuttgart 1995.

Klein, Thorsten, Bewährung in Anfechtung. Der Jakobusbrief und der Erste Petrusbrief als christliche Diaspora-Briefe, NET 18, Tübingen 2011.

Konradt, Matthias, »Geboren durch das Wort der Wahrheit« – »gerichtet durch das Gesetz der Freiheit«. Das Wort als Zentrum der theologischen Konzeption des Jakobusbriefes, in: ders., P. von Gemünden u. G. Theissen, Der Jakobusbrief. Beiträge zur Rehabilitierung der »strohernen Epistel«, Beiträge zum Verstehen der Bibel 3, Münster 2003, 1–15.

Ders., »Jakobus der Gerechte.« Erwägungen zur Verfasserfiktion des Jakobusbriefes, in: J. Frey u. a. (Hg.), Pseudepigraphie und Verfasserfiktion in frühchristlichen Briefen / Pseudepigraphy and Author Fiction in Early Christian Letters, WUNT 246, Tübingen 2009, 575–597.

Magness, Jodi, Ossuaries and the Burials of Jesus and James, JBL 124 (2005), 121–154.

Markschies, Christoph, Die Gnosis, München 2001.

Niebuhr, Karl-Wilhelm, Der Jakobusbrief im Licht frühjüdischer Diasporabriefe, NTS 44 (1998), 420–443.

Ders., »A New Perspective on James«? Neuere Forschungen zum Jakobusbrief, ThLZ 129 (2004), 1019–1044.

Painter, John, Just James. The Brother of Jesus in History and Tradition, Studies on Personalities of the New Testament, Columbia 1997.

Popkes, Enno E., »Bevor einer von Jakobus kam …« – Anmerkungen zur textkritischen und theologiegeschichtlichen Problematik von Gal 2,12, NT 46 (2004), 53–64.

Popkes, Wiard, Der Brief des Jakobus, ThHK 14, Leipzig 2001.

Pratscher, Wilhelm, Der Herrenbruder Jakobus und die Jakobustradition, FRLANT 139, Göttingen 1987.

Reiser, Marius, Warum folgt in einer griechischen Ausgabe des Neuen Testaments auf die Apostelgeschichte der Römerbrief und nicht der Jakobusbrief?, ThBeitr 47 (2016), 33–36.

Theissen, Gerd, Die pseudepigraphische Intention des Jakobusbriefes. Ein Beitrag zu seinen Einleitungsfragen, in: Petra von Gemünden, M. Konradt, u. ders., Der Jakobusbrief. Beiträge zur Rehabilitierung der »strohernen Epistel«, Beiträge zum Verstehen der Bibel 3, Münster 2003, 54–82.

Stauffer, Ethelbert, Zum Kalifat des Jakobus, ZRGG 4 (1952), 193–214.

Ders., Petrus und Jakobus in Jerusalem, in: Begegnung der Christen, FS O. Karrer, Stuttgart u. Frankfurt 1959, 361–372.

SYREENI, KARI, Did Luke Know the Letter of James?, Svensk Exegetisk Årsbok 78 (2013), 173–182.

VAN VOORST, ROBERT E., The Ascents of James. History and Theology of a Jewish-Christian Community, SBL.DS 112, Atlanta, GA 1989.

ZAHN, THEODOR, Brüder und Vettern Jesu, Teil II in: FGNK 6, Liepzig 1900, 225–363.

Sonstige Literatur

ÅDNA, JOSTEIN, Jesu Stellung zum Tempel. Die Tempelaktion und das Tempelwort als Ausdruck seiner messianischen Sendung, WUNT II / 119, Tübingen, 2000.

BECKER, JÜRGEN, Maria. Mutter Jesu und erwählte Jungfrau, BG 4, Leipzig 2001.

BLINZLER, JOSEPH, Die Brüder und Schwestern Jesu, SBS 21, Stuttgart 1967.

BOCKMUEHL, MARKUS N. A., The Remembered Peter in Ancient Reception and Modern Debate, WUNT 262, Tübingen 2010.

BÖTTRICH, CHRISTFRIED, Petrus. Fischer, Fels und Funktionär, BG 2, Leipzig 2001.

BOVON, FRANÇOIS, Das Evangelium nach Lukas (Lk 1,1–9,50), EKK III / 1, Neukirchen-Vluyn 1989.

BRAKMANN, HEINZGERD, Das zweite Leben der griechischen Jakobos-Liturgie, Ostkirchliche Studien 64 (2015), 48–79.

DERS. / CHRONTZ, TINATIN, Ist das Jerusalemer Euchologion noch zu retten?, Archiv für Liturgiewissenschaft 54 (2012), 1–28.

CHEPEY, STUART DOUGLAS, Nazirites in Late Second Temple Judaism: A Survey of Ancient Jewish Writings, the New Testament, Archaeological Evidence, and Other Writings from Late Antiquity, AGJU 60, Leiden 2005.

DEINES, ROLAND, Jüdische Steingefäße und pharisäische Frömmigkeit. Ein archäologisch-historischer Beitrag zum Verständnis von Joh 2,6 und der jüdischen Reinheitshalacha zur Zeit Jesu, WUNT II / 52, Tübingen 1993.

DERS., Art. Kleidung, in: Theologisches Begriffslexikon zum Neuen Testament, Bd. 2, hg. v. L. Coenen u. K. Haacker, Wuppertal u. a. ^{2}2000, 1167–1178.

DERS., Das Aposteldekret – Halacha für Heidenchristen oder christliche Rücksichtnahme auf jüdische Tabus?, in: J. Frey u. a. (Hg.), Jewish Identity in the Greco-Roman World – Jüdische Identität in der griechisch-römischen Welt, AJEC 71, Leiden 2007, 323–395.

DERS., Die Gerechtigkeit der Tora im Reich des Messias. Mt 5,13–20 als Schlüsseltext der matthäischen Theologie, WUNT 177, Tübingen 2004.

DERS., Der Messiasanspruch Jesu im Kontext frühjüdischer Messiaserwartungen, in: Der jüdische Messias Jesus und sein jüdischer Apostel Paulus, hg. v. A. Baum, D. Häußer u. E. L. Rehfeld, Tübingen 2016, WUNT II/425, 49–106.

FABRY, HEINZ-JOSEF, Art. *kisse'*, ThWAT 4 (1984), 247–272.

FÖRSTER, HANS, Die Feier der Geburt Christi in der Alten Kirche. Beiträge zur Erforschung der Anfänge des Epiphanie- und des Weihnachtsfests, STAC 4, Tübingen 2000.

DERS., Weihnachten: Eine Spurensuche, Berlin 2003.

DERS., Die Anfänge von Weihnachten und Epiphanias, STAC 46, Tübingen 2007.

FREY, JÖRG, Paulus und die Apostel. Zur Entwicklung des paulinischen Apostelbegriffs und zum Verhältnis des Heidenapostels zu seinen »Kollegen«, in: Biographie und Persönlichkeit des Paulus, hg. v. E.-M. Becker u. P. Pilhofer, WUNT 187, Tübingen 2005, 192–227.

GÄCKLE, VOLKER, Die Starken und die Schwachen in Korinth und in Rom, WUNT 2.200, Tübingen 2004.

GOODMAN, MARTIN, The Ruling Class of Judaea. The Origins of the Jewish Revolt against Rome A.D. 66–70, Cambridge 1987.

HAACKER, KLAUS, Stephanus. Verleumdet, verehrt, verkannt, BG 28, Leipzig 2014.

HENGEL, MARTIN, Die Zeloten. Untersuchungen zur jüdischen Freiheitsbewegung in der Zeit von Herodes I. bis 70 n. Chr., hg. v. R. Deines u. C.-J. Thornton, WUNT 283, Tübingen [3]2011.

DERS., Zum Problem der »Hellenisierung« Judäas im 1. Jahrhundert nach Christus, in: Judaica et Hellenistica. Kleine Schriften I, WUNT 90, Tübingen 1996, 1–90.

DERS., Der unterschätzte Petrus, Tübingen 2006.

DERS., Ἰουδαία in der geographischen Liste Apg 2,9–11 und Syrien als »Großjudäa«, in: Studien zum Urchristentum. Kleine Schriften VI, WUNT 234, Tübingen 2008, 191–211.

DERS. / SCHWEMER, ANNA MARIA, Paulus zwischen Damaskus und Antiochien, WUNT 108, Tübingen, 1998.

HENGEL, MARTIN / SCHWEMER, ANNA MARIA, Jesus und das Judentum, Geschichte des frühen Christentums 1, Tübingen 2007.

HENNINGS, RALPH, Der Briefwechsel zwischen Augustinus und

Hieronymus und ihr Streit um den Kanon des Alten Testaments und die Auslegung von Gal. 2,11–14, VC.S 21, Leiden 1994.

Ilan, Tal, Lexicon of Jewish Names in Late Antiquity. Part I: Palestine 330 BCE – 200 CE, TSAJ 91, Tübingen 2002.

Jones, F. Stanley, An Ancient Jewish Christian Source on the History of Christianity. Pseudo-Clementine Recognitions 1.27-71, SBL.TT 37 Atlanta, GA 1995.

Keith, Chris, Jesus' Literacy. Scribal Culture and the Teacher from Galilee, LNTS 413, London 2011.

Klauck, Hans-Josef, Apokryphe Evangelien. Eine Einführung, Stuttgart 2002.

Küchler, Max, Jerusalem. Ein Handbuch und Studienreiseführer zur Heiligen Stadt, OLB IV.2, Göttingen 2007.

Lemke, Hella, Judenchristentum. Zwischen Ausgrenzung und Integration. Zur Geschichte eines exegetischen Begriffes, Hamburger Theologische Studien 25, Münster 2001.

Lona, H. E., Die ›Wahre Lehre‹ des Kelsos, KfA Erg.bd. 1, Freiburg 2005.

Lührmann, Dieter, Die apokryph gewordenen Evangelien. Studien zu neuen Texten und neuen Fragen, NT.S 112, Leiden 2004.

Metzger, Marcel, Art. Konstitutionen, (Pseud-)Apostolische, TRE 19 (1990), 540–544.

Mittmann-Richert, Ulrike, Magnifikat und Benediktus. Die ältesten Zeugnisse der judenchristlichen Tradition von der Geburt des Messias, WUNT II/90 Tübingen, 1996.

Müller, Klaus, Tora für die Völker, SKI 15, Berlin 1994.

Müller, Ulrich B., Johannes der Täufer, BG 6, Leipzig 2002.

Niebuhr, Karl-Wilhelm, Die Apostel und ihre Briefe. Zum hermeneutischen und ökumenischen Potential des Corpus Apostolicum im Neuen Testament, in: H. Omerzu u. E. D. Schmidt (Hg.), Paulus und Petrus. Geschichte – Theologie – Rezeption (FS Friedrich Wilhelm Horn), ABG 48, Leipzig 2016, 273–292.

Oberlinner, Lorenz, Historische Überlieferung und christologische Aussage. Zur Frage der »Brüder Jesu« in der Synopse, fzb 19, Stuttgart 1975.

Öhler, Markus, Barnabas, BG 12, Leipzig 2005.

Ders., Das ganze Haus. Antike Alltagsreligiosität und die Apostelgeschichte, ZNW 102 (2011), 201–234.

Pesch, Rudolf, Das Markusevangelium, HThK II/1, Freiburg [3]1980.

DERS., Die Apostelgeschichte (Apg 1–12), EKK V/1, Neukirchen-Vluyn 1986.

PETERSEN, SILKE, Maria aus Magdala. Die Jüngerin, die Jesus liebte, BG 23, Leipzig 2011.

POKORNÝ, PETR / HECKEL, ULRICH, Einleitung in das Neue Testament. Seine Literatur und Theologie im Überblick, UTB 2798, Tübingen 2007.

PUECH, ÉMILE / ZIAS, JOE, Le Tombeau de Zacharie et Siméon au monument funéraire dit d'Abssalom dans la vallée de Josaphat, RB 110 (2003), 321–335.

RAHMANI, LEVY Y., A Catalogue of Jewish Ossuaries in the Collections of the State of Israel, Jerusalem 1994.

REINMUTH, ECKART, Paulus. Gott neu denken, BG 9, Leipzig 2004.

RIESNER, RAINER, Jesus als Lehrer, WUNT II/7, Tübingen [3]1988.

DERS., Die Frühzeit des Apostels Paulus, WUNT 71, Tübingen 1994.

RÖCKER, FRITZ W., Belial und Katechon. Eine Untersuchung zu 2Thess 2,1–12 und 1Thess 4,13–5,11, WUNT II/262, Tübingen 2009.

ROHDE, JOACHIM, Der Brief des Paulus an die Galater, ThHKNT 9, Berlin 1989.

RUCKS, HANNA, Messianische Juden. Geschichte und Theologie der Bewegung in Israel, Neukirchen-Vluyn 2014.

SCHÄFER, PETER, Der Bar Kokhba-Aufstand, TSAJ 1, Tübingen 1981.

SCHNEIDER, MICHAEL, Die Göttliche Liturgie des heiligen Apostels Jakobus des Herrenbruders und ersten Bischofs von Jerusalem: Kommentar und Hinführung, Edition Cardo 158, Köln 2009.

SCHNELLE, UDO, Einleitung in das Neue Testament, UTB 1830, Göttingen [3]1999.

SCHRAGE, WOLFGANG, Der erste Brief an die Korinther (1Kor 15,1–16,24), EKK VII/4, Neukirchen-Vluyn, 2001.

SCHRÖTER, JENS, Jesus von Nazaret. Jude aus Galiläa – Retter der Welt, BG 15, Leipzig 2006.

SCHWARTZ, DANIEL R., Agrippa I. The Last King of Judaea, TSAJ 23, Tübingen 1990.

SIEGERT, FOLKER, Vermeintlicher Antijudaismus und Polemik gegen Judenchristen im Neuen Testament, in: The Image of the Judaeo-Christians in Ancient Jewish and Christian Literature, hg. v. P.J. Tomson u. Doris Lambers-Petry, WUNT 158, Tübingen 2003, 74–105.

Söding, Thomas, Apostel gegen Apostel. Ein Unfall im antiochenischen Großstadtverkehr (Gal 2,11–16), in: R. von Bendemann u. M. Tiwald (Hg.), Das frühe Christentum und die Stadt, BWANT 198, Stuttgart 2012, 92–113.

Strecker, Georg, Das Judenchristentum in den Pseudoklementinen, TU 70, Berlin [2]1981.

Stuhlmacher, Peter, Die Geburt des Immanuel: Die Weihnachtsgeschichten aus dem Lukas- und Matthäusevangelium, Göttingen [2]2006.

Theissen, Gerd, Paulus – der Unglücksstifter. Paulus und die Verfolgung der Gemeinden in Jerusalem und Rom, in: E.-M. Becker u. P. Pilhofer (Hg.), Biographie und Persönlichkeit des Paulus, WUNT 187, Tübingen 2005, 228–244.

Ders. / Merz, Annette, Der historische Jesus, Göttingen [3]2001.

van der Horst, Pieter W., *Philo's* Flaccus. The First Pogrom, PACS 2, Leiden 2003.

Ders., Saxa Judaica Loquuntur: Lessons from Early Jewish Inscriptions, BIS 134, Leiden 2015.

Ders. / Newman, Judith H., Early Jewish Prayers in Greek, CEJL, Berlin / New York 2008.

van Herwaarden, Jan, Between Saint James and Erasmus, SMRT 97, Leiden 2003.

Verhelst, Stéphane, Les Présanctifiés de saint Jacques, Orientalia Christiana Periodica 61 (1995), 381–405.

Ders., Le lectionnaire de Jérusalem. Ses traditions judéo-chrétiennes et son histoire, Spicilegii Friburgensis Subsidia 24, Fribourg 2012.

Ders., La Liturgie de Saint Jacques. Rétroversion grecque et commentaires, in: Liturgia Ibero-Graeca Sancti Iacobi. Die Liturgie des hl. Apostels Jakobus (georgisch – griechisch), Jerusalem Theologisches Forum 17, Münster 2011, 185–402.

Wasserberg, Günter, Aus Israels Mitte – Heil für die Welt. Eine narrativ-exegetische Studie zur Theologie des Lukas, BZNW 92, Berlin 1998.

Wimmer, Otto und Melzer, Hartmann, Lexikon der Namen und Heiligen, bearb. u. ergänzt von J. Gelmi, Innsbruck u. Wien [6]1988 (Ndr. Hamburg 2002).

Zahn, Theodor, Einleitung in das Neue Testament, Leipzig [3]1906 / 1907 (Ndr. Wuppertal 1994).

Zeigan, Holger, Aposteltreffen in Jerusalem. Eine forschungsgeschichtliche Studie zu Galater 2,1–10 und den möglichen lukanischen Parallelen, ABG 18, Leipzig 2005.

ZIMMERMANN, ALFRED F., Die urchristlichen Lehrer. Studien zum Tradentenkreis der διδάσκαλοι im frühen Urchristentum, WUNT II/12, Tübingen 1984.

2. ABBILDUNGSVERZEICHNIS

Abb. 9: Die »Brüder« Jesu als Vettern väterlicher- und mütterlicherseits. Die an Hieronymus angelehnte Lösung von J. Blinzler. Grafik R. Deines / Ch. Ochs.

Abb. 10: Jörg Breu d. Ä. (Augsburg 1475–1537) u. Jörg Breu d. J. (1510–1547), Die Heilige Familie (»Anna Selbdritt«). Aus: Dorotheum Wien, Auktionskatalog 17. 04. 2013.

Abb. 11: Flucht nach Ägypten (Giotto). Josef und Maria werden von drei älteren Josefssöhnen begleitet. Permalink: http: / / www.zeno.org / nid / 20004036433; Lizenz Gemeinfrei.

Abb. 12 (A+B): Die Rekonstruktion einer Synagoge aus dem 1. Jahrhundert im »Nazareth Village«. Fotos R. Deines.

Abb. 13: Blick von den Ruinen des antiken Kana über die Netofa-Ebene nach Nazareth. Foto R. Deines.

Abb. 14: Petrus (links) und Jakobus. Vorsatzbild in MS Harley 5789 (f. 1v), um 1700. Quelle: British Library, www.bl.uk / IllImages / BLCD / big / c134 / c13483-40.jpg.

Abb. 15: Anna unterrichtet ihre Tochter Maria in der Schrift. Glasfenster, St. Botolph, Lullingstone Castle (GB). Foto R. Deines.

Abb. 16: Köln, Dom, Apostelkonzilfenster, Gesamtansicht. © Dombauarchiv Köln, Matz und Schenk.

Abb. 17: Moderne Jakobus-Ikone der hebräischsprachigen katholischen Jakobusgemeinde in Jerusalem. Quelle: http: / / de.lpj.org / wp-content / uploads / 2013 / 05 / icon_saint-_james.jpg.

Abb. 18: Die Ergreifung des Paulus im Tempel, Tapisserie (1535 / 1540) nach einem Entwurf von Pieter Coecke van Aelst (1502–1550); 422 cm auf 421 cm; Kunsthistorisches Museum Wien (Inv.nr. T III 2).

Abb. 19: Jakobusminiatur aus dem Siegburg Lektionar (12. Jahrhundert). Die Handschrift gehört als MS Harley 2889 (f. 2v) der British Library. Quelle: British Library, www.bl.uk / IllImages / Kslides / big / K010 / K010263.jpg.

Abb. 20: Ausschnitt einer fünfteiligen Altarpredella von Andrea di Bartolo (1389–1429). Koller Auktionen, Zürich.

Abb. 21: St. James Business Park (gesehen in der Nähe von Nottingham, UK). Foto R. Deines.

Abb. 22: Illustration von Stefan Bachmann, in: Karl Heinrich Waggerl, Der störrische Esel und die süße Distel, Salzburg 2015, Verlag Servus bei Benevento Publishing, eine Marke der Red Bull Media House GmbH.

Abb. 23: Straßenschild im armenischen Viertel der Jerusalemer Altstadt nahe der Jakobuskathedrale. Foto R. Deines.

Abb. 24: Der gegenwärtige Thron des Jakobus in der armenischen Jakobuskathedrale. Foto R. Deines.

Abb. 25: Ikone des Gottesbruders Jakobus als Bischof.
Quelle: http://days.pravoslavie.ru/Images/ii869&3784.htm

Abb. 26: Der Tod des Jakobus (Wandmosaik) in der Markuskirche (San Marco) von Venedig.
Quelle: Otto Demus, The Mosaics of San Marco in Venice, Chicago 1984.

Abb. 27: Doppeldarstellung des Jakobus minor als Bischof von Jerusalem (rechts mit Buch) und als Martyrer (Bildmitte) durch den niederländischen Kupferstecher Hendrick Goltzius (1558–1616). Het Geheugen van Nederland / Koninklijke Bibliotheek – Nationale bibliotheek van Nederland, 2016.

Abb. 28: Das »Säulengrab« und der »Pyramiden-Monolith« im Kidrontal: Von der byzantinischen Zeit bis zum 15. Jahrhundert bildete der Pyramiden-Monolith das Zentrum des Klosters des Jakobus. Foto R. Deines.

Abb. 29: Der kleine Kuppelbau vor dem Felsendom ist der Kettendom. Foto R. Deines.

Abb. 30: Jerusalem auf der Madaba-Karte. Wikipedia: Von Berthold Werner – Eigenes Werk, CC BY 3.0, https://commons.wikimedia.org/w/index.php?curid=8534890.

Abb. 31: Links: Inschrift vom Absalomgrab, Quelle (Zeichnung): www.nbcnews.com / id / 3541452 / ns / technology_and_ sciencescience / t / gospel-verse-found-ancient-shrine
Rechts: Blick auf das Absalomgrab (Kuppel-Monolith) und die Südostecke des Tempelberges (»Zinne des Tempels«). Foto R. Deines.

Abb. 32: Das Ossuar des Jakobus – wenn die Inschrift echt ist. Quelle: Von Paradiso – English Wikipedia, Attribution, https: / / commons.wikimedia.org / w / index.php?curid=4358131.

Abb. 33: Detailaufnahme der Inschrift, Quelle: Von Paradiso – English Wikipedia, Attribution, https: / / commons.wikimedia. org / w / index.php?curid=4358212
Umschriftzeichnung von Ada Yardeni
Quelle: H. Shanks (Hg.), James, Brother of Jesus. The Forgery Trial of the Century, Washington, DC, 2012, 11.